大《だい》大《おお》阪《さか》モダニズム遊《ゆう》覧《らん》

橋爪紳也

芸術新聞社

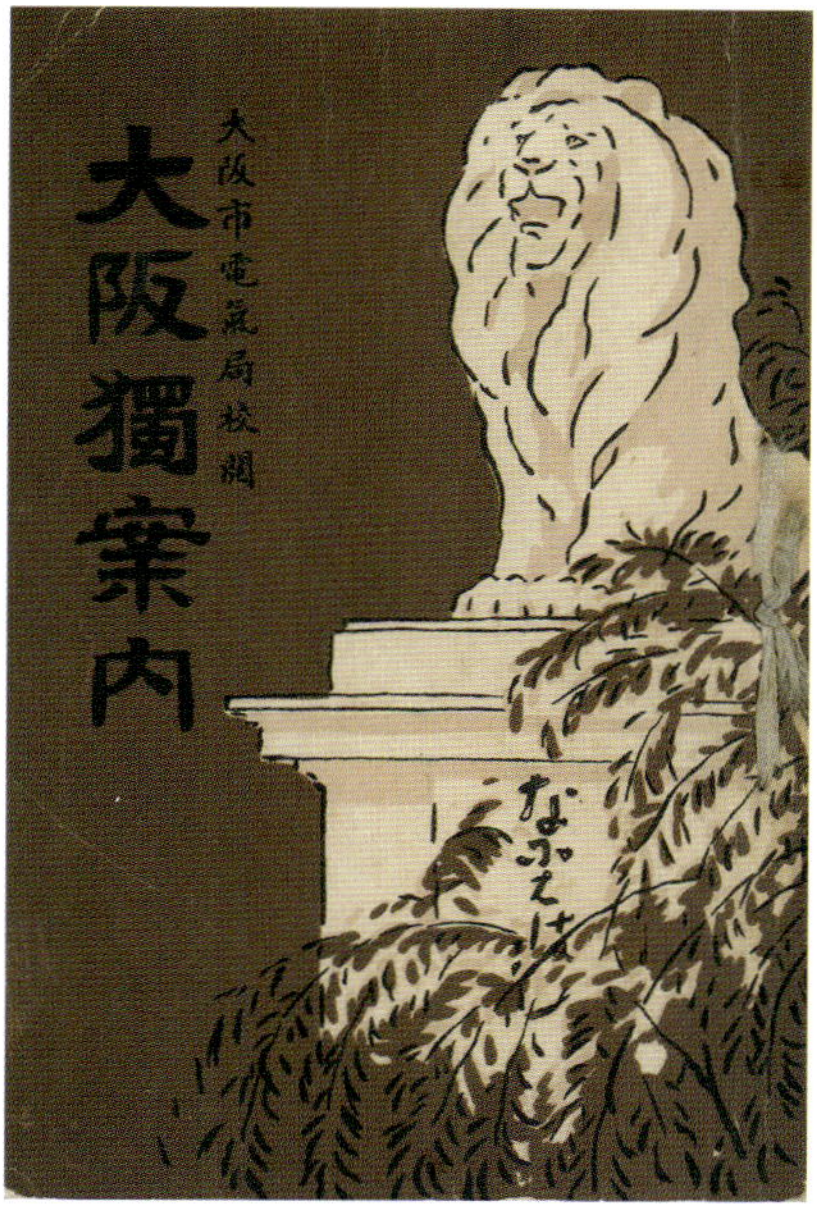

『大大阪獨案内』（海事彙報社、大正 13 年）

大《だい》大《おお》阪《さか》モダニズム遊《ゆう》覧《らん》

橋爪紳也

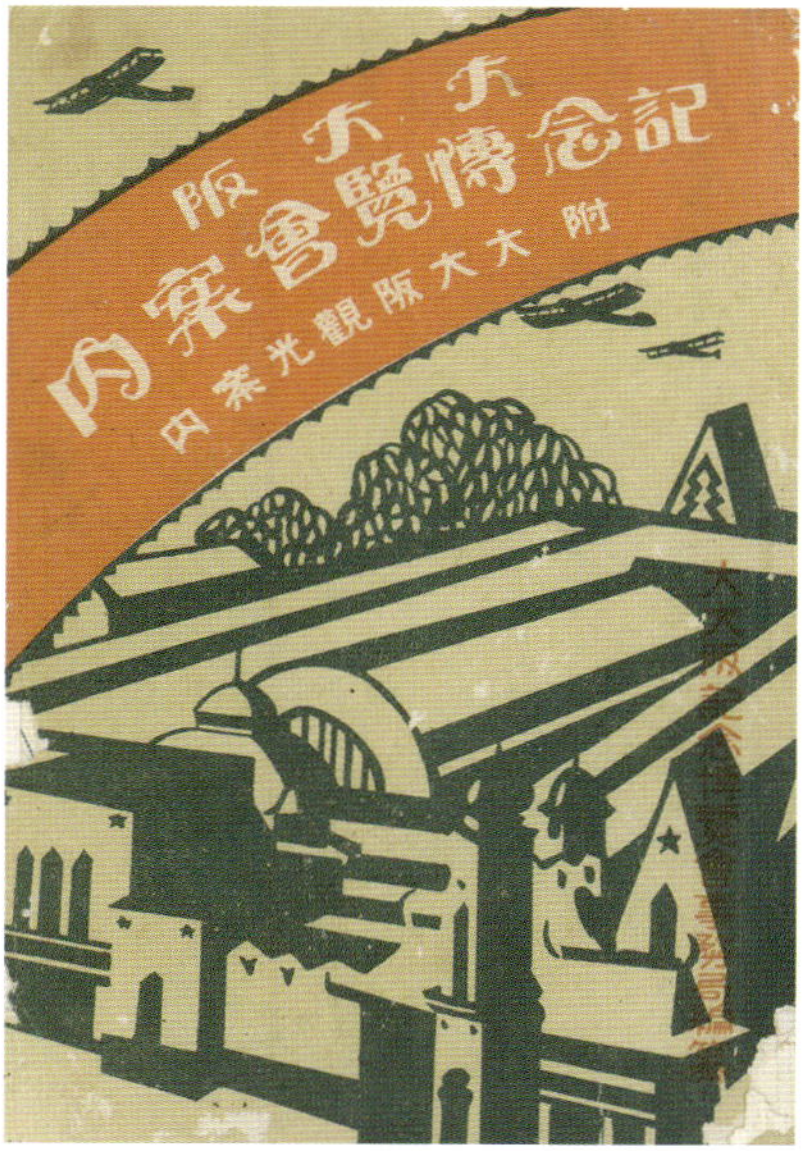

『大大阪記念博覧会案内』（大阪記念博覧会案内事務局、大正 14 年）

『修学旅行大阪見学』（大阪市役所産業部観光係、昭和 14 年）

『大大阪観光視察御案内』（昭和９年）

『観光と産業の大阪』（大阪市役所産業部、昭和 12 年頃）

『大阪市案内図』の表紙（昭和 15 年）

『大大阪観光地図』の表紙

新大阪ホテルパンフレット

大正から昭和初期にかけて、東洋最大の商工都市に発展した大阪は、産業観光の振興に力を入れた。一方、海外からの旅行者やビジネス客の滞在を受け入れるべく、新たな洋風のホテルの建設が、官民の協力の元にすすめられた。

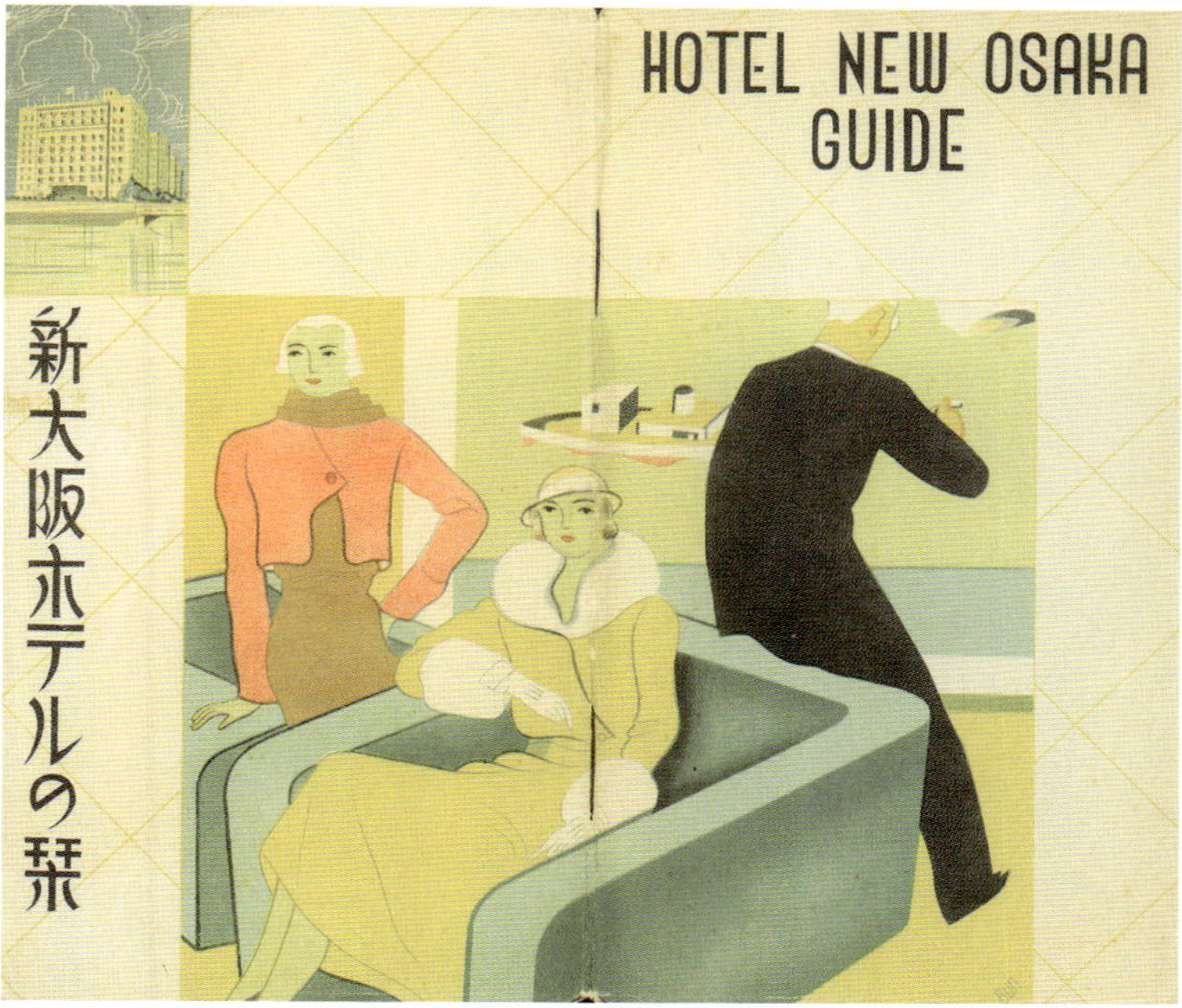

新大阪ホテルの栞

大阪ホテル（今橋）パンフレット

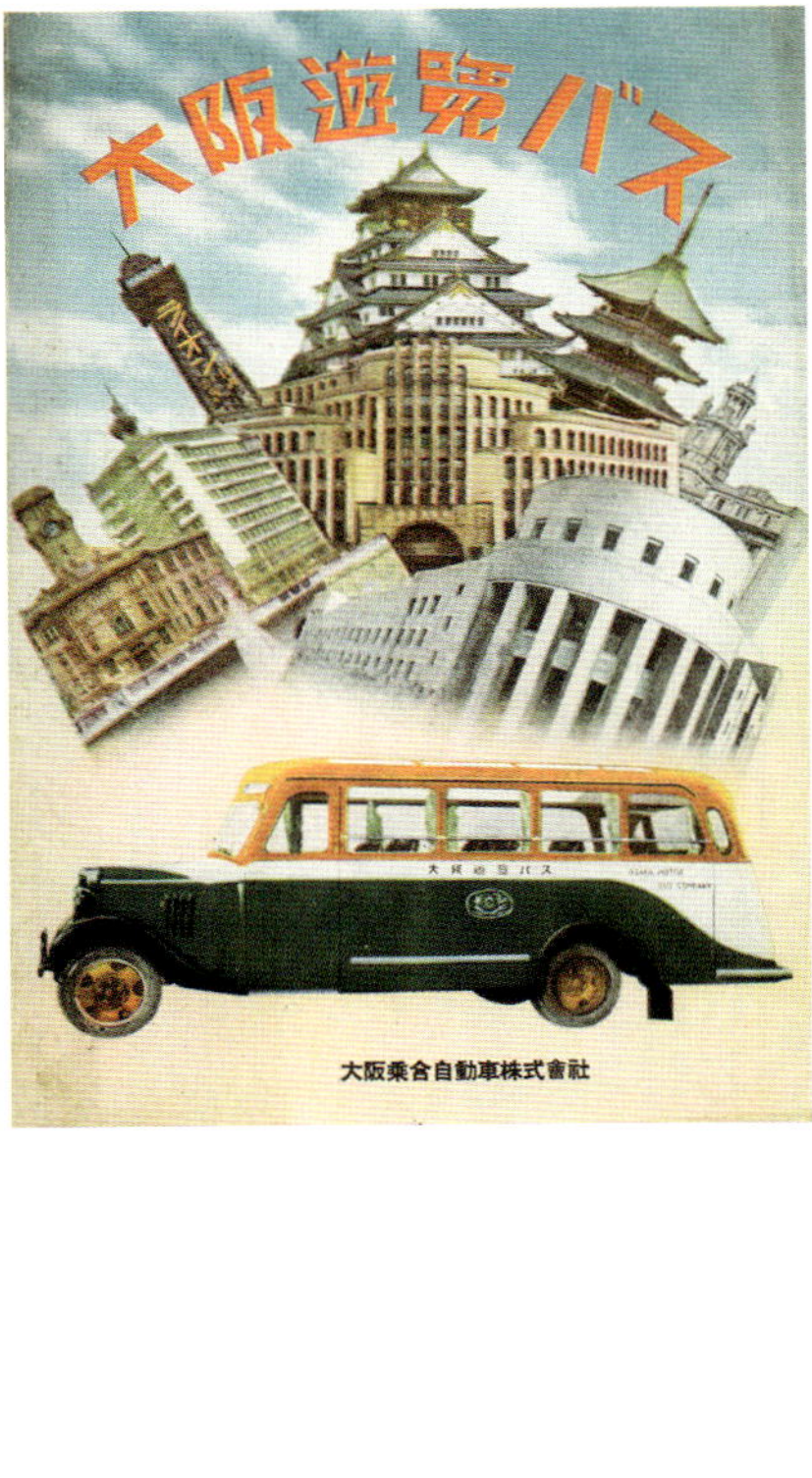
大阪遊覧バス
大阪乗合自動車株式會社

大阪各所遊覧誌
大阪乘合自動車株式會社

大阪乗合自動車が発行したパンフレットと地図

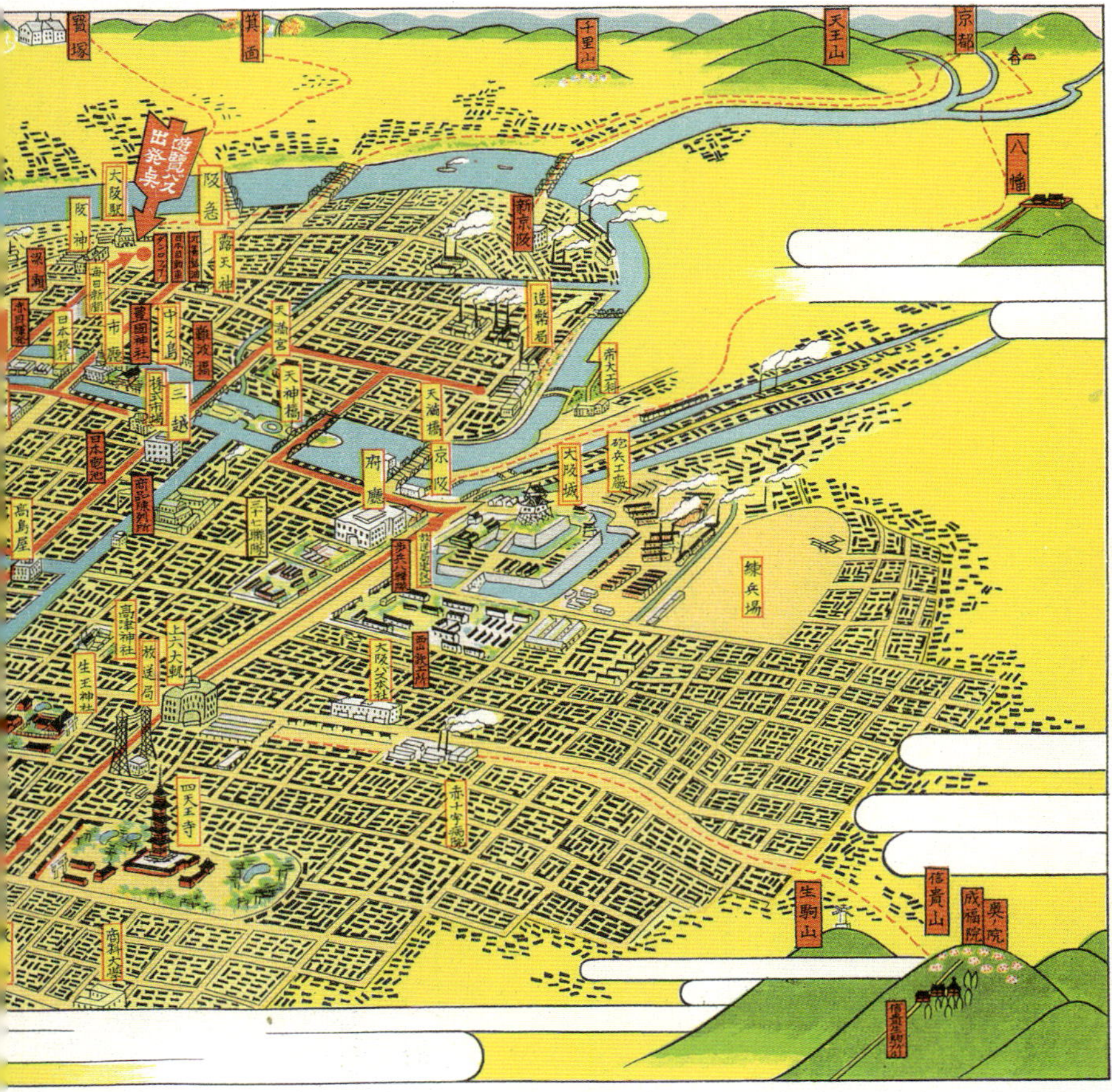

遊覧バスの利用者に配布された案内の付図。冊子には昭和 12 年 2 月に大阪に旅行した人が入手したと手書きの書きこみがある。多数の写真とデータから、「大大阪」の市勢と名所、繁華街や観劇の楽しみ方を記載する。当時、バス会社は、団体を対象として 1 号コース（6 時間）、2 号コース（4 時間半）、3 号コース（3 時間）の 3 ルートを設定、都市観光のハイライトを来街者に提供していた。

「大阪名所遊覧案内図」（『大阪遊覧バス』大阪乗合自動車株式会社発行

観光艇「水都」（大阪市発行）

遊覧飛行のパンフレット（日本航空輸送株式会社）

『爽涼・海を往く』（大阪商船、昭和９年）

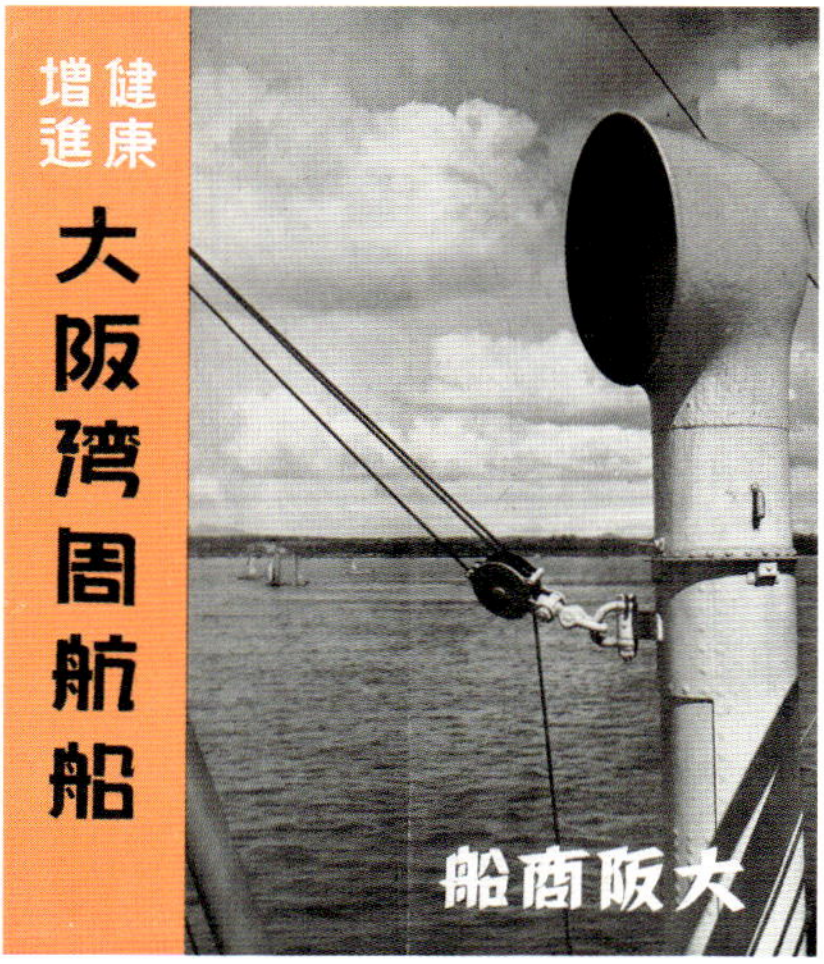

『健康増進　大阪湾周航船』（大阪商船、昭和 12 年）

河川の舟運、瀬戸内海の船旅、空からの遊覧など、新しい交通手段が従来にない旅の楽しみを提供した。

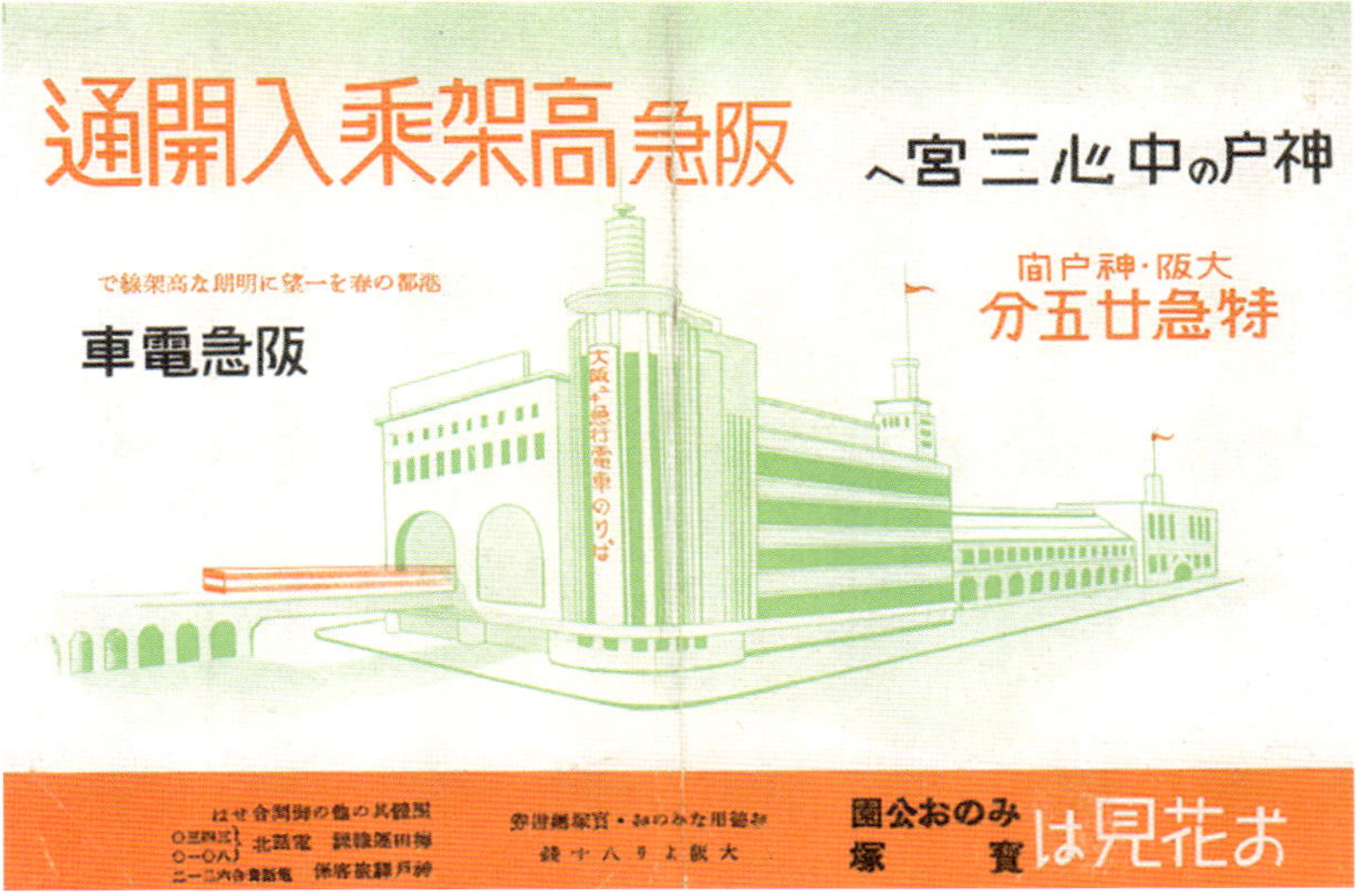

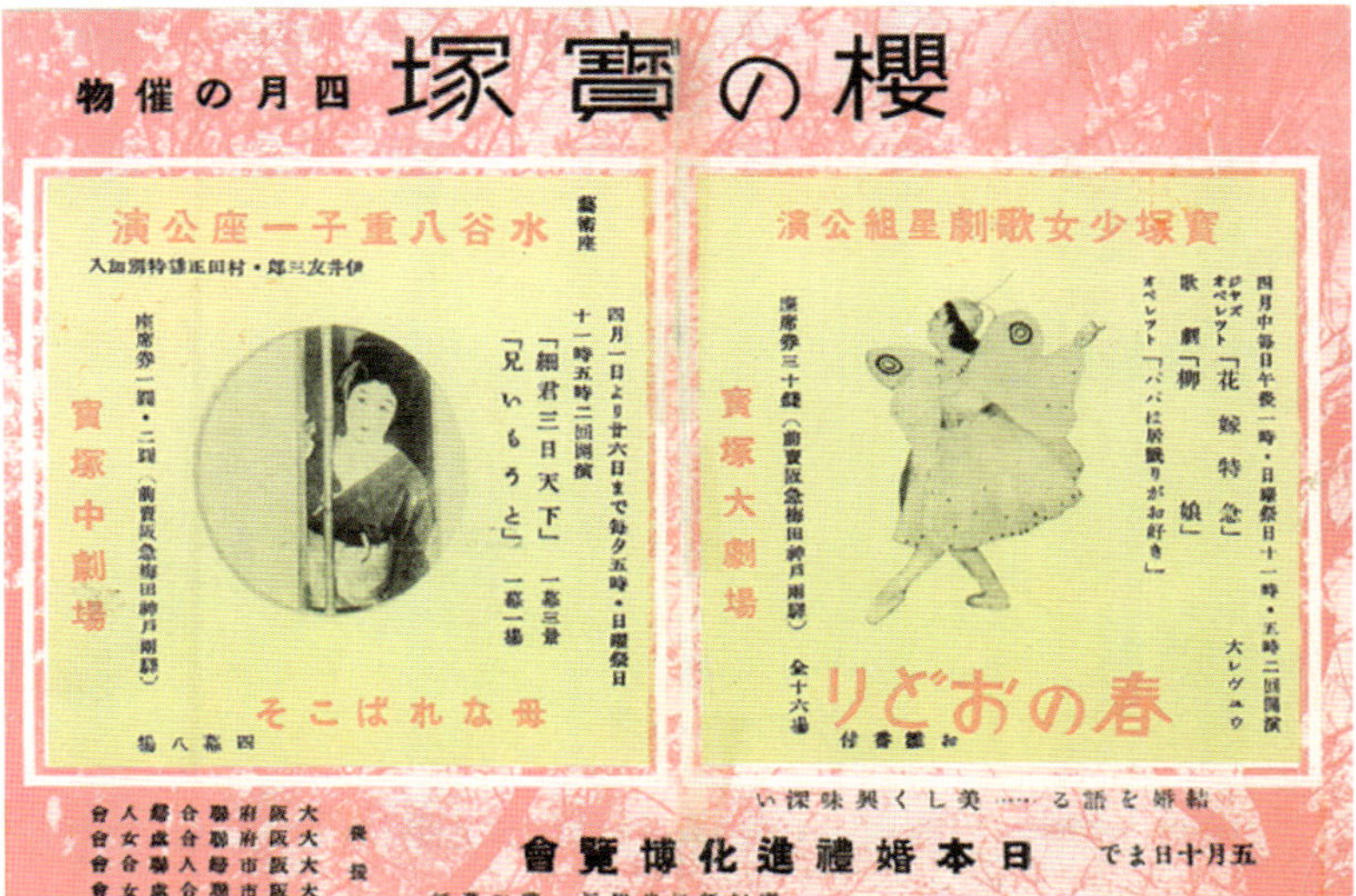

宝塚や箕面の催事を宣伝するチラシ（阪神急行電鉄株式会社、昭和 11 年）

大阪府鳥瞰図

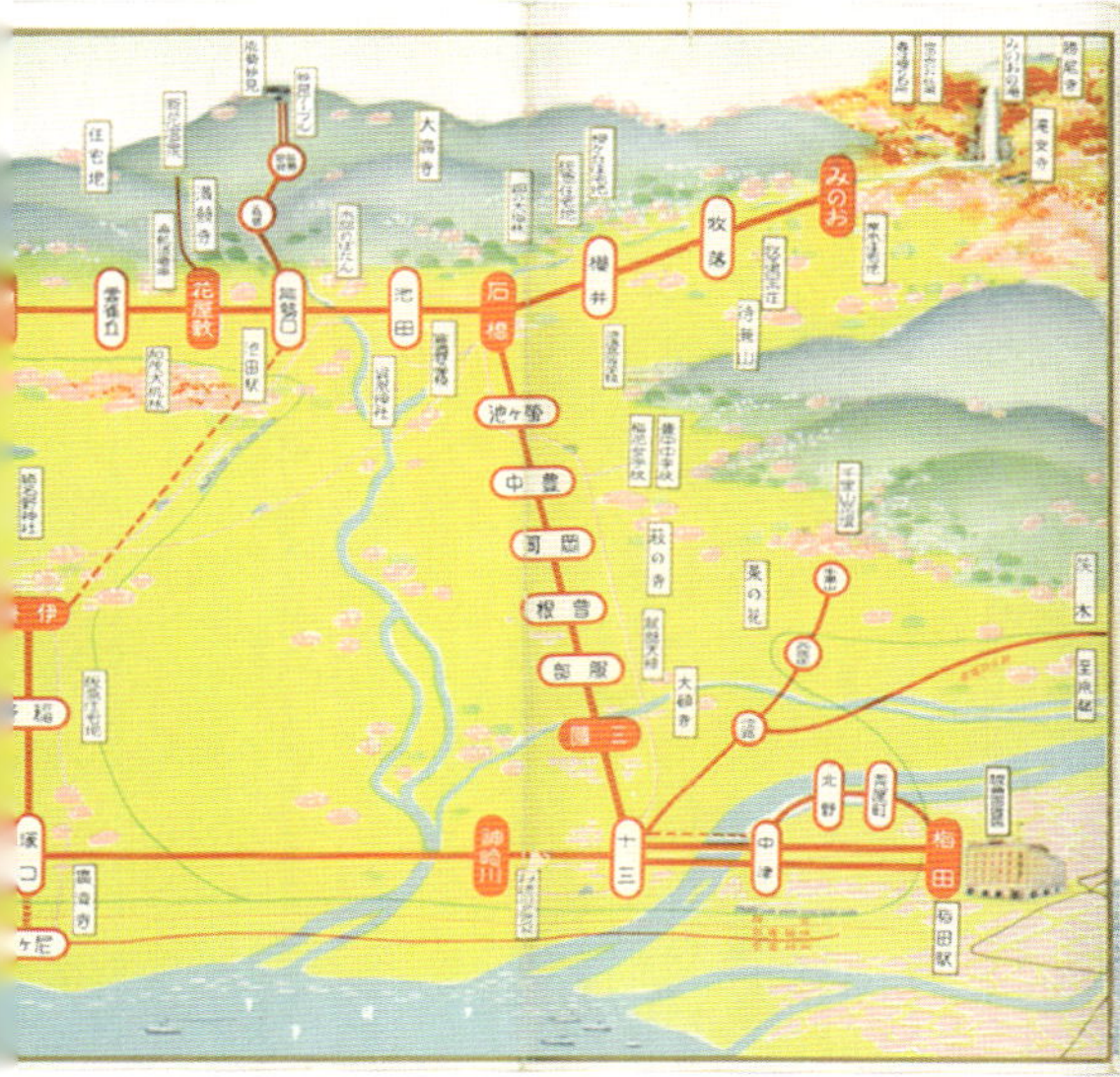
みのお
牧落
櫻井
石橋
池田
花屋敷
雲雀丘
螢ヶ池
豊中
岡町
曽根
服部
三國
十三
中津
梅田
神崎川
伊丹
塚口
梅田駅

沿線御案内
阪神急行電鐵株式會社

『大阪府鳥瞰図』（昭和７年）

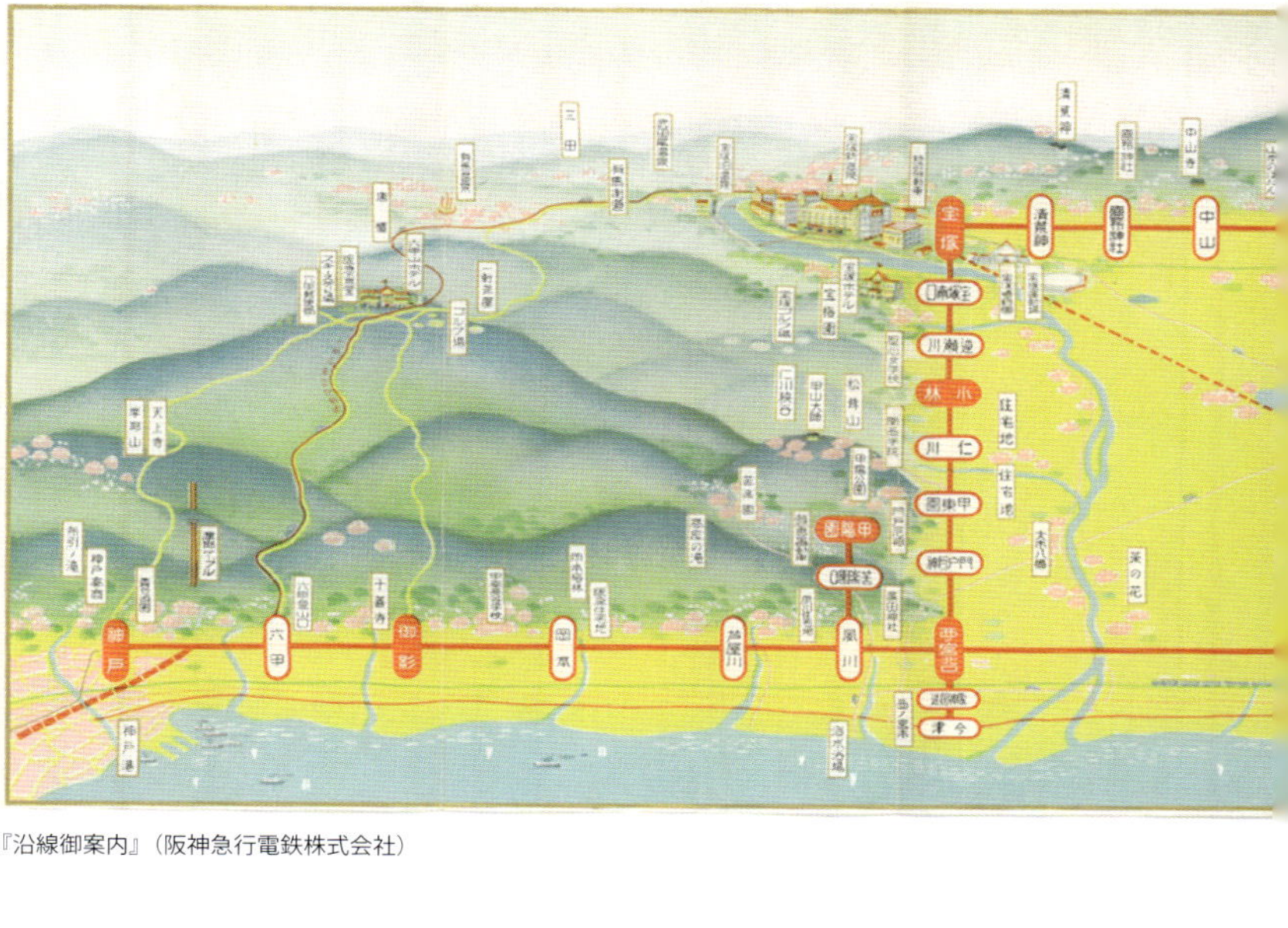

『沿線御案内』（阪神急行電鉄株式会社）

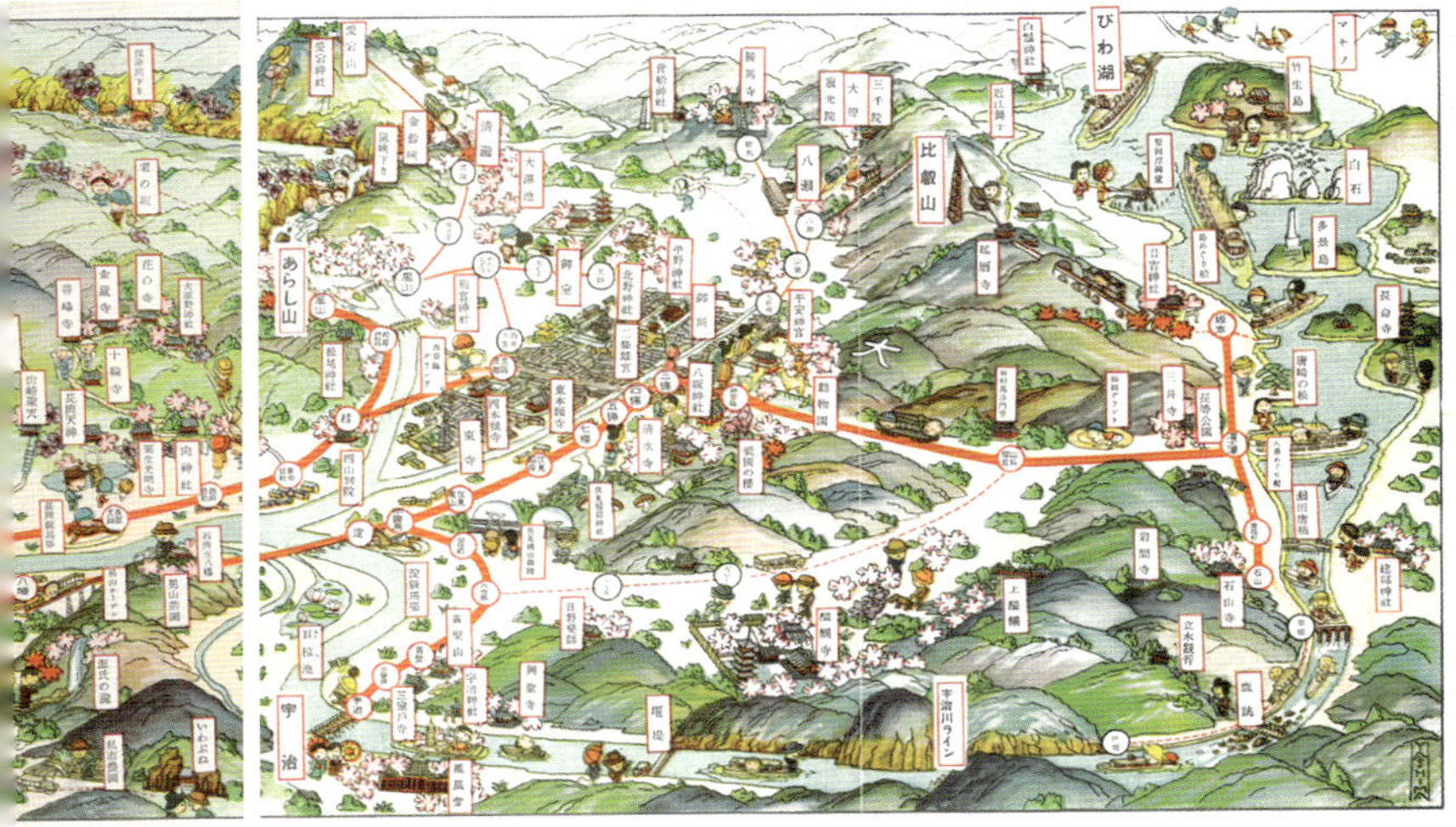

『夏の京阪沿線』（京阪電鉄株式会社、昭和 11 年）

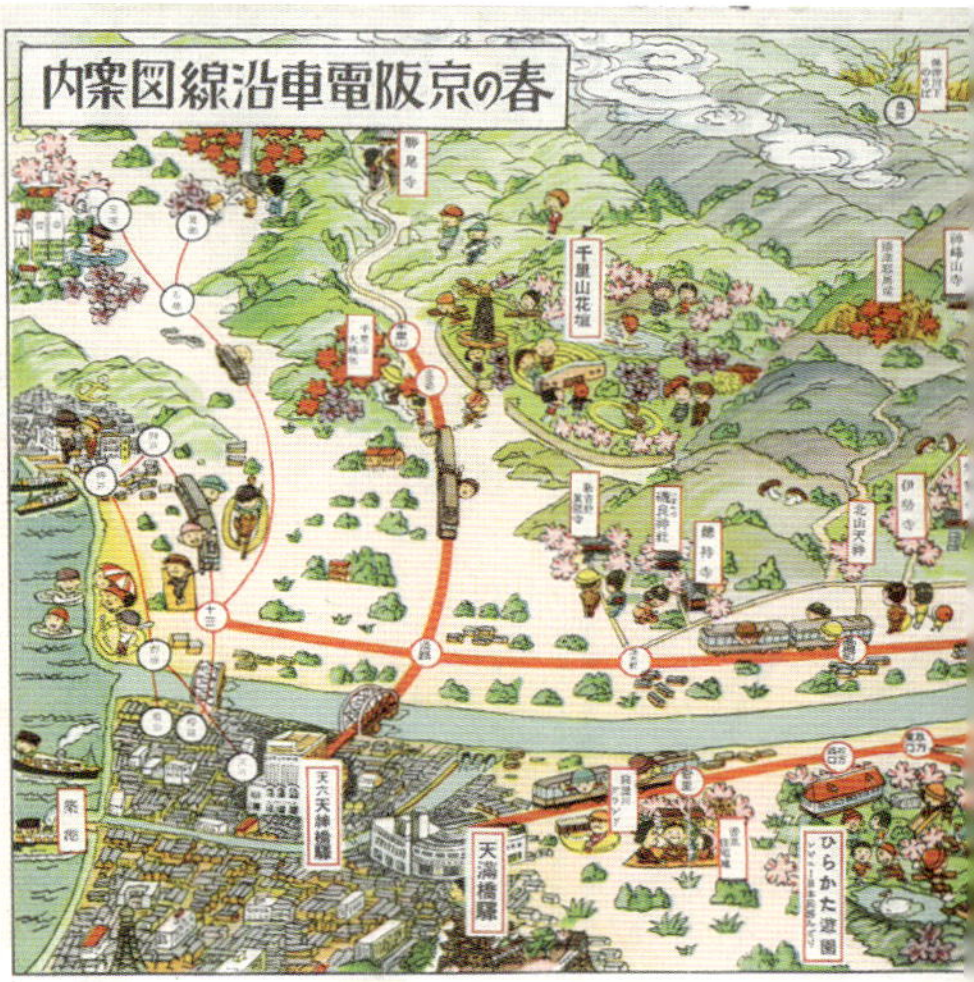

『さくら』（京阪電鉄株式会社、昭和９年）

『秋』（京阪電鉄株式会社、昭和４年）

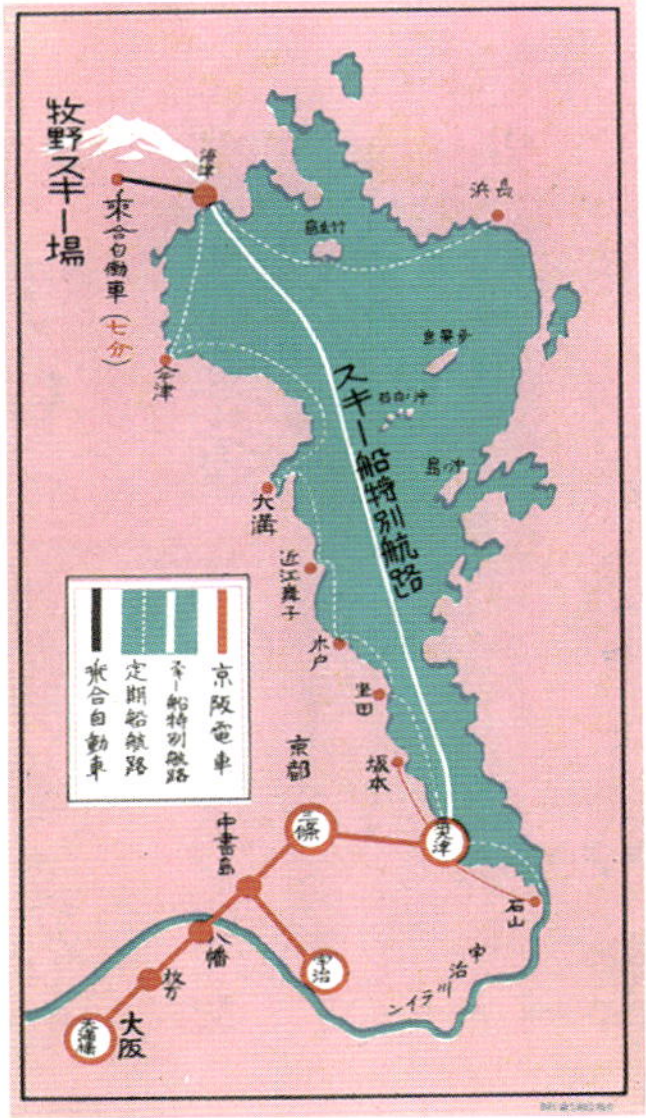

『近江マキノスキー場』（京阪電車、太湖汽船、昭和４年）

本書で使用している図版はすべて、橋爪紳也のコレクションである。

はじめに

◉愛せよ風景、美化せよ国土◉

昭和11年（1936）4月24日の夜、中之島にある大阪市中央公会堂において、「観光祭」に関するイベントが挙行された。18時に開幕、鉄道省が国際観光の振興を目的に製作した映画を上映したのち、大市乙女ダンスが「観光音頭」などの楽曲にあわせて、流麗な舞踊を披露した。参集した人たちには、「観光事業の栞」と「観光事業の話」と題する二冊のパンフレットと、大阪市が新たに就航させた観光艇の絵葉書が配布された。

「観光祭」は、外客の誘致を目的に鉄道省に設置された国際観光局が、設立から5年の節目となる昭和10年（1935）に企画した一連の記念事業である。大阪・東京・横浜・京都など日本を代表する23の観光都市が参画、「愛せよ風景、美化せよ国土」という標語のもと、国際観光局の創立記念日である4月24日を含む1週間にわたって、さまざまなプログラムを展開した。

たとえば東京では、日本旅行協会と東京市が共催するかたちで「国際観光の夕」が開催されている。国際親善の場とするべく、内外の賓客が招待された。鉄道大臣や東京市長、ベルギー大使の挨拶のあと、国際児童オーケストラの演奏、観光映画の上映、西欧諸国やタイなどの合唱や舞踏などの余興が上演された。

『観光事業　十年の回顧』(国際観光局、1940)によれば、各地で実施された「観光祭」は、「国民に対する観光観念」を普及するうえで、「多大の効果」があったという。大阪でのプログラムも、予想外の成績を収めたらしい。大阪都市協会が発行した『大大阪』(第12巻第5号、1936)の「大阪市政ニュース」の記載を見ると、前年度に挙行された「観光祭」は、「『観光日本』の為に萬丈の気を吐いた」とある。

成功に終わったからだろう、国際観光局の5周年を祝う記念事業であった「観光祭」は、昭和11年以降も継続されることになった。しかも、より多くの都市や地域が加わることで、全国的な催しとなる。先の『大大阪』の記事では、次のように紹介する。

「本年は参加都市百餘。昨年度に比べてその催の内容も盛澤山、花誘ふ四月下旬には各地を『観光色』に塗りつぶさうといふのである。」

大阪市も前年度に続いて、昭和11年の「観光祭」に参画した。4月18日から24日を「観光祭」の期間に設定、ポスター500枚、徽章2600個、セロファン製のマーク4000枚を制作、関連する事業者に配布して気分を盛り上げた。そのハイライトに用意されたのが、冒頭に紹介した公会堂のプログラムであったわけだ。

概していえば「観光祭」は、観光に対する一般市民の理解を深め、「国際観光」を振興する機運を高めるべく企図されたキャンペーンであった。ただ実際の目的は、詳細かつ多岐にわたっていたようだ。『大大阪』の記事では、下記の七項目を列記している。

(1)　日本精神及日本文化の宣揚に依る国威伸展

(2) 観光外客に依る真の日本の正しき認識に基く国際親善の増進
(3) 観光経済に依る国際収支の改善
(4) 風景愛護及邦土美化に依る日本の樹立
(5) 観光設備の充実、観光サービスの向上並観光資源の開発
(6) 国民保険及び智育情操の涵養に依る明朗日本の建設
(7) 観光事業関係者の融合協力に依る挙国一致的観光立国の認識

国際観光の振興は、外貨獲得による国際収支の改善という一面があると同時に、日本の姿を対外的に正確に伝え、さらには精神や文化への理解を深めることで日本の国威を高める機会と位置づけられた。そのために全国各地において、風景の愛護や美化を市民に訴求し、さらには観光設備・サービスの充実や観光資源の開発が必要とされた。

そして、挙国一致して「観光立国」を目指すためには、なによりも関係者の協力と意識を高めることが求められた。『大大阪』の記事では、「一年間の総額壱億圓――観光に依る収入も莫迦にならないが、フジヤマとゲイシャガールとハラキリより想像してゐない外人客の為めに、接客業者の日頃の訓練が必要…」と強調している。

◉大大阪観光◉

大阪市電気局と産業部が『大大阪観光』と題する映画を製作したのは、昭和12年のことだ。16ミリフィルムで撮影された30分ほどの映像に、当時の「観光都市」としての大阪が紹介

されている。冒頭のナレーションでは「ここに産業の都モダン大阪の内に流れる古き難波の姿をしのび、歴史の都として由緒ある過去の姿を見、一面また観光都市としての大阪を鑑賞することは、旅する人にとって、またひとつの憧れでありましょう」と述べている。

映像は、大阪駅前に設けられた「市内交通案内所」に立ち寄るところから始まる。その後、梅田から地下鉄で難波に向かい、路面電車で恵美須町に至る。新世界で通天閣に登頂、その後、天王寺公園、天王寺動物園を訪問する。動物園では、人気者であったチンパンジーのリタ嬢とロイド君の芸も見ることができる。阿倍野橋からバスに乗車し、住吉大社、四天王寺、高津神社、大阪城、造幣局、天満宮、中之島を巡る。あわせて天神祭の船渡御の場面もある。

中盤では中之島の船着き場から観光艇「水都号」に乗船、水路と港湾をめぐる新たな観光ルートが誕生したことが紹介される。中央公会堂での催事の風景、煙突が林立する安治川筋の工場群、新聞社などの産業の現況を水上から伝える。産業観光も大阪遊覧の重要な要素であったことが判る。天保山から大阪港を回遊、港湾の殷賑を見たのち、船は木津川筋を経て、中之島に戻り下船する。途中で、水上生活者の生活も解説する。

船着き場では、市の観光バスが待機して旅行者を出迎える。映画の後半は、電気局や竣工したばかりの電気科学館など、電気局の普及施設を巡ったのち、心斎橋筋から道頓堀、千日前の繁華街へと移動、商業地区の様子を伝える。最後は、夜景をコラージュした映像と「浪花踊り」の舞台風景で大団円となる。

映像を通じて、観光客の視点から、社寺・新名所・祭礼など、昭和12年における大阪市内の主たる観光資源を総覧することができる。また「大大阪地下鉄行進曲」「大阪音頭」といった当時の楽曲が用いられている点も面白い。「水都号」で遊覧する場面では、外国人が乗船している様子が強調されている。大阪が国際的な「観光都市」であることを見る人に強く印象づける効果が期待されたのだろう。

◉遊覧案内のなかの「大大阪」◉

往時の様子を伝える資料として、『大大阪遊覧案内』と題するイラストマップを紹介しよう。大丸・十合の百貨店がそびえる心斎橋筋を中心軸に、拡幅された御堂筋・堺筋の南北の幹線道路を大きく表現する。同時に、四ツ橋筋を省いているのが印象的だ。(P006 図1)図には、社寺や名所、劇場や百貨店、公共建築、さらには大阪駅と各私鉄のターミナルビルなど、主要な施設が描きこまれている。実用性はなく、稚拙ではあるが、大阪遊覧に欠かせない都心の文物を紹介する微笑ましい図絵である。

昭和初期、「観光立国」が国策となり、「国際観光」の振興がうたわれた。同時に近代的な「観光都市」の建設が、各地で推進されるようになった。市域を拡張し、産業都市として市勢を高め、「大大阪」と呼ばれる近代都市へと発展をみた大阪も例外ではない。『大大阪観光』のような本格的なシティ・プロモーション映像を撮影するほどに、内外からのビジネス客や観光客を集める観光目的地を目指すに至った。都市観光の視点から見た「大大阪」の姿が、

（図1）

この種の図に明示されている。

復興天守がそびえ立つ大阪城をはじめ、四天王寺、住吉大社や天満宮などの名所は、定番の観光対象となった。道頓堀や千日前など盛り場での遊興、堺筋や心斎橋に大型店舗を展開した百貨店での買い物も大都市に欠かせない滞在魅力であった。歌舞伎座や文楽座を始めとする劇場での芝居見物も、大阪独特の楽しみであった。

従来にない都市基盤も整えられた。外国人やビジネスマンの滞在を意識した本格的なホテルが開業する。水都の河川を巡る遊覧船、市内の代表的な名所を巡る遊覧バスなど、新たな観光の手段が一般化した。木津川尻の飛行場も整備される。

いっぽう大阪で暮らす人たちも、家族連れでレジャーを謳歌するようになる。通天閣がそびえる新世界、動物園や美術館が整

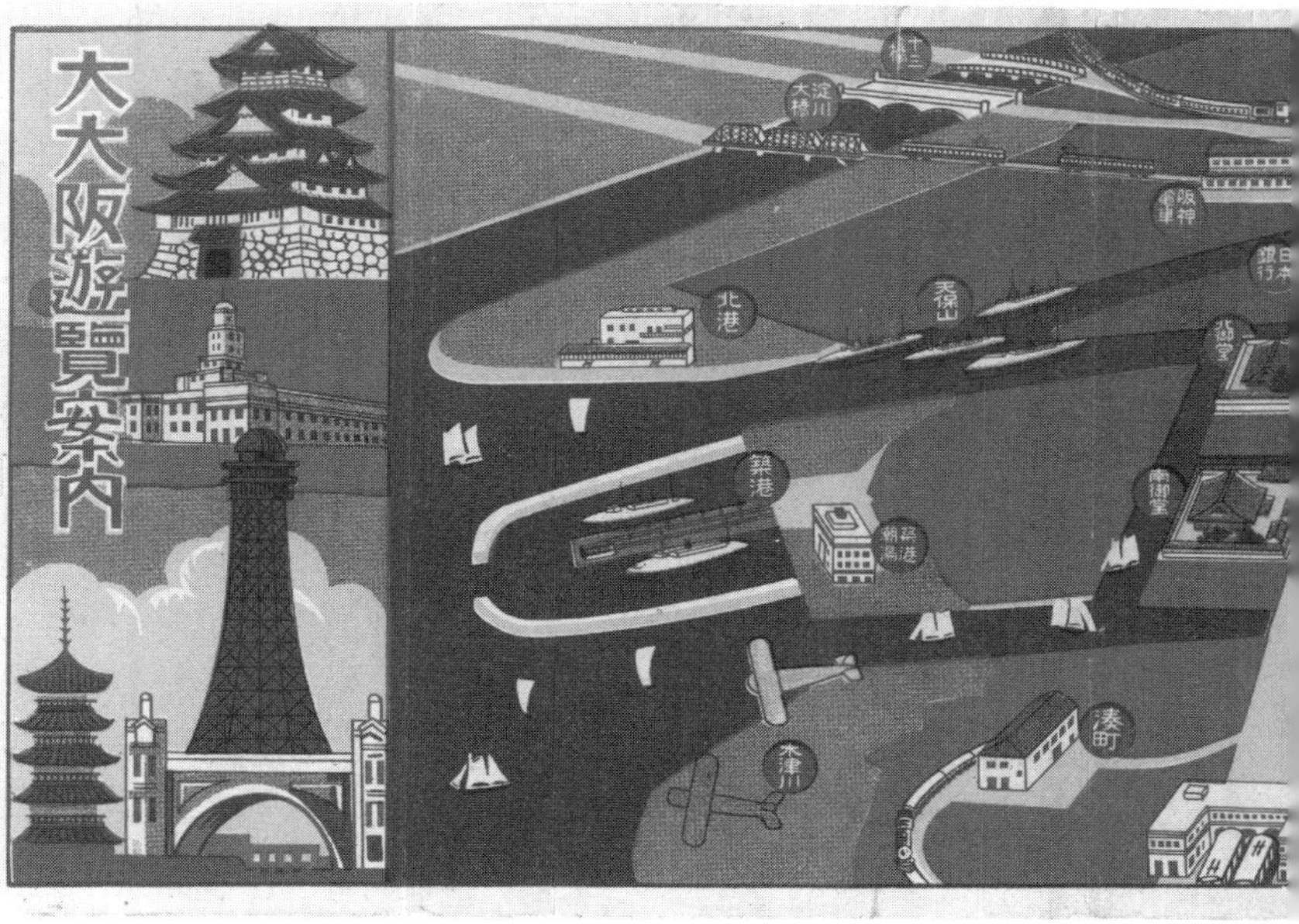

備された天王寺界隈など、民衆娯楽を提供する行楽の場が整備される。さらに私鉄各社は、遊園地やハイキングコースを整備して沿線を開発した。花見や海水浴、紅葉狩など四季折々の遊山に加えて、スキーやスケートなどウインタースポーツを楽しむ人も増加した。

「観光日本」を掲げ、「観光立国」が喧伝された昭和初期、観光客に対して「大大阪」はいかに宣伝され、人々は実際にどのように遊覧したのだろうか。また戦時体制下にあって、観光施策はいかに変容し、民間事業者はどのような制限を受けたのか。本書は、モダニズムが喧伝された大正末から昭和初期に焦点をあてて、当時の案内やガイドブックなどの一次資料から「観光都市」であった大阪の実相を検証する試みである。

目次

第二章 産業都市と観光振興

阪急
天神橋
大阪城

浪花座
中座
角座
朝日座
弁天座
住吉神社
大鉄

第四章 旅館とホテル

阪急
大阪城

中座
角座
朝日座
住吉神社
大鉄

淀川大橋
阪神電車
駅

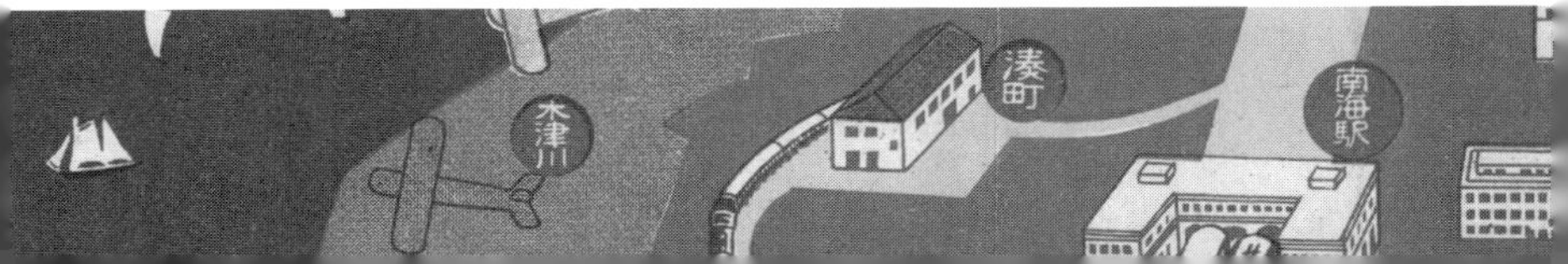
木津川
湊町
南海駅

第六章 郊外の楽しみ

淀川大橋
駅
阪神電車

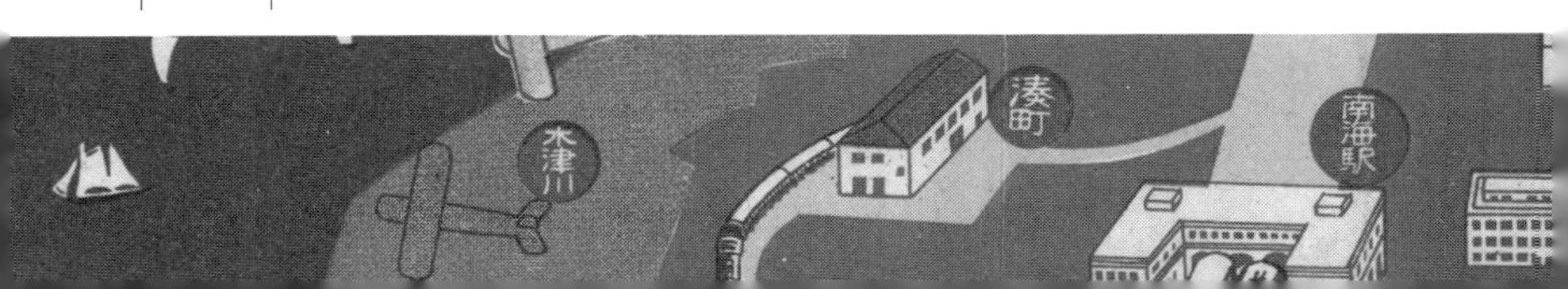
木津川
湊町
南海駅

本書は多く、大正から昭和初期の資料を参考としているが、よみやすさを考慮して、引用部分も含め、旧字体は新字体に統一した。

また、今回参考にした資料が出版された当時の状況を鑑みて、引用等に際し、現在では使われない用語・表現をそのまま使用している個所がある。

本書で使用している図版はすべて、橋爪紳也のコレクションである。

第一章

観光案内と都市

大正末から昭和初期にかけて「大大阪」を訪れる来街客を対象に、さまざまなガイドブックが発行された。その文言や貴重な画像の紹介を通して、当時の、観光についての考え方や実際の光景を見ていく。

大阪「独《ひとり》案内」

◉都市案内のなかの「大大阪」◉

いわゆる「大大阪」の時代、日本各地から大阪を訪れる来街客を対象に、各種の案内書が発行された。ガイドブックのなかで、「大大阪」の繁栄の諸相と近代都市の魅力は、いかに描写されていたのか。この章では、大正末から昭和初期にかけて発行された代表的な都市案内を順に解読しつつ、観光の視点からみる「大大阪」像について論じることにしたい。

最初の手がかりとして、大正13年8月、大阪市電気局校閲のもと、海事彙報社から発行された『大阪独案内』を紹介しよう。大阪市が市域を拡張、「大大阪」に転じる前年に刊行されたものだ。表紙には難波橋のたもとにある獅子像が描かれている。大正3年に海陸運輸時報社が発行した初版をもとに内容を充実、刷新のうえ、再販売したものであると説明がある。（図1）

「再版主旨及内容」の頁では、出版の意義を「大阪市を見物する地方内外人並に大阪を中心とする在住者の名所舊跡及山丘遊覧遠足の指針に備へるもの」と記す。来訪者だけではなく、大阪で暮らす人たちのためのガイドブックというわけだ。

また世界各都市で発行されている案内書と大阪をにおける先例とを比較して、次のように述べる。「都市を紹介するのは其の都市繁栄の要諦」であり、欧米各国では都市の役所が「自ら数十萬圓の財を投じて完全無缺のもの」を発行している。しかし大阪では、そうではない。数十種の「大阪案内」が発行されてはいるが、いずれも「一方に偏し甲に精しければ乙に疎く丙に明ければ丁に暗い」というもので、誰が見ても便利なものは一冊もない。この欠陥を補うものが「實に本書にある」と主張している。

また、誰の案内もなく思うままに大阪を遊覧し、買い物を楽しみ、あるいは「僅少の時間に些少の費用」で「実業視察」をしようとする人は、まず地元の駅で「眞に唯一の大阪遊覧者の友」となる冊子を購入し、汽車のなかであらかじめ遊覧行程の予定を組むだろう。本書はまさにその種の希望に叶うものだと強調する。実際、この説明にある通り、本書の

（図 1）

初版は、大阪市内よりも京都・名古屋・神戸・岡山・姫路などでの売れ行きが優ったようだ。もとより来阪者の目的はさまざまであった。本書は、物見遊山や買い物を目的とする遊覧客だけではなく、商品の仕入れや業務上の打ち合わせで訪問する人をも意識して、編集がなされたことが推察できる。

◉写真にみる近代都市風景◉

大正13年版の『大阪独案内』では、冒頭に写真構成のページがある。大阪城址・大阪駅・中之島公園・博物館など公的な機関のほか、阪神・阪急・京阪・南海・大軌など各私鉄の始発駅の様子、市内にある著名な企業の社屋や店舗、あるいは工場の外観を撮影したモノクロ写真を多数掲載する。初めて大阪を訪問する人への利便を考えた工夫だろう。ここではそのなかから10点ほどを転載しておきたい。(図2〜11)

駅舎に関しては、電鉄各社がターミナルビルを建設する以前の雰囲気を知ることができる。いっぽう企業関連の写真には、たとえば「電球の覇王　大阪電球株式會社」「大阪第一ノ建物　堂島ビルヂング」などと、会社の業態や建物の威容に対する賛辞を記す例もある。人造石鹸のサクラ工業所、阿弥陀池の大黒おこし本舗、粟おこしで有名な津の清、精肉料理で名高い千代崎橋のいろは綜本店など、土産物屋や会食の名店の写真もある。また心斎橋の大丸や堺筋島之内の高島屋など、ビルディングへと改築を果たした呉服店には、わざわざ「新築の…」と付記している。

（図2）

（図3）

（図4）

（図5）

（図6）

（図7）

（図8）

（図9）

（図10）

（図11）

さらに市内移動の便宜をはかるべく、大阪市電気局が運行する市電の路線系統を記した図が添付されている。地図を見ると、大阪駅や難波、天王寺など、交通の要所を経由しながら都心をめぐる路線の多くが、堺筋と四ツ橋筋を通っていることがわかる。御堂筋がまだ拡幅されていないこの時期、堺筋と四ツ橋筋が市街地を南北に貫く幹線道路であったことが確認できる。（図12）

また地図の裏には「僕が人を轢くのか人が僕に轢かれるのか　僕にはこの道より外にない」と嘆きつつ、線路上で悩む路面電車のイラストがある。偶発的な人身事故がもたらす不幸が少なくなかったということだろうか。（図13）

◉遊覧から都市観光へ◉

写真と付図のあとに本文を掲載する。記

載されている項目を列記すれば、大阪市勢概覧、大阪の沿革、観光順序の一例、観光の場所と道順、神社佛閣名所、大阪市内町名、官公署行電車案内、地名俗称案内、大阪市橋名、旅館、料理店・飲食店・カフェ、買物案内、実業團体・重要物産組合・公設市場、鉄道小荷物案内、郵便・電信・電話局、自働電話設置場所、官公署・学校・図書館・大阪市社會施設、新聞社・銀行・會社・商店、興行場案内、夏祭と縁日（夜店晝店）、鐵道旅行案内（旅客心得賃金）、汽船航路と賃金、郊外電車案内、自働車・人力車案内、附録郊外旅行の栞となる。

「観光順序の一例」のページでは、市電の利用を前提として、大阪駅を起点とするモデルルートを紹介する。まず天満宮から大阪城、上町台地の社寺を巡る。そのあと天王寺・新世界・道頓堀・心斎橋・松島など繁華な街を抜けて築港を見物、都心に戻って北御堂・南御堂を訪問、府立博物場から北浜の取引所を経由して、豊国神社・大阪ホテル・中央公会堂などが立つ中之島に至る。新聞社や企業の本社ビルディングが並び立つ大江橋・渡辺橋・堂島界隈から、最後に北新地を訪ねるコースが設定されている。朝9時に大阪駅を出立して、18時か19時の帰着を想定する。「悠々逗留することのできぬ旅客」が「ホンの素通り見物」をすることを前提としたものだが、「之で屈指の見物場所だけは大抵一巡した」と書いている。

ここでは駅や旅館で販売された『大阪独案内』において、「遊覧」ではなく、「観光」という単語が、当然のように使用されている点に注目したい。「観光」という言葉が一般に普及した時期に関しては諸説があるが、大正13年に発行されたこの案内書に、すでに「観光順序」「観光の場所」という文言が使用されている。

この時期、「都市観光」とでも称するべき、新しい旅のあり方が提案され、「観光」という言葉が定着していたことが推察できる。従前の案内と比べて顕著な変化は、移動手段の近代化、そして高層化した百貨店など従前にはなかった観光目的地が登場している点だ。

たとえば大阪駅からの移動手段に関しては、人力車ではなく、タクシーを利用すると便利

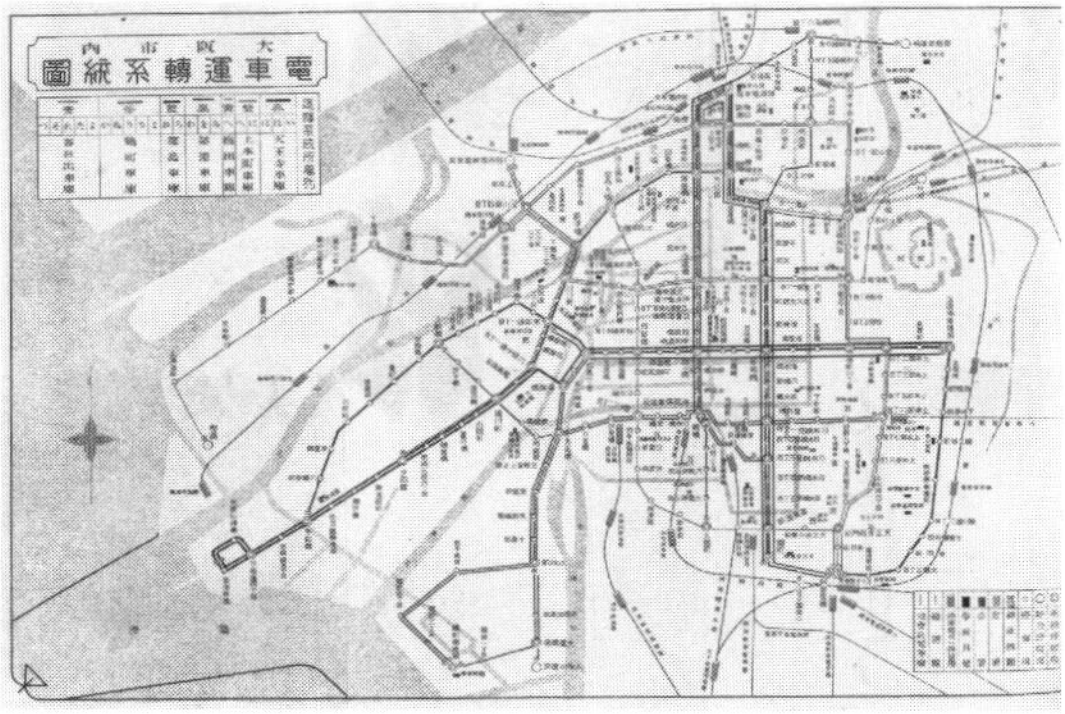

(図 12)

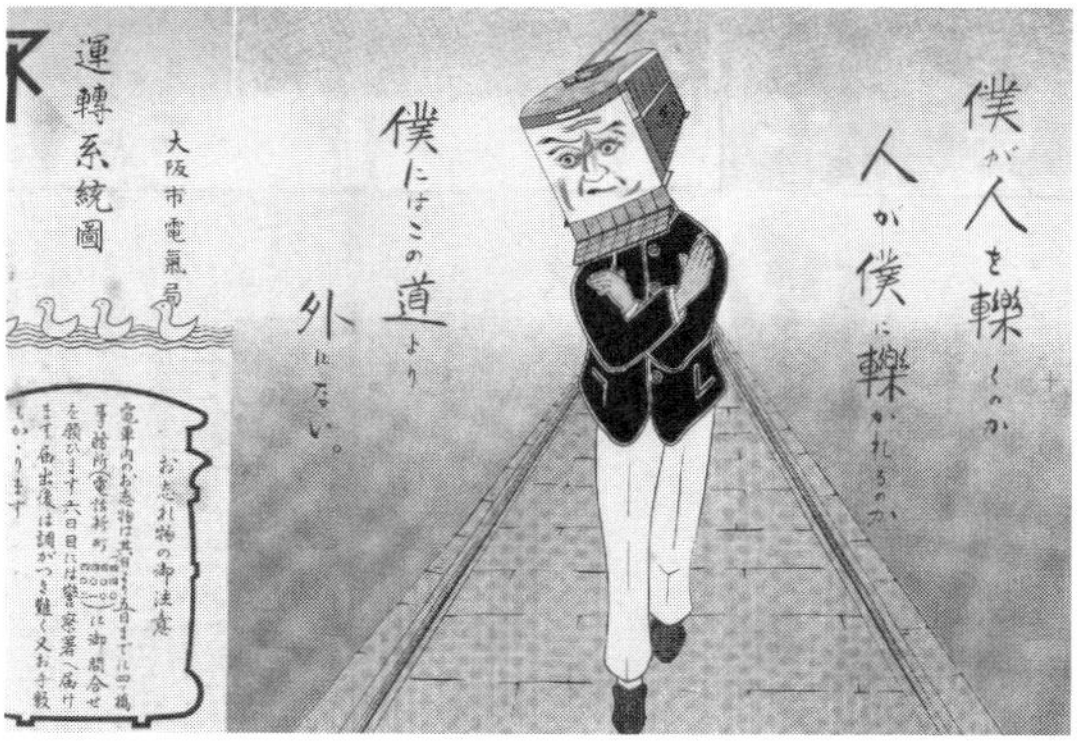

(図 13)

であると強調されている。また大阪を拠点として旅をする人には、郊外電車による日帰り旅行のほか、「瀬戸内海に世界の文明を魁けたデーゼルエンヂンの汽船（煙筒のない）」による旅を推奨している。

「都市の近代化」が、新たな「観光」のありかたを提示した。同時に「観光の近代化」が、都市での滞在をより魅力的なものに改めつつあった。

大大阪記念博覧会案内

◉日本一の大大阪◉

大正14年（1925）2月、大阪市は接続する東成郡・西成郡に属する44の町村（鶴橋町、生野村、天王寺村、住吉村、今宮町、中津町、豊里村、伝法町など）を合併、第2次の市域拡張を実施した。南は大和川から北は新淀川を越えて兵庫県との境までを編入することで、従来は139万人であった人口は一挙に203万人を数え、世界の大都市と比べて、第5位から第6位を競う規模を誇ることになる。

大阪市は、人口においても面積においても東京市を凌駕、「日本第一」であるとともに「東洋一」の規模となる。行政区域も改められた。従来の4区を8区に分割、さらに新たに市域となった町村を5区に再編することで、13区からなる巨大都市がここに出現した。いわゆる「大大阪」の誕生である。

大正14年3月、大阪市東区伏見町に事務所を置く日本旬報社は、『旬刊大阪案内』の3号・4号合併号を「大大阪号」と題して発行した。市域拡張を意識しつつ、後述する博覧会の会場案内を兼ねた内容である。「…大大阪の格好な記念品として永久に御保存を願ひ、時々の便覧に供するやう編纂しました。澤山増刷してあります」と編集人は記している。(図1)

この『旬刊大阪案内　大大阪号』に「数字から見た大大阪　大都市の内容を解剖した日本一の数々」と題したコラムのページがある。そこでは、まず大阪府警察部の統計をひもとき、合併によって誕生する「大大阪」の住民構成を紹介する。世帯数は、17万6600

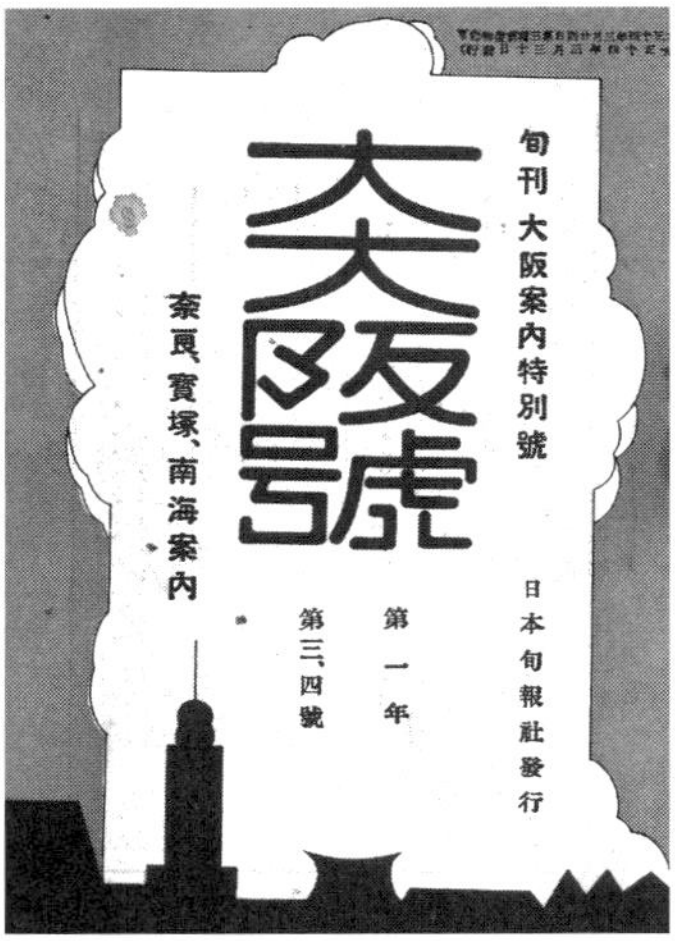

(図1)

世帯を新たに加えて約45万５６００世帯に増加する。その内訳は商業が14万世帯ほど、工業が11万３０００世帯ほどになるが、「商工都市当然の帰結」であると述べる。その他、医師・教員・弁護士・僧侶などの公務や自由業が２万８０００世帯、加えて「一萬三千餘世帯のお百姓も市民となります」と書いている。

交通機関についても数字を示して説明する。市内で朝夕に利用する電車は６００台、自動車は乗用と貨物を併せて３０００台、自転車は13万台、人力車４７０４台を数える。このうちタクシーの運転回数と、自転車数の多さは「日本一」であると述べる。人口や交通量が多いがゆえに、遺失物も「大阪が天下一品」である。大正13年度では、電車や寄席での遺失金の総額は54万円、忘れ物は９万個あまりもあった。この数字は「大阪市の繁多さ加減」をうかがう一材料だろうと書いている。

興行に関しても、統計を引用して分析する。大正13年に市内１００箇所ほどの興業場や集会所で行われた芝居・活動写真・浄瑠璃・浪花節・落語などの催事は、延べ数で６万５０００になる。平均すれば、一日あたり１６０から１７０もの興行や公演が行われている計算になる。「大阪は勘定高い、がまた物見高い」と書いている。

この冊子では、大阪の商業が「日本一」であることは言うまでもないが、工業においても「質の日本一を誇る工場」が各所にあると強調する。また官民が実施している充実した社会事業を紹介、大阪における「精神文化の方面で日本一」を誇るものと書いている。

◉巨大パノラマと「27の大阪」◉

市域拡張がなされた大正14年、都市の新たな船出を祝福するべく、大阪毎日新聞社は「大大阪記念博覧会」と銘打つイベントを企画した。同紙が1万5千部の発行部数に達したことを記念する事業を兼ねて構想されたものだ。同年3月15日から4月30日までを期間に、天王寺公園と大阪城天守台跡を主会場とした。入場料は2会場共通で大人50銭、小人25銭であった。また三越・大丸・高島屋・松坂屋・十合など市内の主要な百貨店が、店舗内に協賛会場を提供した。

ここでは主催者が発行した『大大阪記念博覧会案内　附大大阪観光案内』（大大阪記念博覧会事務局、１９２５）をもとに、会場内を紹介しよう。（図2〜4）

大阪城天守台跡の会場では、建坪２００坪ほど、入母造二層の楼閣建築「豊公館」が設けられた。瓦は黄金色とし、桃山時代の気分が再現された。館内には、冬の陣、夏の陣を描いた油絵のほか、「豊公遺物」などの考古資料が陳列された。

いっぽうの天王寺会場には、高塔「暁鐘塔」を始め、サラセン様式にデザインされた仮設建築群を配置、本館・パノラマ館・機械館・廉売館・娯楽館・満蒙館・朝鮮館などに充てられた。また既存の大阪市民博物館は参考館として利用された。

博覧会の売り物となったのが、本館内の「パノラマ館」である。館内中央に、市街地の現状を再現した１３０坪ほどの巨大なジオラマ模型を置く。織田東禹が手がけた力作であり、市電のミニチュアが走行する趣向もあった。また85坪もある巨大壁面には、赤松鱗作

豐公館の遠望
正門より機械館を望む

(図 3)

大大阪記念博覧會案内
附大大阪觀光案内

(図 2)

通天閣上より見たる大博の全景
大大阪パノラマの盛觀

(図 4)

など大阪を代表する洋画家が揮毫した壁画を掲出した。案内では「藝術家苦心の結晶」と評している。

「本館」では、日本の博覧会史において先例のない特徴的な手法が採択された。「パノラマ館」の周囲に27の主題による「大阪」を展開したのだ。ちなみにテーマを列記すれば、「水の大阪」「光と燃料の大阪」「電化の大阪」「食料の大阪」「建築の大阪」「工業の大阪」「農林の大阪」「文芸の大阪」「劇と音楽の大阪」「趣味と娯楽の大阪」「名所名物の大阪」「女の大阪」「子供の大阪」「社会事業の大阪」「運動の大阪」「信仰の大阪」「教育の大阪」「保健の大阪」「交通の大阪」「キネマの大阪」「空の大阪」「文化の大阪」「家庭の大阪」「貿易の大阪」「服飾の大阪」「商業の大阪」「工芸の大阪」となる。

たとえば「趣味と娯楽の大阪」では、「趣味と娯楽の八段返し」と称する電気仕掛けの舞台を設けて、寄席・素人義太夫・遊芸・謡曲・茶・生花・碁将棋・旅行遊猟・歌留多・麻雀などの場面を順に見せた。あわせて大阪旅行聯合會が出展した旅行統計表などが紹介された。

また「建築の大阪」では、住友ビルディングの精巧な模型を中心に、鉄筋コンクリート造の現場模型、神戸高等工業学校が出品した鉄筋配列などを配置、「鉄筋コンクリートの世界と建築中の大阪」を表現した。案内書ではこの展示に関連して、「スクスクと立躰的に発達しつゝある幾多の誇るべき大建築中模範とするべきは目下西横堀兩國橋畔の一角大川町に建築中の住友綜本店である」と書いている。

いっぽうの「参考館」は、「現代都市改造の各種資料と編入町村の実情」を陳列、「大大阪改造の指針」を示すものとされた。1階の正面ホールを「大大阪室」とし、国内や世界の主要都市と大阪の現状を比較する展示が行われた。また左ウイングの一室を「都市計畫室」とし、大阪市の航空写真や将来の交通計画図などが陳列された。さらに右翼では、水道・住宅・公園などの現状や整備計画を紹介する。上階には中央官庁が出展した参考資料、新たな行政組織を示す資料があった。都市計画関連の資料、また「編入町村に関する各種の資料」として、地方色を示す写真も並べられた。案内では「大阪市編入によつて消え行く各町村」の最後を飾るものと説明されている。

◉都市の「空間」と「時間」◉

27の分野から「大大阪」の現状を多面的に紹介する展示手法に関して、先の『旬刊大阪案内　大大阪号』では、「…観覧者のためには、見様に依って、非常に複雑な、厄介なものになった」とコメントしつつも、いっぽうで「現今の大阪」を知るうえで「非常に、気の利いた、充實した博覧会」と評価している。

都市の諸相を切り取って提示しようとする発想は、場内にとどまらず、場外に拡張された。協賛する各呉服館が、みずからの店舗内に、同趣向の展示を行ったのだ。たとえば三越は「今と昔の大阪館」、大丸は「風俗の大阪館」、高島屋は「美術と新市街の大阪館」、松坂屋は「花の大阪館」、十合は「流行の大阪館」といった具合である。会場内にある27の「大阪」に加えて、消費の場であるまちなかに、さらに5つの側面から、それぞれ固有の「大阪」が紹介されたわけだ。都市全体を催事会場としつつ、多彩な切り口から都市の全貌を見せようとする構成がユニークである。

同時に「大大阪記念博覧会」では、都市を流れる「時間」も意識された。先に記したように、「豊公館」では都市創設の由緒を、「本館」では同時代の繁栄を、そして「参考館」では将来の構想が語られた。三館を併せることで、大阪の過去、現在、未来を確認することになる構成である。『大大阪記念博覧会案内』には、「我帝国の一大商工都市として、東亜の経済界に覇権を握る世界第五の大都市として我大大阪が天下に遊戯する日は実に今日からなのだ」と述べ、「大大阪（グレートおほさか）建設の過去を『豊公館』に偲び、盛観を『本

（図5）

（図6）

館』に展げ、大大阪の将来を『参考館』に想うこと」は、大阪市民だけではなく経済的な岐路にある全国民が知らねばならないことだと、その意義を強調する。

ともあれ「大大阪記念博覧会」は、市民を挙げて都市の発展を寿ぐ祝祭の場となり、成功裏に終了した。入場者数は天王寺会場だけで128万人ほど、大阪城内に設けられた「豊公館」の入館者を加算すると187万8400人余り、平均すると1日あたり約4万4000人を数えた。『大大阪記念博覧会案内』では、博覧会見物の帰りにぜひ立ち寄って欲しいと、飲食店や活動写真の劇場が広告を掲出している。（図5、6）

新聞社は60万円規模の予算を組んだが、イベント終了後、14万5000円もの剰余金があった。主催者はこのうち10万円を大阪市に寄付、その一部を充てて、大阪都市協会が設立されている。

◉生れ出でんとする大大阪◉

「大大阪」の誕生をめぐって、どのような世論があったのだろう。前回、紹介した博覧会の賑わいに象徴されるように、都市の発展を歓迎する祝祭気分が、市民のあいだにも蔓延していた。ただいっぽうで、実情を見据えた冷静な論評もあった。

大阪朝日新聞社が発行した『週刊朝日』大正13年11月23日号では、「生れ出でんとする大大阪」と題する小特集を組む。翌年4月に接続町村を併合することで、面積を3倍に人口を200万人にまで増やしたことで、ニューヨーク・ロンドン・パリ・シカゴに次ぐ「世

（図7）

界第五の大都市」となった大阪を紹介する。表紙には、中之島公園を見晴らしている姉妹を写した写真が掲載されている。（図7）

特集の冒頭では、次のような小文を掲げる。

「世界に五位の大都市―その言や壮であるが、市には未だなすべき多くの事業が残つてゐる。街路の新設拡張を主とした都市計画事業の実施、下水処理の問題、築港設備の完成、学制の統一、中央市場、公園電燈経営等々。就中今日の交通状態から鑑み、市内高速交通機関の設置は、急務中の急務とされる。」

「徒らに区域や人口の大のみが都市の誇りとするに足らない。市民の安寧と秩序と、而して生活上の快を近代文明都市が許す範囲の極度まで拡張するでなければ、名実共に完（まつた）い大都市といふことは出来ない。大きさに於て世界に五位たるの大大阪が、質に於て亦第五位はおろか、紐育や倫敦に首たるの日はいつか。今回の編集が徒らに当局関係者の功名心を満足せしむるのみに終らなければ幸である。」

　面積の広さや人口の過多が、都市の「誇り」とする根拠ではない。大阪が抱えている都市問題を迅速に解決、市民の安全と秩序、快適な生活を高めなければ、大都市とは言えないというわけだ。「大大阪」の誕生をめぐって、単に喝采を送るだけではなく、大阪市の関係者に向けて苦言を呈している点に注目したい。

　さらにこの特集では、春郊生・篠崎昌美・横山精一などの興味深い寄稿が並ぶ。春郊生は、古代から近世に至る大阪の歴史を概説する。篠崎昌美は、明治維新以後、大正時代にいたる大阪の発展を論じる。横山精一は「輿入仕度に忙しい接続町村　市になる名所　失くなる『瘤』」と題して、編入される町村の状況と課題を述べている。

　なかでも篠崎の文章は、「大大阪」の誕生を間近に控えた世相風俗の変化を揶揄していて、なかなか興味深い。ここでは道頓堀川と近傍の変貌について述べている部分を紹介しよう。

　かつては宗右衛門町の浜にある数奇を凝らした座敷から、黒く濁った川面に臨み、高津神社の高台に登る「三五夜の月」を眺め、ときおり通る巡航船のポツポツと響く音に「身も世もあらぬ心地」がしたものだと篠崎は回顧する。しかし今では、電車や自動車の轟音、八方の飲食店から響く蓄音機の薄っぺらな音色と、川面を往来するガソリンボートのエンジン音のため、情緒もなくなったと嘆く。聴覚にも、街の近代化があきらかであったということだろう。

篠崎は、道頓堀の通りに面した料理屋や茶屋の変化についても論じている。以前、この界隈には、丸萬や京與など、広い座敷で食事を提供する相席の「民衆食堂」が軒を並べていた。しかし今ではこの種の業態が衰えた跡地に、「立体的」に伸びる大阪にふさわしく、まさに雨後の筍のごとく和洋の食堂ビルが簇生した。「何れは近い中に暖簾肩に立喰する関東煮屋も、エレベーターで通ふビルヂング内に出来ることであらう」と予測する。またダンスホールを設ける貸座敷や、芸事の発表会に日本舞踊に西洋音楽を加味するなど和洋を折衷した「コクテル（カクテル）趣味」を自慢する茶屋もあると述べる。

篠崎はまた、急速な市街地の発展についても印象を記す。たとえば阿倍野墓地や飛田遊廓、岩崎の瓦斯工場などを例示しつつ、市街地の「端」にあるべき遊廓や墓地、危険物などを扱う工場などが、都市の拡がりによって今では「市の中央」になってしまっている状況を述べる。またかつて明治天皇が行幸した陸軍の大演習で白熱の模擬戦を演じた帝塚山でさえ、今では住家が建て込んでしまった。大阪の南部一帯も、数年を経ずに「立派な市内の住家地域」となるだろう。「大大阪の発展のいかに物凄いか、時の流れを知らねばこそ、知れば実際身の毛もよだつ」と書いている。

◉科学の住民、理知の都市◉

「大大阪」をいかに評価するべきか。観光案内の類にも、「東洋一」「日本一」といった紋

A GUIDEBOOK OF GREAT OSAKA
大大阪案内書
大阪　三國旅館　發行

（図8）

三國旅館本館及自動車部

（図10）

三國旅館別館
三國旅館

（図9）

切り型の形容のほかに、独自の視点からの分析を記す例がある。
一例として、ここでは昭和3年1月1日、道頓堀日本橋北詰に構えていた「三国旅館」が発行した『大大阪案内書』と題する冊子を紹介しよう。大阪の地図と主要な名所を概説する文章とともに、旅館の外観写真を添える。その冒頭に発行意図を記した文章がある。編者独自の見解が記されていて興味深い。(図8〜10)

「大阪を他の都市と比較して如何ですか?と尋てみますと當惑なされる方が多い。が決して當惑なされるような都會ではないのです。それほど簡単な単純な外面的美が大阪の特長であるのですけれども水の澄みきつた底なし沼のようにこの美にはうかうかと肌身を許されません。此處です。大大阪の特長は即ち大阪の市街に一歩足をふみいれると一秒の休息でさへ満足にできません。物事に對して熟考することができません。熟考はできてもそれほど長時間は許與してはくれません。」

いささか難解な表現だが、大阪は、休息することもできず、熟考する余裕もないほどに目まぐるしく、繁華であるということが言いたいのだろう。
いっぽうでこの文章では、表面的な都市の姿や住民のあり方はさておき、大阪には「頭脳」の良い市民がいると評し、次のように続けている。

「大大阪は理知の市街、科学の住民、新時代の先端に突進するバッカスのようです。未来の日本はこの大大阪を基準として発展するでしよう。東洋のマンチエスターといふ代名詞は現在初めて生生としているようにをもいます。實に大大阪は青年が各自の妄想の殼をつき破つて溢るゝ大気に向つて胸をたゝかねばならない最も現實的な大教本でなくてなんでありましようか。」

大阪を「科学の住民」が暮らす「理知の市街」と評し、あわせて都市そのものをローマ神話に登場する豊穣神にたとえる。その発展のさまは、未来の日本が基準とするべきものと書いている。また妄想を突き破ろうとする青年にとって、大大阪は「最も現実的な大教本」だと位置づけている。近代化を果たし繁栄した大阪を、国家が、そして若者が参照するべき模範とみなす視点がユニークである。

修学旅行と団体旅行

◉旅行の合理化◉

大阪は、団体旅行や修学旅行の目的地となる。昭和9年（1934）に発行された『写真式説明　大大阪観光視察案内』を紹介しよう。各府県市町村官公吏職員の特別視察、実業家団体の商工実況視察、青年団・婦人会・處女会などの特別見学、学校生徒の修学旅行など、さまざまな団体の旅行に際して便宜をはかることを宣伝する媒体として、道頓堀の主要な旅館が共同で発行した案内書である。

表紙には、左端に千日前の歌舞伎座、中央に堂島ビルヂング、右端に長堀の高島屋百貨店というように、モダンなビルディングを白く描く。その間に、通天閣、四天王寺五重塔、復興天守閣、上六にあった大阪中央放送局の電波塔、そして「煙の都」という異名を象徴する煙突群など、大阪を代表する高塔群を配置する。近代的な都市風景こそが、大阪を象徴する景観であることが表現されている。(図1)

冒頭に「是非一読　旅行の合理化」と題する文章がある「新時代の旅行者のねらひは移る　プログラムの第一に『先づ大阪！』」と見出しに記している。そこでは、時勢が移り、旅行者の意識に変化があったと指摘、もはや単に名所旧績の遊覧を貪る時代ではなく、実生活の知識を磨くべきという考えが旅行者のあいだでも濃厚であると述べる。「旅行の合理化」、すなわち物見遊山ではなく知識を求める旅が普及した結果、これまであまり顧みられることのなかった大阪が旅行の目的地になったと説明する。

特に注目するのが、中央卸売市場や復興された大阪城天守閣など、新たに建設された都市施設である。

「…最近出現の世界にも珍しい『中央卸売市場』は全国農産、水産、其他凡ゆる食用原料産業界の好仕向け大市場、さては『復興大阪城天守閣』の大偉容等、いかにも国民経済中心の大都市、世界的商工業大都市の面目躍如たるものあり…」と書いている。

大阪には、各地の農産品や水産品が、昼夜、間断なく集散している。商取引も旺盛であり、また工業生産も盛んである。また各種の社会施設は「ズバ抜け光る」ほどの水準であ

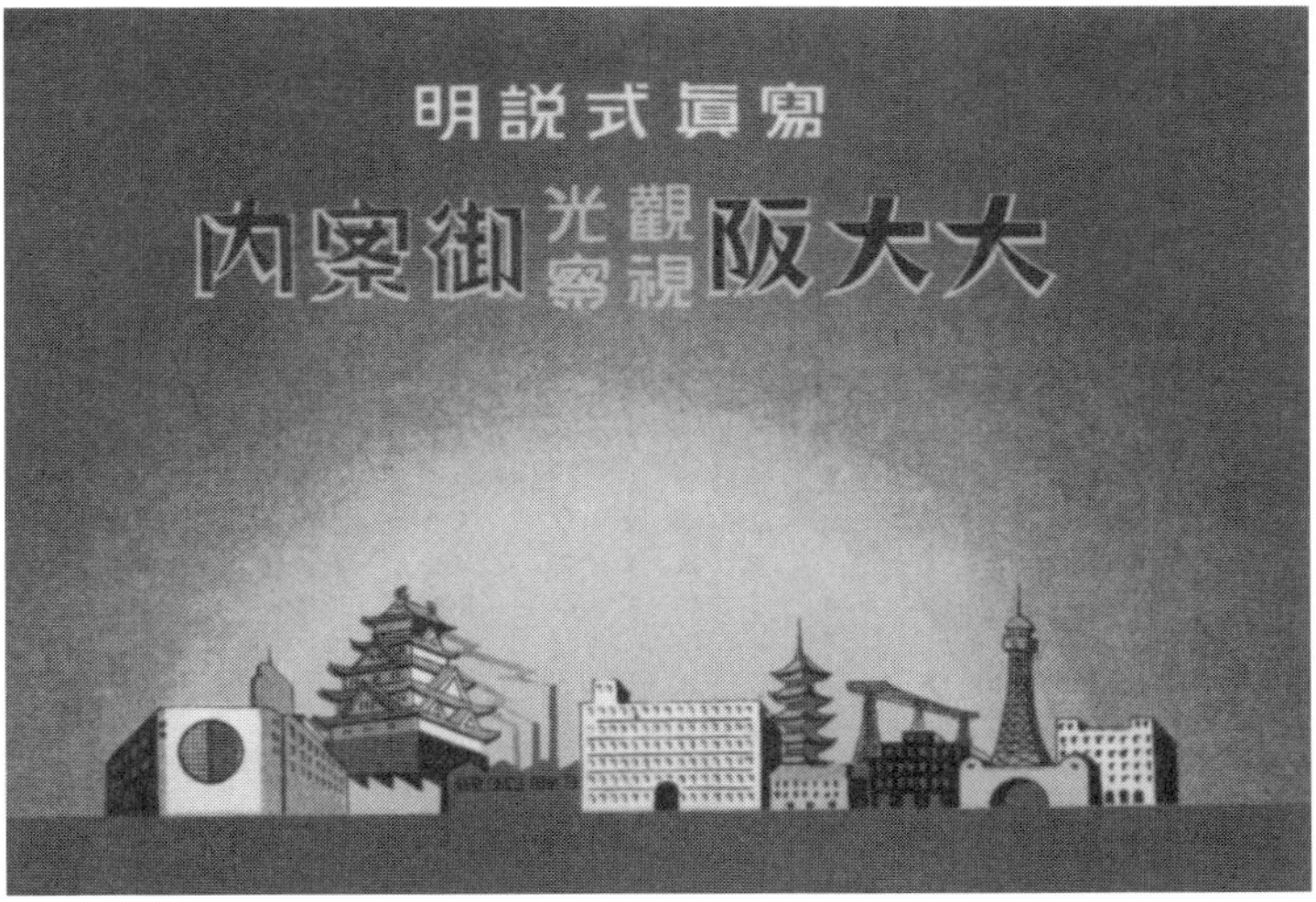

（図1）

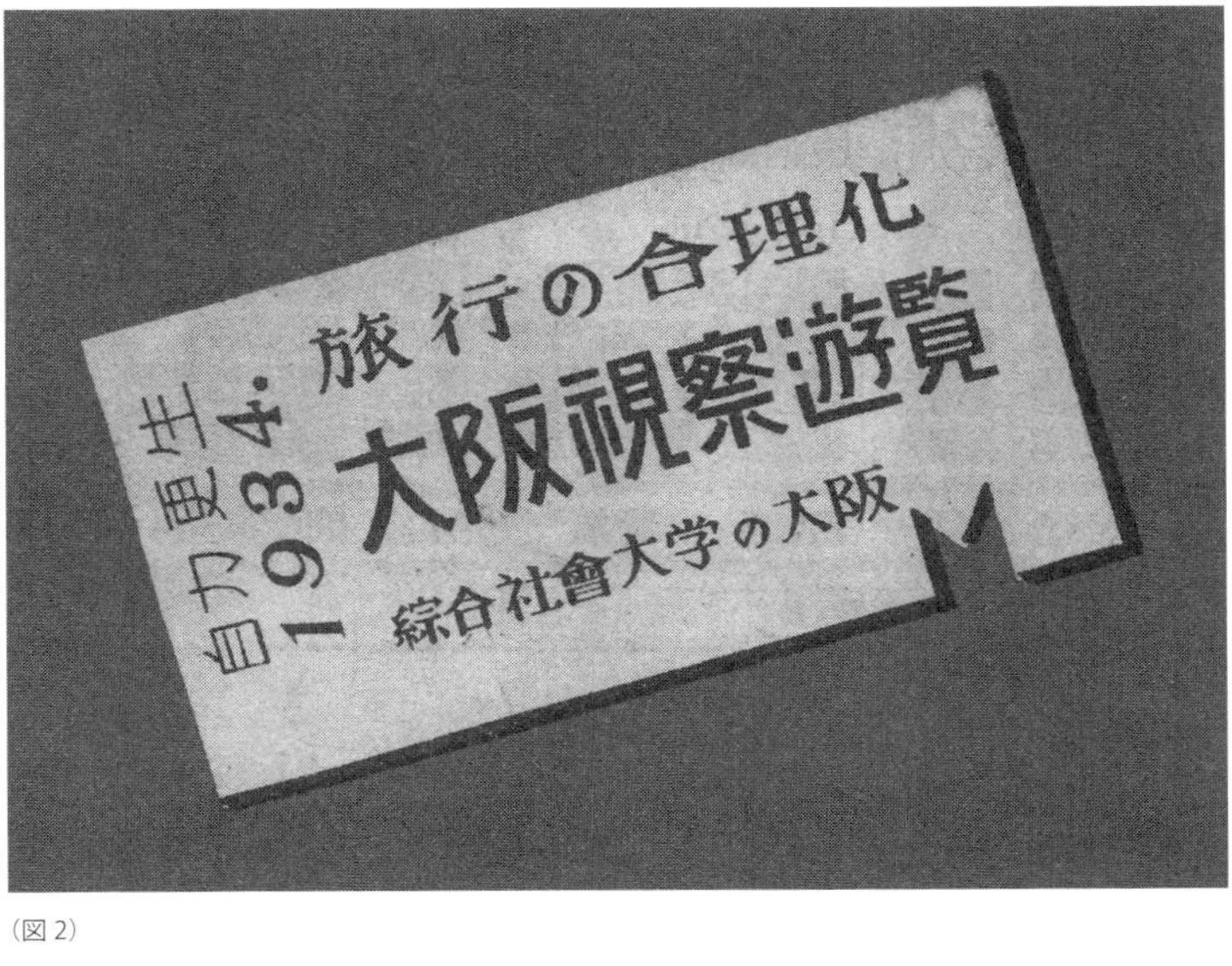

（図2）

る。モダンな新様式の建物も林立している。大阪で見るもの聞くものは、「興味満点」であると同時に「実益多大」である。「水の都」「商工の都」というよりは、新時代の「学びの都」であり、「生きた百科辞典、実物教育の模範的総合社会大学」である。大阪は「新時代人の憧憬の的」だと絶賛する。

このような認識のもと、学生の修学旅行や鉄道事業者などが企画する団体旅行では、近畿地方を旅行する際に大阪の視察見学を重視する傾向があると強調する。そのうえで、「通りがかりだけの、ほんのうわべだけ視て行かれては真の大阪は認められません、どうぞ内容実情を親しく、上から下から裏からと御視察下さい」と強調する。

裏表紙には「自力更生　旅行の合理化　大阪視察遊覧　総合社会大学の大阪」と記した乗車券を描く。すでに入札をすませたという体裁である。この案内書の考え方を集約した画像である。(図2)

◉三分間で判る大大阪◉

『写真式説明　大大阪観光視察案内』の前半では、「三分間でわかる大大阪のあらまし」と題して視察のモデルルートを紹介する。後半では、大阪を代表する視察先を29カ所、独自に選定して、それぞれの写真を掲載しつつ、簡単な解説を載せる。

大阪城、中之島公園、四天王寺、住吉大社、天満宮、道頓堀、心斎橋筋、千日前、新世界など、大阪観光において定番である名所や社寺、歓楽街が選ばれている。加えて、造幣局、大阪毎日新聞社や大阪朝日新聞社など、団体の見学を受け入れている施設を掲載する。説明文がユニークである。たとえば造幣局は「…大金塊が各種の機械作業を経て、見る眼も眩しい天下通用の金貨となり、堆たかく積まれる光景は、阿弥陀様と同様に合掌礼拝の其の功徳夢々疑ひ不可有（あるべからず）、穴賢こ」と紹介する。また表紙にも描かれた大阪中央放送局に関しては、「…二本の鉄塔は新時代文化の産みの母として、是非とも一度は見ておかねばならぬもの、その建物の構造もたしかに新しき教育資料」と書いている。

学校や市場、新趣向の博物館なども選ばれている。たとえば学校建築の代表として南区戎橋通りの精華小学校を挙げ、「数多き学校中最も模範的」であり、「各室及廊下の暖房装置他に類なく、体操室、遊戯室、遊園、割烹室、ミシン室、等々正に参観の絶大価値あり」と記す。

中央卸売市場については「東洋最大の食料品元売機関」であり、「偉大なる新名所」であると強調する。毎朝、数万人の「買い出し商人」が取引きを行う光景は、想像以上の盛観である。午前3時に開場するので、「朝飯前」の時間を利用して、「郷里への宝玉的お土産話」として欲しいと述べる。全国各地の特産品で集まらないものはない。偶然、自身の出身地の産品が取り扱われているのを発見して、「意外の嬉しさ懐かしさ」を感じることもあるだろう。また郷里では購入するのが難しい良品を、廉価で仕入れることができるのも大阪ならばこそである。商用にも、自家用にも、経済的にも営利的にも、有利有益な「地方民衆の必要品」が多くある。「…皆見物の効を称へ、これこそ見逃してはならぬ第一の見所として大々的人気を集めてゐる」と書いている。

高石に新設された農業博物館も紹介、「日本最初最新」と形容する。大阪毎日新聞社の社主であった本山彦一が中心となり、昭和7年8月に開館した施設で、財団法人富民協会が経営を担っていた。「独創と清新の空気」に満ち、図解・見本・統計・模型などから構成された展示は「最新科学の粋」を凝らしている。「これ一つだけでも確かに大阪御視察の価値は充分である」と賞賛する。

館内には、最新の手法を駆使して、農業と農村の実態が示されていた。「映画の応用、電気自動模型などは殊に人を驚かし、いずれも老人婦女子にもわかるやうに仕組まれてゐて、これを一巡すれば確かに頭がカラリと一変すること請合ひである。農業以外の職業の人でも、…必ず、興味を抱くに至り、もしそれを農業家が参観すれば断然発奮させられる」と書いている。

◉生きた感謝の実話◉

この案内書では、「大阪御見学の御感銘　生きた感謝の実話を御覧あれ」と題して、大阪を視察見学した人たちの感想を掲載する。

ある旅行団体の代表者は「大阪見物は家庭円満の基」という文章を寄せる。大阪見物は無味乾燥なものと思っていたが、見物するにつれて、確かに「新たな旅行の眼」が開かれていると感じる。大阪の町人は、金儲け一点張りではなく、創造力がみなぎり、溌剌たる活動力を持つ。「よく働き、よく儲け、よく遊ぶ」と評価する。「大阪式」とでも呼ぶべき、新たな工夫がある。「国へかへつたらこの呼吸で…この工夫で…」と感心するところが至るところにある。自身も家内そろって「大阪式」に働くようになった結果、営業は伸び、家内は円満そのものである。人から相談を受けても、大阪での見聞を元に力強く解決している。「これすべて大阪見物の賜物と深く感謝」と書いている。

ある学校の教師は、「大阪見物で生徒の個性がよくわかる　職業指導の絶好指針」と題した報告を寄せている。あちらこちらに旅行して、生徒児童に感想文を書かせるが、「皆な千遍一律の風景国宝礼賛ばかり」である。ところが大阪を訪問したあとの文章はそうではない。各人が、面白いほどに異なった見地から観察しているのがわかるという。「実生活に直接響くことが多いので、非常な興味と真剣とで、それぞれ独自の立場から見てゐる。そこに生徒児童の感情や個性がわかりその職業の選択、専門学校の選択に絶好の指針とすることができるやうになつた」と書いている。

また、ある地方実業家は「見物がてらに金儲け」と、経験談を記す。大阪に来るたびにかなり遊ぶが、それ以上に儲かる仕事ができると述べている。

案内では、視察の成果を生かして、「純大阪式」にショーウインドウに定価表を陳列、チップを全廃するなど「サービス満点主義」で大繁盛をみた伊勢山田駅前の食堂などの成功例を示す。そのうえで、修学旅行で大阪に感心したため、卒業先に大阪で奉公する地方の学生もますます多く、「力量のあるものはどしどし抜擢され、中には見込まれて海外へ派遣さ

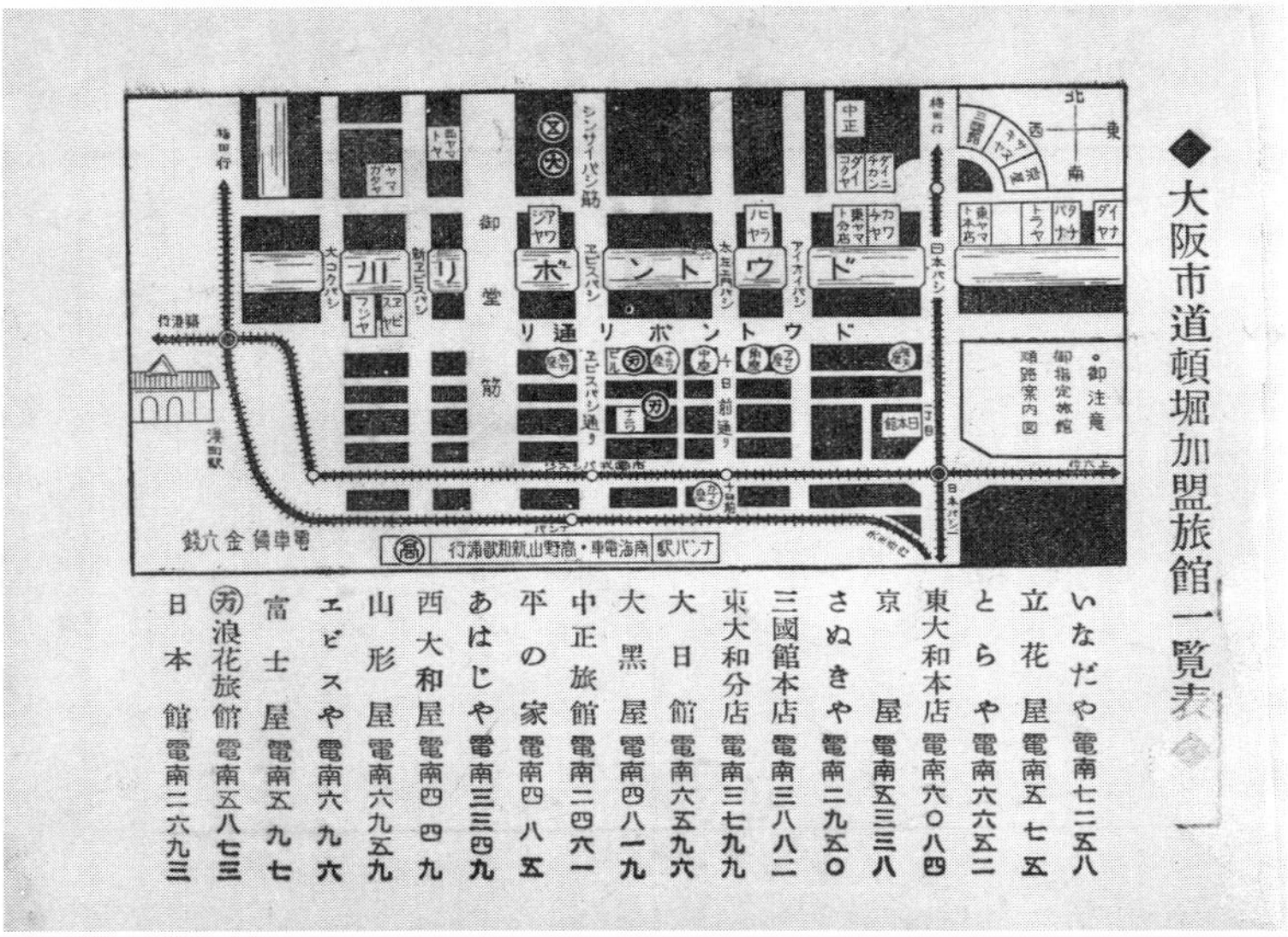

（図3）

れてゐものも少なくない」と大阪見物の効用を強調する。

◉旅館報国◉

冊子には道頓堀近傍の旅館街の地図が添えられている。（図3）

道頓堀の旅館が協力して、この案内書を編集した背景には、各種団体旅行を誘致したいという強い想いがあった。冊子に「御視祭遊覧団体　大阪御宿泊の今昔」という小文がある。

それによれば、かつては、見るものもなく、かつ旅館の設備が悪いという理由で、各地から近畿地方を訪問する旅行団のコースから大阪ははずされがちであったという。たとえば昭和三年秋、京都を始め各地が御大典で賑わうなか、鉄道省が全国各地で主催した「京都御所式場跡拝観」「伊勢参宮団」の募集企画にあっても、大阪は除外される憂目をみた。

なかには「大阪視察除外」と記載されたポスターもあった。それを見た道頓堀の旅館経営者たちは、「東洋第一経済都市の一大屈辱」と痛感し、「これではならぬ」と発奮した。そのポスターを「無言の叱咤激励」、「心の鞭」として、設備の改善、待遇の向上に打ち込んだ。結果、「先ず大阪へ！」の声をいただけるようになった。「真に統制のある旅館報国の一念が天に通じたものと感激致してゐる次第」と書いている。

コラム❶

大大阪の人口

大正14年9月に刊行された『毎日年鑑』（大阪毎日新聞社編刊）は、詳細な統計資料を駆使して、同時代の世界情勢を紹介するとともに、わが国の趨勢を分析する書物である。日本に関しては、皇室、土地・人口、行政・軍事、財政・経済、交通・産業、社会・労働、宗教・社会、植民地、六大都市の章ごとに多様な項目を立てて関連するデータを掲載している。

ここでいう六大都市は、東京市、横浜市、大阪市、神戸市、京都市、名古屋市を指す。さらに「特別附録」として、「大大阪」に関する特集記事も掲載されている。大阪に立脚した媒体が、いかに世界を把握し、日本の位置付けを論じたのか、興味深い一冊である。

『毎日年鑑』には、１９２０年における世界の大都市の人口一覧を掲載する頁もある。上位から列記すると、ニューヨークが５６２万人、ロンドンが４４８万３千人、パリが２９１万６千人、シカゴが２７０万２千人、ベルリンが１９０万３千人の順になる。

別の項において、大正14年4月1日、大阪が接続する町村を合併して市域を拡張、人口も従来から74万人を加えて２１７万人を数えるに至ったことを紹介する。

「…大大阪の名は今や隆々昇天の勢ひをもつて全東洋を圧せんとするものがある。大阪市にとってこの市域拡張はまさに画期的の大事業であったが如く我国自治体においてもまた歴史的の一大事業だったのである。」

「…大大阪が忽然として現はれ来たことは全く世界的驚異だったのである。東京を知って大阪を知らない欧米人の多くは、さうした近代的大都市が日本に存在することをすら知らなかったのであった。」

『毎日年鑑』には、このように記載されている。大正12年に発生した関東大震災の後、著名な作家や文化人のなかに東京から阪神間に居を移した人もあった。大阪が存在感を増した背景には、帝都の相対的な弱体化があった。

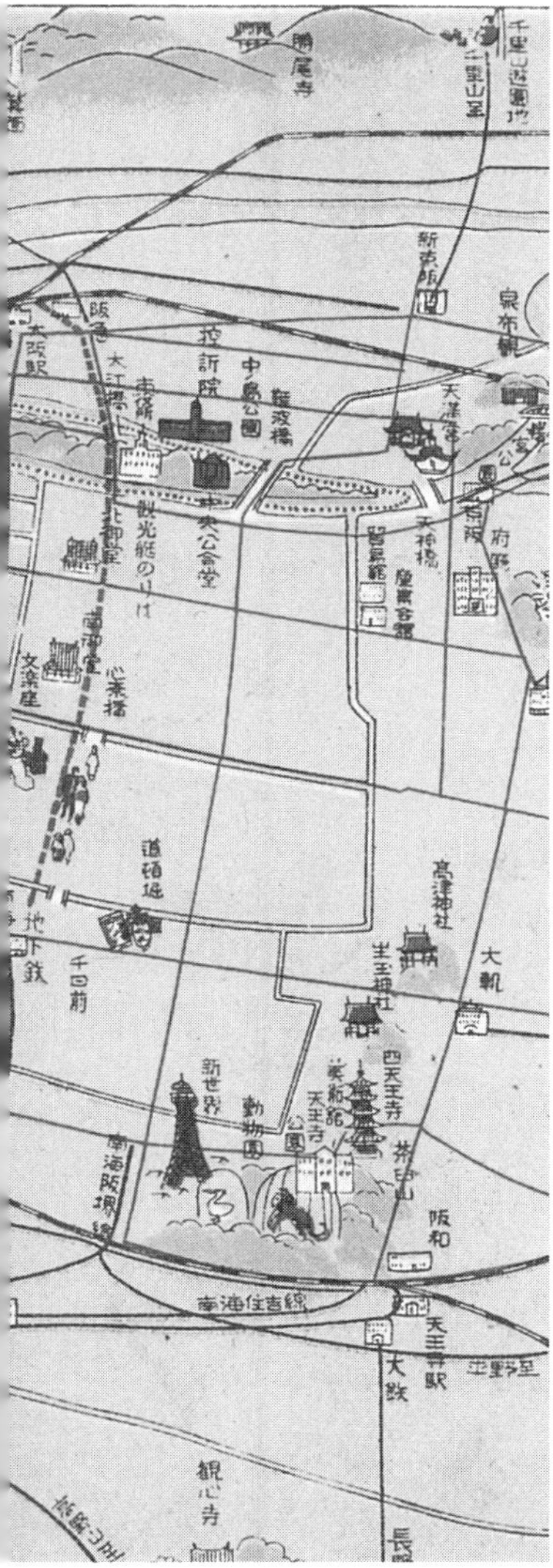

第二章

産業都市と観光振興

煙の都、水の都、産業の都、商工業の都…、多面的な姿を持つ国際観光都市「大大阪」を、行政はいかにアピールしたのか。大阪市は、小冊子発行から映画、博覧会など幅広い展開を行った。

多彩な観光事業

◉産業都市としての観光◉

この章では、大阪市が展開した観光行政の初期事情について述べておきたい。

大阪市産業部編『大阪市産業部事業要覧』(昭和13年3月)に、「観光事業」と題する節がある。そこでは、「観光事業は商品の海外進出と密接な関係を有し、産業の発展に重大な影響を及ぼすものである。本市に於てはこの点に鑑み、従来より本市独特の旺盛なる産業活動を紹介すると共に、大阪の郷土特質の宣揚」に努めてきたと述べ、大阪における観光事業の果たす役割を位置づけている。

大阪にふさわしい「観光」とは、どのようなものか。『大阪市産業部事業要覧』では、おおよそ次のように説明する。「産業都市」である大阪は、単に賞賛の対象となるような名勝には恵まれてはいない。対して「大阪独特の近代都市機構」は、はるかに重要な観光視察の対象であると強調する。躍進が著しい各種の産業の状況に加えて、教育・社会・保健・土木・電気・港湾・水道などの諸施設、さらには大阪城、四天王寺、天王寺公園などの名跡がある。また諸施設を縫うように、「水の都」「慰安の都」という側面がある。さらに郊外電車が極めて発達している点も大阪の特色である。各沿線に名所旧跡が多くあり、「純然たる観光」においても看過し得ないものがある。

第二章　産業都市と観光振興

要するに「産業都市」である大阪では、近代的な都市そのものが観光対象であるというわけだ。とりわけ工場や、最新の都市施設などを見学する産業観光が重要であると位置づけている点に注目したい。加えて、郊外の名勝への遊覧を推薦している。また「商品の海外進出と密接な関係」とわざわざ記しているように、大阪における観光振興の出発点にあって、海外との貿易を前提とした「国際観光」を意識している点も注目される。

昭和の始め、大阪市の観光行政は、勧業課が取り扱っていた。ようやく昭和10年5月になって、観光に関する事務を本格的に展開するべく、産業部貿易課に観光係が新設される。同係は「観光施設の紹介および案内に関する事項」「内外観光客の誘致および接遇に関する事項」「観光施設の助長および改善に関する事項」「そのほか観光産業に関する事項」の4項目を分掌した。その後、昭和12年に新たに設けられた商工課に移管、さらに昭和14年に庶務課の所属となる。また昭和15年8月の職制改革に伴い、観光課に昇格する。

◉観光ルートと観光艇◉

具体的には、大阪市の観光係は、観光ルートの新設、観光宣伝、内外からの観光団の斡旋紹介、観光関連団体の設立促進と助成、観光設備の改善、皇紀2600年の記念事業として計画されていた東京五輪における観光客増加への対処などの施策と事業を担った。なかでもユニークな試みが、観光艇を用いた観光ルートの開設である。

従来、観光視察にあっては、バスによって各名所や観光対象を巡ることがほとんどであっ

観光艇「水都」
噸数 三一・四噸
長サ 一五米
幅 四・五米
吃水(平均) 一米
型式 流線型
船室 サロン式
進水 昭和十一年五月廿一日
製造 川崎造船所

（図1）

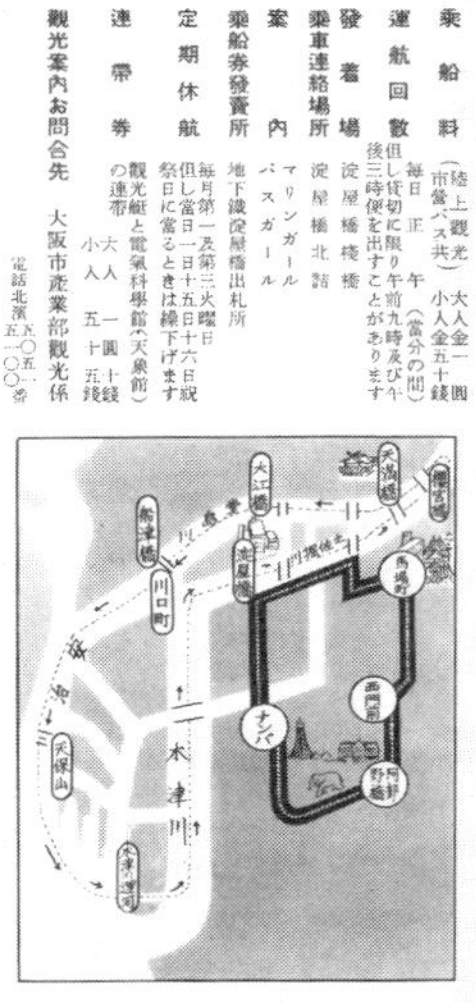
乗船料 (陸上観光 市營バス共) 大人金一圓 小人金五十錢
運航回數 毎日正午(當分の間) 但し貸切に限り午前九時及び午後三時便を出すことがあります
發着場 淀屋橋橋
乗車連絡場所 淀屋橋北詰
案内 マリンガール バスガール
乗船券發賣所 地下鐵淀屋橋出札所
定期休航 毎月第一及第三火曜日 但し當日一日十五日十六日祝祭日に當るときは繰下げます
連帶券 觀光艇と電氣科學館(天象館)の連帶 大人 一圓十錢 小人 五十五錢
觀光案内お問合先 大阪市産業部觀光係
電話北濱 五〇五一 五一〇〇番
天満橋
大江橋
船津橋
川口町
ナンバ
木津川
天保山

（図3）

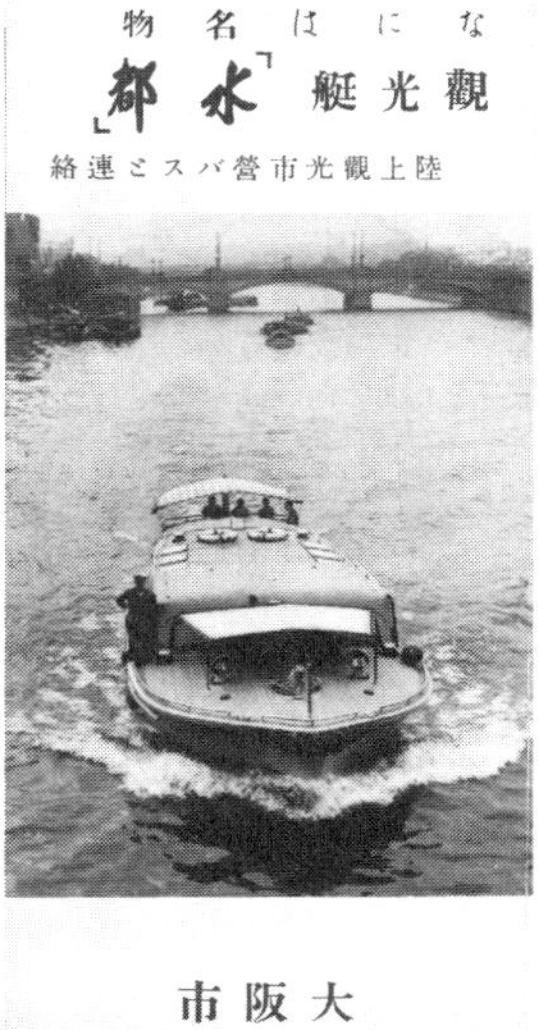
なには名物
觀光艇「水都」
陸上觀光市營バスと連絡
大阪市

（図2）

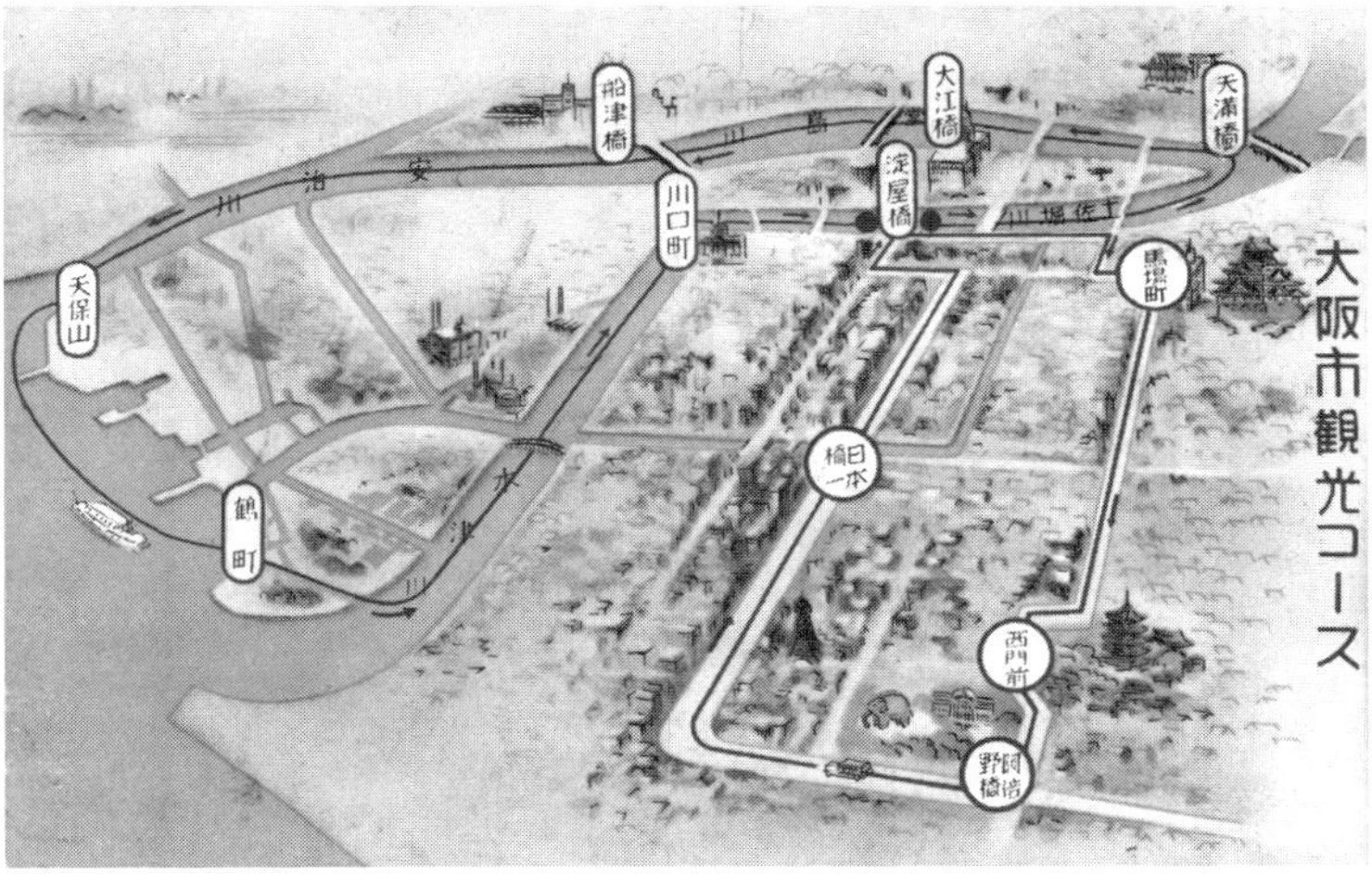

（図4）

た。そのため工場見学などでは、砂塵のなかを走ることもあったという。そこで新機軸として検討されたのが、水路を活かした観光ルートの導入である。

事業を実施するべく、大阪市は新規に定員40名の観光艇を購入、「水都号」と命名した。48700円を費やし、神戸川崎造船所で昭和11年5月21日に進水した鋼鉄製の新造船である。船室には、固定席と回転できる椅子を取り付け、「サロン式」に「実用主義」を折衷する。採光・展望・換気は「実に完璧」と自賛する流線型が美しい豪華船であった。（図1、2）

さらに大阪独自の工夫であったのが、観光艇と市営観光バスによる遊覧とを組み合わせることで、「水陸観光ルート」とした点だ。

昭和11年6月1日、観光艇の運用にあわせて、観光バスと連動した市内観光事業がスタートする。船とバス、それぞれに専属の女性ガイドが同乗し、道中の見所を解説してくれた。彼女たちは、船中ではマリンガール、市営観光バスの車中ではバスガールと呼ばれた。

水上ルートは、25キロほど、2時間のコースが設定された。淀屋橋北詰東側の桟橋を出発したのち、土佐堀川を東に回航、桜宮から船首を西に転じ、堂島川、安治川を下る。大阪港から木津川運河、木津川本流を遡って、淀屋橋に帰着する。

いっぽう陸上ルートは、淀屋橋の船着場で観光客を待ち受けて、時間の無駄もなく連絡する。淀屋橋から一路、土佐堀通りを東に向かう。大阪城、四天王寺、天王寺公園を順に見学したのち、難波から御堂筋を北上、淀屋橋に戻る。所要時間は2時間ほどであった。(図3、4)

通常は9時発と12時発の2便があり、冬期は午前の運行は休止となる。また夏季の日休日は午後3時発の臨時便を運行した。乗船料は、バスの運賃も含めて大人1円、子供は半額であった。電気科学館の入場料をセットした「連帯券」は、大人1円10銭とされた。安価に抑えたのは、観光客や視察客の「産業都市大阪」に関する認識を向上させるため、営利を排して広く一般の利用に促す目的があったという。

◉水の都は水の上から◉

大阪市が発行した観光案内の類では、「水の都の観光は水の上から」などというキャッチコピーを用いて、観光艇「水都号」を宣伝した。ある案内には次のように記されている。

「観光艇『水都』は、大大阪産業活動躍進の実況を、水の上から視察観覧して戴かうと云ふ、大阪市独特の観光施設である。…『水都大阪』『産業大阪』の最も意義深き、観光ルートとして、御利用をお薦めする。」

水上からの大阪観光は、当初から、おおいに人気を集めたようだ。大阪都市協会が発行した雑誌『大大阪』昭和12年3月号に、観光艇「水都号」の成績が報告されている。それによれば、前年6月1日に「水上観光」のルートに就航して以降、各地から大阪を訪れた観光客に喧伝した結果、「水の寵児」として人気を集めたという。

昭和11年の年末までの7ヶ月に限ったデータも掲載されている。182日間の運航実績があった。10404人を数えた乗客のうち、市民が推定9390人、地方客473人、外地および海外からの来訪者が111人であった。外国人の内訳は、満州29人、南方25人、中国11人、米国29人、カナダ6人、フランス4人、ドイツ3人、インド2人、英国1人、ロシア1人であった。

当初、冬季には、利用者が減るのではないかという懸念があったようだ。しかし「サロンは暖房であたたか」という宣伝が功を奏したらしい。昭和12年に入ってからも、天候が良ければ、毎日正午出発の1便を運航した。なかには化粧品同業組合のように、艇上で新年会と洒落こみ、帰航の際に築地の浜に船を寄せて、晩餐会場である料理旅館に乗り込むという催しを企画する人たちもあった。

昭和14年5月、大阪市は9700円の予算を計上して、淀屋橋の桟橋に待合所を新設する。休憩所では、大阪土産品協会が土産物の陳列を行った。しかしこの船着場の拡充は、ガソリンの統制のさなかに実現したものであった。「水都号」の運行も影響を受けた。遡って昭和13年5月、市民や旅行者が利用できる乗合便は、日祝日の1便のみに制限され、貸し切り便も海外からの団体客に限定された。さらに昭和15年になると、すべての一般運行は中止される。総動員体制による物資の統制が、観光事業に大きく影響を及ぼしたわけだ。

◉観光係の事業◉

大阪市の観光係は、内外からの観光客を誘致するために、各種の印刷物を頒布して宣伝に力を入れた。昭和13年版の『大阪市産業部事業要覧』(大阪市産業部編、昭和13年3月)によれば、昭和10年から昭和12年度までのあいだに、日本語版の『観光と産業の大阪』、英文版『A Guide to Osaka 1938』、エスペラント語版『VENU AL OSAKA』、華文版『大阪』などの冊子、さらに「観光大阪」(隔月刊)のほか、「豪華観光艇水都」「大阪市観光ルート」「大阪市内旅館案内」「From the Water—Osaka」などを発行していたことが判る。

その後、昭和17年にかけて、『観光大阪』『修学旅行大阪見学』『紀元二千六百年の大阪』などの冊子、各種のパンフレット、ポスター、地図、観光絵葉書を作成している。ここでは一例として、昭和15年に配布した「大阪市案内図」の表紙を掲載しておきたい。1月に発行された初版では難波橋のライオンを近景に、控訴院のシルエットを遠景に描く。9月に印刷された再版では、赤い背景に、中之島のプロムナードと錦橋、大阪朝日新聞社の社屋などのビルディングを白い線で描き出している。(図1、2)

また『大観光資料叢書』と題して、大阪の魅力を紹介する冊子も制作している。「大阪のやしろとまつり（神社篇）」「大阪のお寺と縁起（仏閣篇）」「大阪の古美術（美術篇）」「大阪の史蹟古墳（史蹟篇）」「大阪を中心としたハイキングコース（厚生篇）」「市施設の観光（市施設篇）」の6冊が発行された。

観光客向けの媒体だけではない。『大阪観光資料叢書』と題して、調査報告書や観光業の専門家を対象とした講演録も順次、刊行している。昭和16年度までに「満蒙支人並に回教徒接遇法講演集」「工場見学の取扱に関する講演集」「旅館従業員のサービス講演集」「旅館の時局向料理講演集」「満蒙支視察団斡旋機関に就て」「来阪海外視察団に関する各種統計（昭和十四年度）」「観光案内所員のサービスに就て」「来阪海外視察団調（昭和十五年度）」の8冊が発行されている。

（図1）

（図2）

◉博覧会場の「大阪」◉

大阪市観光係は、印刷物とともに映画による宣伝にも力を入れた。先に紹介した『大大阪観光』三巻（日本語）、『大阪を観る』一巻（日本語、中国語）、『大阪観光』三巻（中国語）などの作品を制作し、上映する機会を設けた。加えて、観光思想や観光公徳の普及に関する講演会、土産物・催し物・接遇に関する座談会や講演会、新聞・雑誌・ラジオにおける観光ニュースによる情報提供も実施した。

また各地で開催される展覧会や博覧会にあって、大阪を紹介する資料の陳列に協力するとともに、土産物や大阪の産品の出品を斡旋した。ここでは昭和12年、東久邇宮稔彦王を総裁に迎えて実施された「名古屋汎太平洋平和博覧会」の事例をみてみよう。

名古屋市の人口が１００万人を突破したことを祝うとともに、名古屋開港30周年を記念して企画された博覧会は、当時としては最大規模の地方博であった。熱田前新田に東西あわせて、約15万坪の会場が確保された。運河で3分割された東会場には、国内特設館14館が設けられた。なかでも海女館やドイツ製の「透明人間」の展示が人気を呼んだ。対して西会場では、航空国防館が話題になった。海外からの出品も目についた。中華民国、蘭領インド、ペルシャ、シャム、ブラジルを始めとする中南米諸国など、海外29カ国の産品が陳列された。３月15日から5月31日まで、78日の期間中に４８０万人を越える入場者が押し寄せた。

大阪市産業部は、博覧会場内に約４００坪の敷地を確保して「大阪館」を特設、産品の

（図3）

宣伝と販路拡張の機会とした。大阪市営繕課の宮田秀穂と平原国雄が設計を担当、清水組が工事を請け負った。葦簀張、漆喰で仕上げる従来型の工法で建設される展示館が多いなかで、四面ガラス張りの特別な仕上げの建物は、「明朗なる硝子張式」「水晶宮」などと呼ばれた。内外にネオンを装備、数百の電灯と投光によって、夜間は「不夜城」となったという。

可動式の内装も特徴であった。館内に120小間のショーウインドー、陳列棚50小間が用意されたが、壁面も含めて、すべて可動式とし、天候や入館者の多少によってレイアウトを自在に変更することができた。休憩室の天井を開放する機構もあり、特に晴天の日には開放的な空間となったという。

大阪市は大阪府や大阪商工会議所とともに「大阪出品聯合會」を設立して、博覧会への出品者を募った。

大阪館では、『博覧會と大阪』と題する冊子が配布された。表紙には、大阪城や四天王寺、都心のビル街を背景に、中之島周辺の川筋を走る観光艇「水都号」の姿を描く。「市街大観」「商工一般」「産業概要」「商工相談」「貿易斡旋」の各項目に分けて、大阪市の概要と各種の相談窓口の所在を順に記している。「出品一覧」のページには、出品物と出品者の一

覧を記すとともに、大阪館内の様子を描いたイラストを添えている。（図3）

博覧会にあって大阪市の観光係は、観光艇を用いた水陸観光ルートを宣伝するとともに、商工業視察の斡旋、市内及び近郊観光の斡旋並びにプランの作成協力、市営事業の見学斡旋、視察団や観光団の斡旋、土産品斡旋など、観光一般に関する照会に応じた。

歴史由来の文化と産業のダイナミズム

◉文化と産業の大阪◉

大阪市の観光係は、大阪の魅力をいかにアピールし、視察や旅行客を誘致したのか。ここではまず『大阪』と題したパンフレットを紹介したい。ビル街と大阪城復興天守閣を背景に、観光船が行きかう風景をイラストに描いている。ここに「文化と産業の大阪」と題した一文がある。少し長くなるが引用をしておきたい。（図1）

「神武天皇御東征の古より、国都として、城市として常に、帝国の心臓部として文化と産業の脈搏を海内海外に打ちつづけて来た大阪は、今や、面積にして百八十七平方粁、人口に於て三百三十餘萬、凡ゆる文化施設と躍動せる将校繁栄とが史蹟名勝と渾然融和して、名実共に、観光都市大大阪の偉容大観を構成してゐる。

而も四通八達の交通網を利用すれば、京都へ、神戸へ、奈良へ、和歌山へ、一瞬忽ち到る近畿観光の中心地である。

然し乍ら、大阪が最も誇りとする所は、これ等文化と産業の観光資源が、動的であり、発展的であり、昨日よりも今日、今日よりは明日へと、絶間なく成育し続けてゐるところである。躍進日本の心音を開かんとするには、先ず目から、耳から、身を以て大阪の真髄に触れねばならない。伸びゆく日本の姿を常に捉へんとするには、少なくとも年に一度は大阪の鼓動に触れねば嘘である。」

歴史に由来する「文化」を礎としながらも、ダイナミックに躍進する「産業」があるがゆえに、大阪は「観光都市」であるという認識が、判りやすく記されている。「伸びゆく日

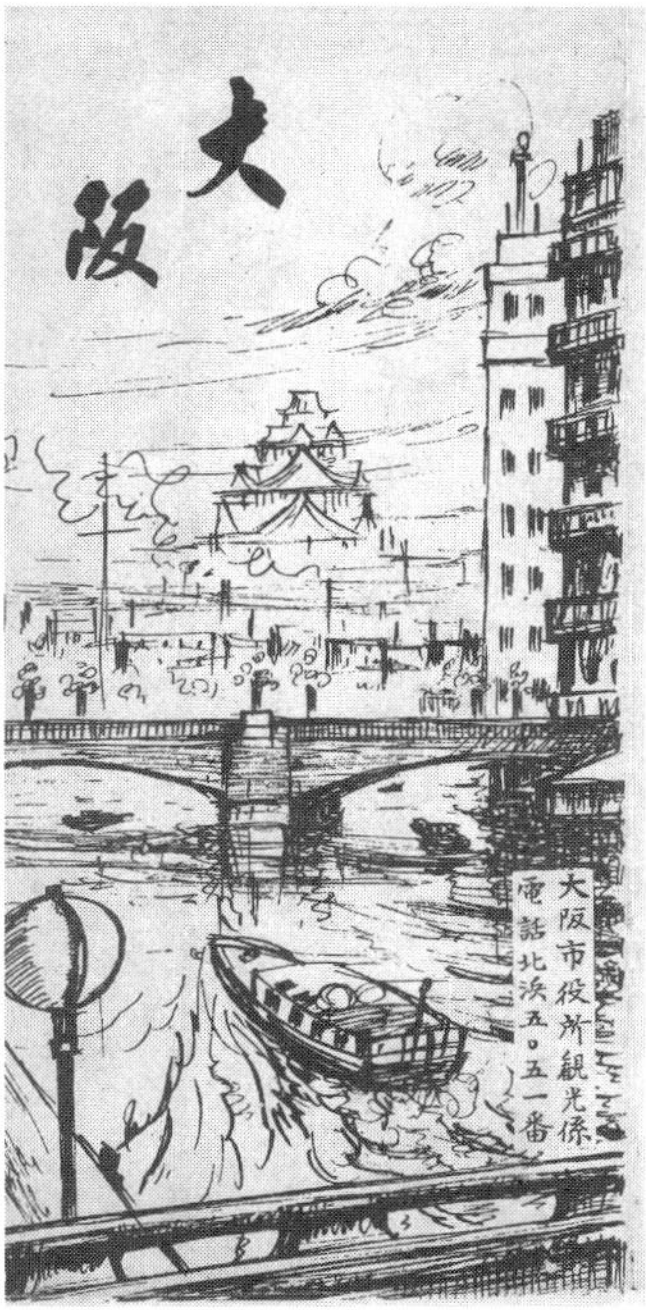

（図1）

本」の姿を知るために、年に一度は「大阪の鼓動」に触れよとする文末の表現は、郷土への誇りに満ちた呼びかけである。

このパンフレットでは「名所点描」と題して、大阪城公園と天守閣、電気科学館、美術館、記念館、中央卸売市場、北市民館など大阪市が経営した諸施設、および造幣局・住吉大社・四天王寺に関して、概要を記した短文を添えて紹介する。加えて「道頓堀の夜」を強調、「関西随一のアミューズメントセンター」と評価しつつ、次のように書いている。

「夜空を焦がす五彩のネオン、雑踏に伴奏するジャズ三弦、昔ながらの梵天絵看板、綺羅を飾る子女の群、脂粉を凝す褄とる人のゆきかひに、大人には大人だけ、子供には子供だけの、市民には市民、エトランゼにはエトランゼだけの魅力を湛へてゐる。」

「郊外ところどころ」と題した項目もある。京都、宝塚、農業博物館、和歌浦巡り、橿原神宮、伊勢、阪神パークなど、大阪に滞在しつつ日帰りで往復できる行楽地を鉄道会社の沿線ごとに紹介している。また摂陽商船を利用した淡路島への旅も推奨している。

さらに大阪を代表する土産物の類も列記する。粟おこし、煎餅、最中、菓子、昆布、食料品、時計・貴金属、化粧品・装身具、食器、趣味品の項目ごとに、大阪を代表する商品名と生産者名、および連絡先を載せている。加えて、観光係が企業に呼びかけて結成した「大阪土産品協會」を相談窓口として記している。

◉観光と産業の大阪◉

第二章　産業都市と観光振興

次に『観光と産業の大阪』と題した小冊子を見ておきたい。昭和12年に発行されたものだ。先のパンフレットと同様に、表紙に大阪城復興天守と北浜界隈のビル街を背景に、大川を疾走する観光艇「水都号」を描く。(図2)

また添付のイラストマップは、北に箕面公園・勝尾寺・千里山遊園地・茨木のゴルフ場、東は四条畷神社、南は大浜公園・岸和田城・鳳神社・妙國寺・仁徳御陵・観心寺など、市外の行楽地や名勝までを含んでいる。(図3)

冊子の冒頭に、市章である「澪標（みおつくし）」の説明と、大阪市歌の歌詞を掲げる。さらに市の沿革、人口や歳費、商業・工業・外国貿易に関する諸元など主要なデータを説明する文章とともに、市内各所の名所や観光地の概要を写真とともに順に紹介する。

「大阪の沿革」という項目では、古代から近代に至る都市の発展を概説したあと、次のように大阪の特質を書いている。

「面積百八十七平方粁、人口實に三百十萬、この廣大なる市域内に幾多の史蹟、古跡、名勝地が抱擁せられ、しかもそれ等の歴史的名勝が近代的都市施設と渾然と融合調和して、商工都市と観光都市と楯の両面の如く相依つて名實共に大大阪の偉観を構成してゐる。」

歴史的な名所と近代的な都市施設が混在することで、結果として商工都市と観光都市という側面を保有していることを、「楯」の両面にたとえる発想が面白い。

「産業と観光」と題するページもある。ここでは次のように、舟運による移動の利便性とともに、「水の都」と呼ばれた都心の美観を訴求する。

（図 2）

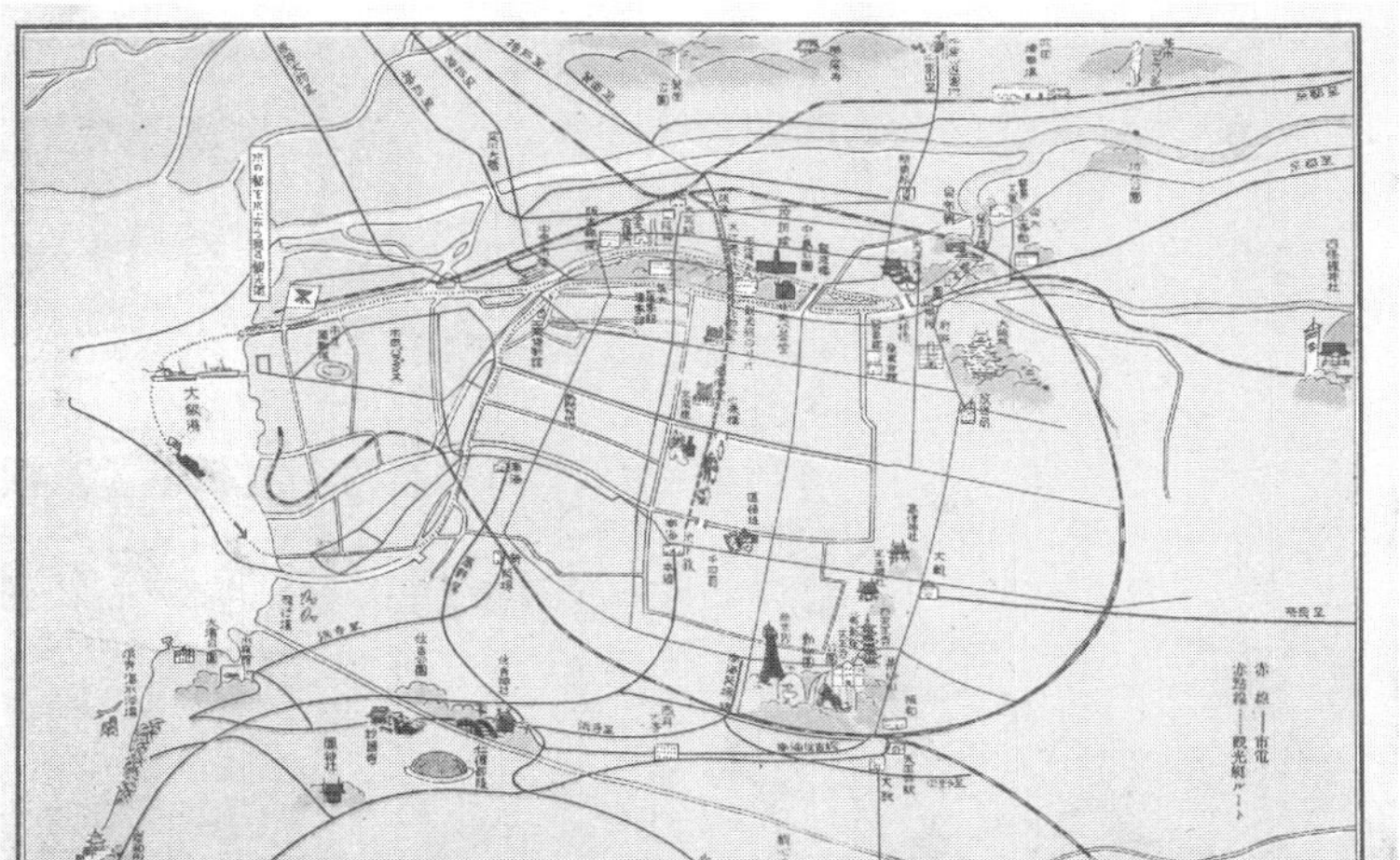

（図 3）

第二章　産業都市と観光振興

「大阪市中を流れる幾多の河川堀割は水上の運輸交通を至便にし、これに架せる近代橋、河水を清浄する可動堰等の美観も亦『水の都』大阪のみの誇りとする都市美である。新造観光艇『水都』はこの溌剌として躍動する大観美観を水の上から観覧見学する便宜を與へやうといふのである。」

加えて、「大大阪」を中心とする交通網が完備している点を強調、郊外電車を利用すれば、神戸、宝塚、箕面、宇治、京都、奈良、堺、岸和田、和歌山など、近郊の諸都市への探勝や観光も、市内の往来と同様に僅かな時間でできると書いている。

「名物うまいもの有り」と見出しを掲げて、大阪土産について説明するページもある。

「粟おこし。各種細工昆布。蒲鉾。奈良漬。浪華漬。雀ずし。否大阪に於ける土産物は優良廉価な各種商品が総て立派な名産品となり何処に持つて行かれてもよろこばれる。大阪商品なるが故に優良である。」

安価な土産物も、ひろく優良なものと評価されているというわけだ。さらに心斎橋筋、戎橋筋、天神橋筋、浄正橋、聖天通、玉造日出通、生玉表門通、九條一〜二丁目、十三西之町、新世界などの主要な商店街、百貨店、朝日ビルの専門大店などで日常的に販売されている商品も、土産物になると次のように述べる。

「…例へばパラソル、ショール、ハンドバック、ネクタイ、カットグラス、タバコセット、子供服、婦人服、科学玩具、敷物、履物、帽子、手袋、ハンカチーフ、化粧品、文房具……E・T・Cがアラモードな土産になり得る。」

大阪で目につくもの、そして観光客が手にするものは、すべてが「大阪商品」であり、「大阪土産」になるということだろう。

大阪土産の振興策

◉大阪の土産物◉

大阪市産業部は、大阪土産品協會を設置して観光土産の振興をはかった。その背景について、『観光大阪』の昭和13年2月・3月号に掲載された「大阪の土産品を語る」という文章では、おおよそ次のように説明している。(図1)

今では、粟おこしのほかに、大阪には名物・名産がないように思われている向きもある。しかし江戸時代からの大阪の土産物を調べてみると百種類にものぼる。当時は、大阪で生産した名高い品物は、すべてが土産になったように思われる。

しかし時代は推移した。「宣伝力」と交通機関の発達によって、多くの商品が全国ないしは世界中に行きわたった結果、主要な産品であっても、大阪の土産というわけにはいかなくなった。

いっぽうで大阪は、世界的な商品の集散地である。たとえば、青森の林檎、東京の浅草海苔、

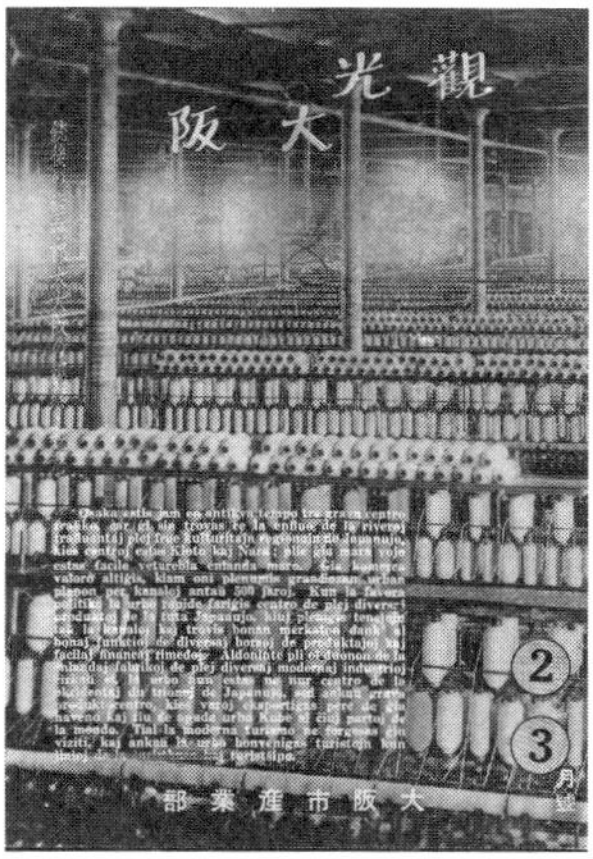

（図1）

博多人形、ドイツのカメラ、オランダの陶器、スイスの時計などを大阪で購入、トランクに詰めて持ち帰ることもできる。郷土色の豊かな純然たる大阪の特産品よりも、内外各地から大阪に集まる商品が、土産に選ばれるのも当然だろう。これらは「近代的な土産品であり又大阪が世界に誇る優秀土産品」であると書いている。

ただ「大阪遊覧のスヴェニール」、すなわち大阪の思い出となる品物が用意されていなければならないとも記す。事例としてこの記事では、住吉踊りの人形、張り子の相撲取りをかたどった生玉人形などを挙げる。食料品や菓子類では、粟おこし、岩おこしのほか、昆布、煎餅、最中、羊羹、飴、奈良漬、すしなどを列挙する。そのほか、扇、手芸品、ハンカチーフ、文房具などにも郷土的な色彩を加味したものが随分ある。なかでも粟おこしは、大阪名産としての歴史も古く、何百年もの歴史を持つ老舗もある。「各々製造元の金看板さまざまに何れも東洋的な淡白な風味と長期保存に堪へる点で外客にも歓迎されてゐる」と特記している。

このように述べたうえで、従来、大阪に土産品が乏しいといわれていたのは、実はさまざまな土産品を、「総合し、統制し、宣伝する機関」が欠けていたためであるという認識を示す。この弱点を補うべく、大阪市が主唱して、大阪土産協會を設立したというわけだ。

◉何でも揃う大阪◉

商工都市である大阪には、世界各地から、さまざまな商品が集まる。そのため郷土色のある土産物だけではなく、旅行者が求めるさまざざまな優良品を提供しなければいけない。大阪市産業部が発行した冊子『観光と産業の大阪』では、大阪土産品協会の売店の写真を添えつつ、「大阪の土産品」と題する一文を掲載している。

「時代の推移につれて、その土地のみやげものも、昔とは次第に趣が変り、大阪の土産物にしても、従来の粟おこし、住吉踊と云つた郷土色の濃厚なおみやげの外に精巧を誇る工藝品と、優良廉価を謳はれる大阪商品と、更に内外各地の名産品と云つたものまで含まれ、次第に新しい方面に歩んで行きつつありますが、これは商工都たる大阪としては寧ろ自然であると云へませう。」

このように述べたあと、今日の「大阪みやげ」には、「由緒の久しい土産品、興趣の深い土産品、精巧優良の土産品」など、新旧さまざまに、ありとあらゆるものが揃っていると強調、と書いている。

大阪土産品協会では「何でも揃ふ大阪みやげ」をモットーに、旅行者の相談に応じている

産業視察の振興策

◉修学旅行と大阪◉

大阪市産業部観光係は、用途を限った案内書の類も発行した。小学校や中学校の団体旅行を対象とした『修学旅行　大阪見学』もその一冊である。内容から察するところ、来阪した子供たちが現地で携行する書物というよりは、引率する教員向けのガイドブックとい

（図3）

うことであろうか。

ここでは、昭和14年版を見ておきたい。表紙は、肥後橋の北詰の大阪朝日新聞社、その西側の街区を占めていた新大阪ホテルなど、中之島の風景写真である。写真の下段には、ガスタンクやクレーン、煙突群など、工場地帯のシルエットを描くイラストを組みあわせている。(図3)

本文は、商都の歴史を概説する「大阪の沿革」、市内各所の名所を紹介する「見学ところどころ」、工業生産額や貿易などの実勢を述べる「大阪市の産業」という三章から構成されている。加えて、観覧施設と郊外電車の案内、修学旅行を取り扱う旅館一覧表からなる「附録」のページがある。

冒頭に「大阪を見る」と題する文章を置く。まず大阪を「日本の台所」と位置づけ、次のように述べる。

「舊都、奈良・京都を含む古くて廣い後背地を持ち、世界の内海として風光をたたへられ、且つ海陸交通の要路として重要な役割を果す瀬戸内を前に擁し、舊幕時代より江戸が関東を立場として政治的中心たりしに対し、日本の台所として、経済力を握った大阪、町人の都として、儒学の懐徳堂、心学の明誠舎が盛へ、近松の浄瑠璃が悦ばれた大阪、理屈よりも実際を重んずる大阪、これらが基調をなして培はれた日本・東亜・世界の中心勢力としての現代大阪の産業・経済的活動を見るといふことが大阪見物の着眼点でなければならぬ。」

都市の立地と大阪人の気風を分析しつつ、現代における産業や経済活動こそ、「大阪見物」

の対象であるというわけだ。次いで「動く大阪」という視点を示す。

「見渡す限りの瓦の波、幾十萬本の烟突から吐き出されて天を覆ふ黒烟、縦横に通ずる疎水運河、発動機のうなり、浮ぶ船、走る車馬、加ふるに朝夕郊外電車から、省線各駅から呑吐される幾十萬の人の流れ…動く大阪、産業・経済の力を形の上に見る大阪の横顔である。」

さらに「廣がる大阪」という見方も提示する。

「晝夜を分たず活動する三百萬市民、その活動の一源泉としての休養・慰安・娯楽施設、道頓堀・千日前・新世界及び市内各所に点在する娯楽機関と蜘蛛の巣の如く八方に延ばされた郊外電鉄によつて繋がる近畿二府五県を中心とする山川・湖海・神社・仏閣等の果しつゝある休養地帯としての任務…廣がる大阪の力も亦見のがすことの出来ない姿である。」

歴史のある経済都市は、今も動き、広がりつつある。そのダイナミズムこそが見どころであるということだろう。

本書では修学旅行に来阪する小学校の児童向けに、半日、1日、2日と、日程に応じた見学ルートを示す。たとえば半日では、大阪駅、中之島、大阪城、教育塔、四天王寺、千日前、道頓堀、心斎橋筋（百貨店）、地下鉄、大阪駅と周遊するコースを提案している。いっぽう中学生向けの見学個所としては、大阪城、地下鉄、電気科学館、美術館、造幣局、新聞社、放送局、中央卸売市場、教育塔、明治天皇記念館、観光艇を挙げている。

◉煙の都、産業の都、商工業の都◉

『修学旅行　大阪見学』と題した冊子は、全国から大阪に滞在する修学旅行客を受け入れる旅館の関係者にも配布されたようだ。

『大阪観光資料叢書　第三輯』（大阪市役所観光係、昭和15年3月）に収載された「大阪市の観光事業と旅館の協力」と題する小論において、大阪市商工課長であった草刈孟は、旅館の経営者や従業員に大阪出身者が少なく、大阪のことを知らない点を課題として指摘する。また、彼らに大阪の情報を教える機関がなく、教える機会もない点も問題であるという認識を示す。

「大阪を知る機会もなし、大阪に居て大阪を一生知らずに済んでしまふ、知ってゐるのは映画館位である、それが大阪の案内役となるのであります。こんな危険な案内人はないのであります。まるで何も知らない人が案内するのです。」

草刈はこのように述べる。そのうえで、配布している『修学旅行　大阪見学』をぜひ読んでいただき、活用して欲しいと希望を述べる。

「さうしてお客さんに大阪市は煙の都であり、産業の都、商工業の都であるといふことを第一番にお知らせする。」

「…こゝの人口はどれ位あるのか、またこゝの名物はどんな物だとかを聞くものでありますが、その時大阪市は現在世界第七の都で、人口は三百三十二萬、まあ三百三十萬と覚えて居て戴けばよいのですが、と返事をすると如何にも聡明に聞こえるのであります。」

工業の話がでれば、大阪市の1年の生産額は15億円にのぼり、職工は30万人、工場数は5万と応じれば良い。貿易額では、輸出入を併せて、8億5000万円にのぼる。商業が話題になれば、商店は9万2000軒、従業員は23万人とアウトラインを話すだけで、「大阪の光」「大阪の力」が客の頭に入ると述べる。

「大阪市が商業の都であるといふことはこの従業員の数を御覧になつても判ります。二三萬といふと廣島市全部の人口であります。さういうような大きな都市であります。」

草刈は、このように旅館などの従業員が宿泊客とやりとりをするうえで、きっかけとなる話題や知識の事例を示す。観光係が発行した冊子の類は、外部から大阪に来る人だけではなく、観光業に従事する人たちの利用をも意識して制作されていたことが判る。

◉大阪の光◉

「大阪市の観光事業と旅館の協力」と題するこの小論において、草刈孟は、大阪市の観光事業に対する考え方についても判りやすく述べている。おおよそ次のような内容である。

大阪は「煙の都」であり、いわゆる「観光」という観念は、「ピッタリしない様」に思われる。ただ観光の二文字に含まれる「光」とは「風物」であり、「文化」である。もっとここでいう「光」とは、単に風光明媚であるということではなく、その地方独特の良い味わい、香りを指す。

　このように考えれば、土地ごとに「光」は違ってくる。大阪でいえば、「産業上のいろんな施設」「都会的な文化」こそが「光」である。草刈は、以下のように語る。

「…大阪に来て奇麗な山を見ようとか、大阪へ来て奇麗な水を見ようといふことは、これは考へが間違つてゐるのであります。大阪に来て汚い水を見よう、汚い水を見せようといふことが本当であります。大阪に来て汚い空気を吸はせようといふのが本当であります。大自然の光もよいが、また鉄で出来上つた精巧な機械の動き、響は自然の音楽にも優る近代的な妙音を持つてゐます。機械の響、算盤の響、これは大阪でないと聞かれない。…」

はなはだ極端な言い方だと断ったうえで、草刈は、大阪の空気や水が奇麗であれば、それは工場が発展していない証拠になると述べる。都心を貫く川の水は黒く、下流に行けば染料で染まり、赤い水や青い水が流れている。工場から流れる汚い水こそ「大阪の光」である。そこに架かる橋も「大阪の光」である。また天に昇る煙も「大阪の光」である。このような角度から大阪市を見ると面白いと持論を展開する。

草刈は、京都帝国大学経済学部を卒業ののち大阪市に奉職、昭和10年から商工課に籍を置いた。この時期、大阪市の観光行政にあって、中心的な役割を担った人物である。彼は産業都市であることを前提に、大阪の観光振興を推進しようと考えたわけだ。

◉視察団の斡旋紹介◉

実際、大阪市は、産業視察など海外からの団体客の斡旋に力を入れた。大阪市産業部が中心となって、大阪府外事課、中部防衛司令部外事部とともに大阪視察団斡旋協議会を組織、外国や外地からの視察団への情報提供と勧誘を行った。文化施設や公設市場などからなる観光連絡会議、観光旅館協会、大阪土産品協会などの組織があり、将来的に諸組織が発展的に融合することが期待されていたようだ。

当初は、米国からの旅行者を受け入れることが多かったが、昭和10年代になると、満州や中国から訪問する団体が増えた。ビジネス視察に加えて、修学旅行を含む教育旅行が伸びた。昭和11年には27団体、１０５８人、昭和12年に44団体、１１９７人を受け入れた。昭和13年からは内蒙古からの来訪もあり、１０２団体、３４１３１人に急増、昭和14年には上半期だけで１１１団体、４３０８６人を数えた。

「大阪市の観光事業と旅館の協力」において草刈は、国内では東京と大阪に視察が集中している状況を分析する。東京には1週間から10日ほど、大阪には3日から3日半ほどの期間、都市に滞在して各所を遊覧する団体が多い。都市に留まり、連泊が可能な点が、他の大都市より恵まれていると評価している。

昭和15年8月、組織変更があり、観光係は観光課に格上げとなる。その活動を充実させる必要があったということだろう。

『大阪観光資料叢書第九輯　来阪海外視察團調　昭和16年度』（大阪市役所観光課、昭和17年3月）は、大阪市観光課と大阪視察團斡旋協議会が受け入れ、接遇した海外からの来訪者に関する統計と分析をとりまとめた報告書である。扉には、２５５団体、９３９８人を数えた昭和15年が1ヶ年の来阪団体数では最多であり、また昭和14年４月に12日間滞在した視察団の事例がもっとも長期の滞在であったなどと、従前の各種記録を記載している。

本文では、どのような目的で、どの国や地域からの旅行団が、どの施設を訪問したのか、昭和16年のデータを報告する。団体種別では、総数164団体のうち、修学旅行が77組、行政視察が38組、教育視察が28組、商工視察が21組であった。出発地の分析では、満州3335人、中国1162人、蒙古82人、米国50人、欧州14人、そのほか653人という結果であった。

◉紀元2600年の大阪◉

昭和15年（1940）は「皇紀2600年」という節目にあたる。11月10日、皇居前広場で「紀元二千六百年式典」が挙行されるとともに、各地の神社で大祭が行われた。あわせて各都市で、さまざまな記念行事が催された。

多くの人が、大阪を経由地として聖地である橿原神宮に参拝することが想定された。大阪市観光課は同年10月、『紀元二千六百年の大阪』と題する冊子を発行、併せて、本編に加えて写真構成を主とする附録冊子『大阪』を編集した。後者の冒頭で、大阪城と秀吉の事績を次のように讃える。（図1、2）

「千古の英傑、豊臣秀吉の面影を大阪城に偲ぶ

海内三十餘國に動員して

海から、陸から、巨石、良材を集めた

（図 2）

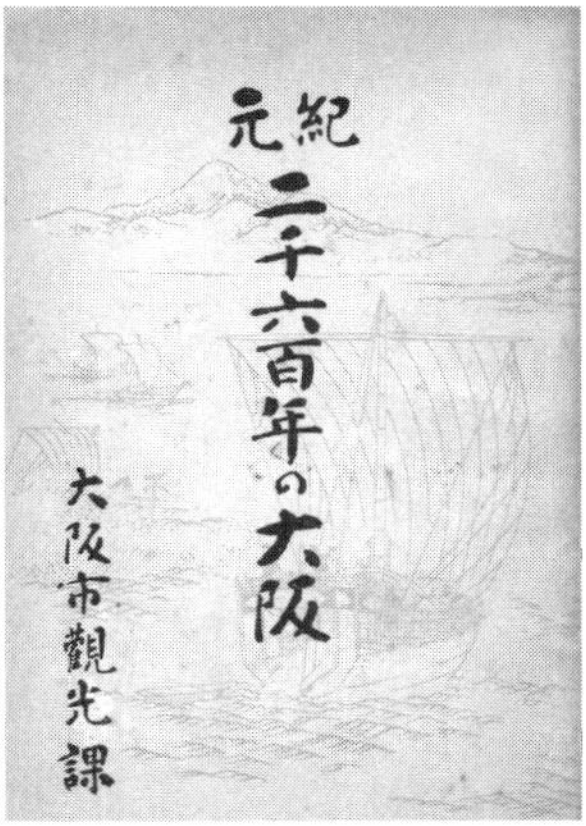

（図 1）

（図 3）

大阪築城の意図は、大きくも遥かに
國威を遠く海外に宣揚せんとする大抱負
…
世界的大阪への輝しい発足をなしたが…
徳川時代の鎖国政策がなかったら
興亜の黎明は、もつと早く訪れてゐただらう」

ついで神武天皇の顕彰碑、後村上天皇の皇居址、明治天皇の行在所などの聖蹟、神社・美術・国宝などに順にふれる。ついで芭蕉や鬼貫の句碑、藤原家隆の塚や西山宗因の埋葬地など、俳諧ゆかりの場を写真で示す。また文楽を説明するとともに、近松や西鶴の墓所も掲載している。(図3)

「水の大阪」と題したページでは、市内に堀や川が多いことを指摘、「『水』が大阪の発展にどれほど寄与貢献したことか。大大阪の現代文化にいそしむ我々は、何としても先人の努力に、『水』の恩に報はねばならぬ」と記す。そのうえで河村瑞軒や木津勘助、安井道頓・道卜など、治水や堀川の開削に貢献した先人たちの像や碑を紹介する。次のような詩文も掲載する。

「水・水・水の都
よし芦しげき浪花津の昔より
とはなる清水

第二章　産業都市と観光振興

地に湧く遊水
流れてやまぬ七十の川々
さざなみに姿をうつす千餘の橋々
　水・水・水の都」

また別のページでは、経済都市であった大阪では、古くから市民のあいだで学問が発達したことを強調、国学の契沖、漢学の三宅石庵、中井一門の懐徳堂、含翠堂、洗心洞、蘭学の緒方洪庵、天文学の間長涯の名を列記、それぞれの墓所も案内する。

それまでに大阪市が発行した観光案内では、産業施設や教育旅行を呼び込むべく、新しい都市施設を中心に語る構成であった。対して「紀元2600年」の奉祝を兼ねて来阪する旅行者を意識したこの冊子では、古代にまで歴史を遡り、この街が産み出した独創的な文化を強調する体裁になっている。草刈が意識した産業都市ならではの「光」とは別に、歴史都市としての「光」もあるという主張だろう。それは戦時体制下にあって、都市の観光振興もまた、国威発揚という国策の一翼を担う必要があったということに他ならない。

満州、蒙疆《もうきょう》、中国からの観光客

◉興亜都市観光と大阪◉

大阪都市協会の機関誌『大大阪』昭和14年4月号は、「興亜都市観光特集号」と題している。国際観光局が推進した「東亜観光」の国策に加えて、大阪市産業部の観光施策に関する記事で構成されている。大阪市の観光推進に対する当時に姿勢を知るうえで、重要な資料である。（図1）

巻頭言に「興亜都市観光」と題する一文を掲げる。都市観光を通じて、アジアの人々が互いを知り合い、文化をもたらす機会となると、その意義を説いている。

（図1）

第二章　産業都市と観光振興

「…今や天に時あり、地に利あり、而して人に和が無くてはならぬ秋である。此の和は必ずや文化を齎（もたら）すであらう。吾人は此の和の先駆として茲に都市観光の真義を高調せんとするものである。相依り相知りて和を致し、文化交々到るのを待つのである。即ち吾等の都市が邦家の中枢であり、核心の地位にあることを自覚し、其の責務の重大なることを痛感し、進んで興亜各都市と共に聖業の一端を担はんことを期し、先ず以て入り易き観光文化に其の第一歩を印したのである。」

特集号の構成を見ると、まず国策に関する一連の寄稿がある。国際観光局庶務課長の井上萬壽蔵が「新東亜と観光事業」、ツーリスト・ビューローの高久甚之助専務理事が「東亜観光事業と経済」と題する文章を寄せている。行政関係者だけではなく、大阪憲兵隊古谷幸軍曹の「防諜問題と観光事業」、末藤知文陸軍大佐の「観光事業の国家的意義」などの小論も掲載する。

いっぽう、大阪市産業部長伊藤俊雄の「大陸建設と産業都市大阪の使命」、商工課長と観光係長を兼ねていた草刈孟の「観光事業と厚生問題」など、大阪市の観光事業の指針を示す論考もある。また大阪への来訪者を意識した実用的な読み物として、観光係による「大阪視察観光ルート」と題する都市案内を載せる。

さらに「大阪名所ところどころ」と題するグラビアのページもある。都心のビル街、ガスビル食堂から眺めたビジネスセンター、大阪港を始め、大阪を代表する都市的な光景を撮影した写真を収める。中之島は「観光艇『水都』は行く・陸も水も翠碧一色」、道頓堀は

「光と音楽と味覚と歌舞と…」、天王寺公園の音楽堂は「市民の憩ひのひとときを」、心斎橋に関しては「横のデパートメント」とキャプションで記す。いわゆる「観光名所」だけではなく、杉本町に竣工した商科大学の構内写真をあえて掲載、「商都大阪の智的動力」と説明を加えている点も面白い。

◉国利民福の基◉

昭和14年3月14日、中之島中央公会堂で「大阪視察団斡旋協議会」の設立総会が開催された。雑誌『大大阪』において「興亜都市観光特集」が編まれた背景には、大阪市産業部が主導するかたちで、新たな組織の活動が始動したことを報道したいという想いがあったようだ。特集に同協議会の設立趣意とともに、総会の様子を紹介する記事が掲載されている。文章は次のような一節から始まる。

「観光事業は国利民福の基である。即ち地方文化を開展して、国民の郷土祖国に対する認識を深め、体位の向上を計り、且つ、物心両文化の発達を促すと共に、地方経済を振興する高い使命を有してゐる。」

観光事業を「国利民福の基」と断じつつ、郷土や祖国への意識を高め、また人々の体位の向上にもつながるという視点を示す。結果として、経済的な効果もある。観光の本質は、単なる物見遊山ではなく、文化を学ぶ教育旅行や、心身の鍛錬を促す行楽や厚生活動にこそ見出されるということだろう。

さらに「国際観光事業」の果たす役割について、国際収支の改善を促すだけではなく、国威の宣揚、国際親善に重大な役割を演じると言及する。ここでも経済的な面だけではなく、祖国への想いや国際関係への寄与など、文化的な効用を重く見ていることがわかる。

続けて、大阪市に固有の立ち位置が説明されている。まず、日本各地の観光事業は飛躍的に発展を果たしているという前提を示す。中央あるいは各地方に「大小各種の観光機関」、すなわち観光協会の類があいついで設立され、それぞれに隆盛をみている。しかし大阪は「経済産業の都」であるということを理由に、従来はともすれば、観光事業が「等閑視される傾き」があったと自己分析を記す。たとえば「大大阪観光協会」を結成しとうという動きなどもあったが、時運に恵まれず実現はしてはいない。

しかし近年、状況が変わった。満州国からの団体訪日客が、官民を問わず、年を追って、また月を追って、激増しつつある。いっぽう中華民国や蒙疆からの視察団も、活況を示しつつある。「経済首都」である大阪は、帝都東京ともに、これらの視察団の主要な目的地となっている。そこで、在来の斡旋指導機関の活動を円滑かつ有機的にする「強力なる協調機関」の設置が求められるようになった。

このような要求を受けて、「大阪視察団斡旋協議会」が設立されるに至ったというわけだ。大阪市産業部長の伊藤が協議会の委員長に就任、中部防衛司令部外事部の大賀茂久、大阪府外事課長の松尾楸、大阪市産業部商工課長兼観光係長の草刈が副委員長を務めている。顧問には、報道班長大阪府各部局の長のほか、大阪市の森下政一助役、大阪商工会議所の中山太一副会頭、江崎利一満州国駐大阪名誉領事などが就任している。また参与には、第四師団司令部の渋野豊美の名前もある。

「大阪視察団斡旋協議会」が活動する対象は「満蒙文人視察団」に限り、果たすべき役割は次の5項目に整理される。

1　相互の連絡協調を計る
2　真に国策に沿った視察観光日程を作成
3　斡旋接遇の改善向上を計る
4　視察観光施設の調査研究を行う
5　我国民に対し興亜観光思想の普及徹底を図る

主たる構成組織である官公庁や斡旋指導機関に加えて、視察対象となる観光施設や関係する諸機関にも、ひろく参画が求められた。

「大阪視察団斡旋協議会」の設置目的には、「我が国が道義的国家であり、精神物質両文化に於て世界に卓越し、且つ国民性の誠実友誼的にして夙に東亜氏族相互の理解と提携を衷心より希求してゐる実情を現に確信せしめ、以て我国の依存共栄するに非ざれば明朗東亜の建設は不可能なる信念を体得せしめ」ることと記す。あくまでも興亜観光を推進、満州や蒙疆、中国との関係を深めようという国策に協力することが前提であったわけだ。

◉観光を通じた「銃後の宣撫工作」◉

『大大阪』の「興亜都市観光特集」では、大陸からの来訪者を意識した記事にページを割く。たとえば、満州や蒙疆、中国からの観光客を受け入れるうえで配慮するべき礼儀作法や文化の差異を論じた「満蒙支人接遇上の心得」と題する読み物、また大阪で暮らす中国人の若者11人を集めて企画された座談会「支那青年の語る大大阪」の抄録などがある。

「日満観光懇談会」の議事要旨も掲載されている。1月26日の午後、大阪を訪問した「日本観光施設視察団」の面々と、大阪市および「大阪視察団斡旋協議会」の主たる構成員となる諸団体の幹部とのあいだで行われたものだ。

「日本観光施設視察団」は、満州観光連盟の呼びかけに応じて結成されたもので、大連、旅順、奉天、新京、安東、吉林、哈爾濱など、主要都市の観光協会幹部など14名で構成されていた。一行は昭和14年1月12日に新京を出立、新潟港で入国のうえ、東京、名古屋、京都、奈良を経て、大阪に到着した。懇談は電気科学館を会場として行われた。満州国の人たちから見た大阪の印象、日本料理への不満など視察団からの意見とともに、旅館での入浴風俗の違いから派生するトラブルなど滞在中の課題に至るまで、さまざまな論点について意見交換がなされている。記事によれば、師範学校や産業関連の団体が多く大阪を訪問、治安を研究するべく、警察の視察団がこれに次いで多いのだという。

いっぽうで、この特集号には、外地や満州の状況を述べる記事も多く掲載されている。大阪市民の関心を喚起し、大陸に出向く人に対する利便をはかろうという意図なのだろう。「大陸随筆」と題して、満鉄大阪事務所長である伊藤眞一、大阪商船の今道潤三、入江来布、瀧山良一などに依頼したエッセイがある。また日本郵船大阪支店長であった山本武夫が主な航路を紹介する「興亜観光海のルート」、大阪外国語学校の教授職にあった吉野美彌雄の「興亜観光と言語の問題」と題する文章などもある。また旅先で必要となるであろう、簡単な中国語を列記する表も載せている。さらに「鮮満支観光ところどころ」と題して、釜山港、京城、大連、奉天、新京、吉林、ハルピン、北京、済南、青島、天津、南京、上海、杭州、蘇州の諸都市について、その概要と見どころについて述べる記事もある。

戦時体制下にあって、大阪市の観光政策も転機を向かえた。「大阪視察団斡旋協議会」を結成して、「観光を通じた銃後の宣撫工作」を行うことを主たる目的に掲げた。もっとも大阪市産業部の立場から見れば、国策に添うことで、ようやく他都市に遅れをとっていた独自の観光誘致組織を設置することができたということにもなるだろう。

第三章

大阪名物と文化観光

大阪といえば「食い倒れ」と謳われるように、多彩な楽しみを与えてくれる食文化の伝統がある。一方で大都市の宿命として郷土土産、名産品の影は薄い。こうした「大大阪」の文化的側面を検証する。

大阪商品と大阪土産

◉土産には大阪商品を◉

本章では、主に文化の面から、大阪観光について論じておきたい。

東出清光がとりまとめた『大阪案内』(大阪之商品編集部、昭和11年)では、「名物・土産」の項を設けて、地域文化の所産である大阪の名産について論を展開する。まず強調されているのが、「珍しさ」が失われたという点だ。

「所謂名物・土産物は、交通機関の完備しなかつた時代にこそ、珍らしいお土産品もあつたが現代ではもはやそのやうな土産はなくなつてしまつた。現代ではもはやその土地へ行かなければみられないやうな品物はなくなり、すべての土産物から珍らしさが失はれてしまつた。」

東出はこのように書いている。そのうえで、とりわけ大阪のような「世界的な商品集散地」では、この傾向が甚だしいと述べる。日本全国、世界各国の商品が集まる。英国ランカシャーの織物、オランダの陶器、長崎や静岡の名物、下関土産などを、大阪でひとつのトランクに詰めて帰ることができる。

では大阪を訪問した旅人は、何を土産にするのか。名物は何かと知人や旅館の番頭に相談しても、「さあ?·矢張り土産は名物の粟おこしにしませう」と応じるのが普通である。東出も、粟おこしは全国的に名前が知れ渡り、海外でも歓迎されていると一定の評価をしている。ただ名物の選択に弱った挙句、郷土色を求めるのであれば、唯一の名物である粟おこしを選ばざるをえないという状況を肯定しているわけではない。

では、大阪には土産となる名産品はないのか。この問いに対して、東出は「立派な土産物がある」と強調する。それは「大阪商品」であると、次のように述べる。

「土産物には、精巧を誇り、優良の商標を打ち、廉価を誇る所謂大阪商品でなくてはならない。商都大阪にとつて、大阪商品が土産とされることは、大きな自慢である。Made in Osaka—大阪はこの標識を誇りと自負をもつて旅行者諸氏の前に差出すのだ。そして旅行者は、このしるしのついた土産物をその家庭へ、微笑と共に差出す。それといふのも、大阪商品なればこそ。」

恋人への贈り物であれば、デパートや専門大店で、美しい貴金属製品を求めれば良い。愛妻や愛児のためであれば、ハンドバックや絵羽織、精巧な科学玩具を購入すると良い。甘い物が好きな老父にはさまざまな名菓が、喫煙家の知人にのためには高雅な煙草セットやシガレットケースがある。もし平和な家庭を飾ろうというのであれば、壁掛けや敷物、照明器具が良いだろう。

東出は、大阪の商品には「色とりどりの面白さ」があるという。都市の発展にともなって独自性はなくなったが、品質の良い大阪の産品を購入して欲しいというわけだ。大阪土産には「新鮮で溌剌とした、大阪商品を以て給へ」と文章を結んでいる。

◉郷土土産と名産品◉

もっとも郷土色の豊かな名産品もないわけではない。

『大阪案内』にあって東出は、何か変わった「面白いもの」を欲するのであればという限定のもとに、住吉大社の名物である「住吉踊」の人形を推す。麦わらで編んだ小さな人形に赤い木綿の服を着せて、傘の下に数個を吊り下げたものだ。古くから知られる「郷土趣味」を満足させる平凡かつ素朴な人形である。神事である田植え踊り、もしくは神功皇后の三韓征伐に因むと、その由来に関する諸説を紹介している。

また郊外の所産ではあるが、藤井寺の小山団扇と天人籠などを、郷土の名産物として勧めている。前者は、通常のものよりも骨が頑丈にできている点に特色がある。永禄年間、三好氏の動向を探るべく小山村（現藤井寺市）に滞在した山本勘介が、団扇製造業に扮して世を偲んでいたことにさかのぼる。勘介ゆかりの商品である。

いっぽう菓子や食料品の類では、まず「粟おこし」があると書く。「せまい意味からみた有名な大阪の名物・土産品―郷土的な趣味のある土産物としては粟おこしがあるだけかもしれない」と述べている。停車場や歓楽街のいたるところに、粟おこしを販売している店がある。「今の大阪で土産物店といへば、粟おこし店なのである」と評している。

粟おこしは、大阪の名産としての歴史があり、十数代続いている業者もある。別名を「岩おこし」といい、製造者ごとに商標を冠として、商品名としている。此花おこし、やぐらおこし、さざ浪おこし、戎おこし、大黒の粟おこし、福おこしなどが有名である。なかに

第三章　大阪名物と文化観光

は「文化2年創業」と看板に掲げる店もある。大阪駅での「立売り人」の籠にも、「大阪名物」と銘打った粟おこしが用意されている。さらには長期保存が可能なことと、東洋的な風味が愛されて、外国人も土産に購入するようだ。

『大阪案内』では、粟おこし以外に推奨する甘味として、新世界にも店がある泉佐野名物の村雨餅、松露団子、道明寺糒（ほしい）などを例示する。また食料品として、蒲鉾、昆布、奈良漬・富田漬などの糠漬けを列記する。いずれも粟おこしほどには、「郷土的色彩」はあきらかではないが、他の地方の産品とは異なる風味を持つ。蒲鉾については、大阪湾から瀬戸内海にかけて魚類の生産が多く、製造技術の研究が十分になされている。昆布類については、北海道の原料を調理再製しているが、再製品が原産地にも売れている点が、「大阪らしい興味のある現象」と書いている。

ここでは、あみだ池の大黒が顧客に配布した『近畿遊覧地図』を紹介しておきたい。表紙には大阪城の復興天守閣をイラストで描く。裏面には、店舗の位置を示した地図のほか、市内の主要な名所を写真と文章で紹介する。案内文の筆頭に、あみだ池の和光寺を置く。寺の縁起を説くとともに、近傍にある大黒の店舗の概要を以下のように記載する。

「同寺より約半丁西に大阪名物の随一、粟おこし福おこし本舗大黒粟おこし店あり。店舗の一隅に世界に類なき数千の大黒神像を祭れる社祠あり、朝夕参詣者多し　毎年二月三日お年越当日には吉例により打出小槌一萬個純金銀大黒神像百体お添物として進呈す。浪華の都、年中行事の一として非常に有名なり。」

（図1）

（図2）

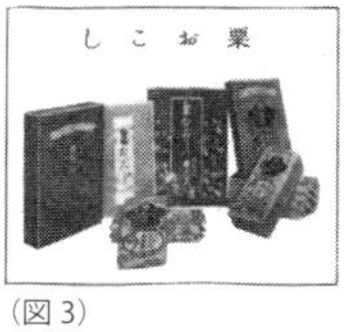

（図3）

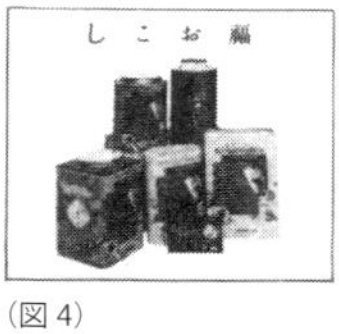

（図4）

添えられた名所風景に、同社が販売していた粟おこしと福おこしの商品の写真も加えられている。（図1〜4）

大阪の食い倒れ

◉味の大阪◉

大阪の文化を論じる際、食文化をはずすことはできない。

第三章　大阪名物と文化観光

東出清光の著作『大阪案内』（大阪之商品編集部、昭和11年）に「食道楽」の頁がある。冒頭で「味の大阪」と題して、「食道楽」という概念に関して自論を展開する。すべての生き物が、食べるか、もしくは食べられるかのいずれかであり、食べるためには、あらゆる障碍を果敢に乗り越えていく。ゆえに人間にとっても「食ふことは決して道楽ではない」と述べる。けれども「食ふことはまた無上の享楽でもある」として、大阪の食について論じる。そもそも大阪は「食ひ倒れ」の名があり、「大阪に食道楽が発達し、盛行するのも、今更のことではない」と書く。ただ大阪で「うまい食ひ物」とは、日本料理およびその系統のもので、ほかは味わうに足らないという認識のもと、次のように説いている。

「概括的に東京の西洋料理は割合に食へるが、日本料理は問題にならず、大阪の西洋料理はただ腹を満すにすぎないが、日本料理は心から耽溺させる。『味の大阪』の名声を背負うだけに、大阪料理はほんとにうまい。」

なぜ大阪の日本料理、すなわち大阪料理はうまいのか。魚や野菜類などが新鮮であること、東京の「辛口趣味」に対して、味の良い淡口醤油が材料の持ち味を殺さないことなどを理由にあげる。

もっとも「食通の醍醐味」は、知ろうとして知り得るものではなく、「自ら到達する妙諦」である。要は街に出て、「包丁自慢」の大阪料理店を訪ねて、「大阪料理のうまさ」を知ることである。このように述べたのち、大阪の食べ物と飲食店を料理ごとに順に紹介してゆく。

◉宴席と大阪料理◉

『大阪案内』では、大阪を代表する日本料理として、宴席料理と即席料理に分けて紹介する。一流の宴席料理屋は、店構えが大きい、設備や調度が完全で、器具も良く、料理も「相当なもの」を出す。この条件にあてはまる店として、平野町の堺卯、今橋のつる屋、北浜の花外楼などの名前をあげる。

なかでも堺卯に関して特筆する。明治初期からの店だが、日清戦争の際の好景気で「財界の名流を集めて、殷賑を極めた」という。戦時景気で勃興した諸会社の総会には、堺卯の折詰弁当が提供された。また政界や財界の名士が、絶えず俥で乗りつけた。昔は仲居などは店に置かず、客が芸者を帯同してくる。「艶つぽい、或は貪欲な、或は巧妙な取引と策謀の絵図」が繰り広げられた。「明治財界裏面史と切つても断れぬ関係」にある。門前に止まる唐牡丹模様の俥が、流線型の自動車に代わった今でも、宴席料理屋として随一の名を辱めておらず、書画も食器の類にも逸物が多いと書いている。

歴史のある西長堀の岸松館は、堺卯の経営者の妹分が創業した店で、かつては盛大に営業した。また欧米帰りの新知識を取り入れたことで「天下に聞こえた灘万」も、大阪料理店の一頁を飾った。つちだ、銀水樓などの店は「古老の記憶にあるのみ」と評している。

このほか、日柄喜、はり半、魚岩、天狗樓、とり清、魚國、花月樓、琴福喜、魚利樓、丹彌、二葉などを列記、郊外の店舗として曽根駅前にある大阪星岡茶寮を「堺卯とは異なった色彩で一方の旗頭」と賞賛している。

宴席料理屋は「大味で面白くない」という人は、手軽な即席料理屋へと出向くのが「食通の常識」であると記載する。たとえば戎橋北詰の松亭などは、食通仲間の客が多い。畳屋町の、よしみ寮は「俳味料理」「下関料理」「長崎料理」の看板を掲げた古雅な奥ゆかしい店構えだが、料理や特有の俗悪さがないのが嬉しいと賞賛している。また難波新地一帯は、軒並みに即席料理屋が集まっている。なかでも喜久乃家には、東京の文士連中がよく顔を見せる。法善寺にあった、つる源も同様であるが、主人が「東京好き」になって、東京に店を構えた。大阪料理が東京への進出を果した一例であると記している。

●民衆の関東煮屋●

『大阪案内』では、天ぷら、鰻、関東煮、にぎり鮓、牛肉・鶏肉などの専門店、中華料理や西洋料理に関しても、代表的な店の評判を実名とともに紹介していく。

たとえば鰻に関しては、東京風と大阪風で多少違うと説明する。有名店では東京風の竹葉、明治時代から続く東呉などがある。また淀屋橋の柴藤は道頓堀に支店を経営、曽根崎の菱富も店舗を各所に支店をもって、事業を盛大に展開していると評価している。

ここでは柴藤が昭和5年に発行した案内を紹介したい。表紙に戎橋のイラスト、裏面にかつての天保山の風景を描く。挨拶文では道頓堀に「浪花名物の一つなる鰻川魚料理の生洲船」を浮かべて営業をしていることを強調する。裏面には汽車の時刻表、大祭日や夏祭りの予定などを記載する。（図1〜3）

(図1)

(図2)

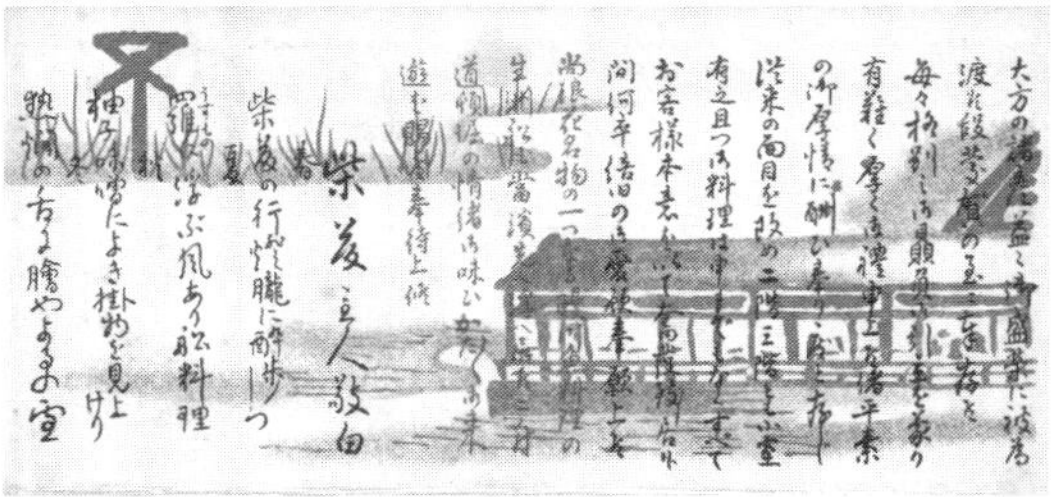
(図3)

『大阪案内』の記事に戻ろう。関東煮に関しては、「東京で言ふおでんである。酒とは切っても断れない悪縁の、食物界の拗ね者で寵児である。それだけにうまい店も多く、しゃれた店もすくなくない。近頃気取つた積りで、座敷でおでんを食はせるが、氏より育ち、簡単な椅子に腰かけ、見知らぬ相客と袖すり合せて食ひ、且つ飲むところに関東煮気分がある」と述べ、正辨丹吾亭、お多福、たこ梅など難波新地の店、天満橋のたこ安、心斎橋の錦潟、桜橋の横丁にある赤電燈などを推挙する。財界や政界の「名流」を常連とする「一流宴会料理店」が、堂島、中之島、船場に多いのに対して、「民衆の関東煮屋」は歓楽街に多いと分析している。

概して良い店を紹介する文章が続くが、西洋料理に関しては、わざわざ見出しに「日本料理におとる」と強調するなど手厳しい。スエヒロのビフテキのように多少、人に知られているものもあるが、ごく一部である。比較的、うまい店として、南海高島屋のグリル、精養軒、浪花亭、アラスカ、野田屋、中央亭、大洋軒などを列記する。

◉牡蠣船と浪花情緒◉

『大阪案内』の記述を、引き続き紹介しよう。大阪で珍しい店はないのかと問われるが、「天が下に珍しいものなし」であり、それほど多くはない。美味くて、店の名が人に知られると、珍しくはなくなるからだと説明する。

あえて、変わった料理を看板としている店としては、鰻谷のしる市がある。鯨の汁、たこの汁、野菜の汁などはあるが、ほかの料理は一切ないと説明する。そのほかには、高津や太融寺にある湯豆腐屋、精進料理の雲水などがあり、豆飯で有名な逢坂の廣田屋は「都会にある田舎料理の代表」と特記する。趣向が面白いのは、紙製のすき鍋で魚すきを食べさせる曽根崎の蘆月だが、料理は平凡だと辛口である。

大阪の街に初めて来た人が、物珍しく思うのが、橋の畔に係留された牡蠣船である。主に牡蠣と川魚を食べさせるこの種の料理屋の始まりは、二百年ほど前に遡ると述べたうえで、その情緒を次のように描写する。

「月のよい秋の夜など、なかば開いた障子のかげから、小綺麗な座敷に落着いて盃を含む二人連れのちらりと見えるなど、大いに浪速情緒を感じさせる。廓に近く、水にくだける灯影のまにまに爪弾きの音の漂つて来るのを聞き得れば、完全に道具立ての揃つた舞台だ。」

かつては各所にあったようだが、店数は減じたようだ。『大阪案内』では、渡辺橋畔のかき伊を著名な店として紹介、ついで本町橋畔のかき春、立売堀のかき米、横堀と松島にあったかき秀などの屋号を列記している。

◉繁盛の大衆食堂◉

『大阪案内』の著者が、新たな動向として注目する業態が簡易食堂である。「人間到る所にあるものは食堂である。最近街に輩出した簡易食堂は名の示す通り簡易に食事をとらせるのが目的で、味がどうの、料理法がどうのとは絶対に言ふべからず。」

大阪で急速に数が増えたようだ。天神橋筋六丁目や九条の職業紹介所には、市営簡易食堂が営業している。九条の食堂は「十銭満腹」のスローガンを掲げている。「食ってみると結構うまいし、栄養価も下手な料理よりはうんと高い」と書いている。

民間事業者では「パンヤの食堂」の展開に着目する。市内各所に数年のあいだに20店舗ほど支店を設けたことで、「一挙に大阪の食堂界」を席巻したのは痛快であると述べている。また「パンヤの食堂」は、30万円の建設費用を投じて、戎橋停留所前に食堂「北極星」を建設、いよいよ地盤を固めたと評価する。

デパートの食堂にも着目する。阪急、阪神、京阪、大軌、大鐵、南海などの郊外電車は、起点にデパートを経営し、それぞれに食堂を設けている。また三越、大丸、そごう、高島屋、松坂屋など老舗の百貨店に併設された食堂も常に栄えている。なかでもっとも活気のあるのは阪急の大食堂であり、難波の高島屋が続く。ただいかに人気があっても、デパートの食堂の味に関する評価は低い。著者は次のように酷評する。

「デパートの料理はすべて大味で、ここの特徴に薄く、何を食つても同じやうな味だ。何処のデパートも似たりよつたり。そこにデパートの特徴からくる弱点が含まれる。大味だ、甘つたるい、と口々に言ひ乍らも如何に多くの人が食ふか。その莫大な材料消費量が何よりも雄弁に物語る。」

『大阪案内』に紹介された各店の評価が、一般的な理解であったかどうかはわからない。ただ当時の外食文化の概容を示すものとみて良いだろう。実際、昭和12年頃に配布されたと思われる冊子『観光と産業の大阪』（大阪市産業部）を見ても、日本料理屋を「茶楼」と

（図4）

（図5）

（図6）

紹介するほか、「かき伊」の外観、百貨店食堂などを掲載している。観光客に推す大阪の食として、日本料理、牡蠣船、デパートの食堂などが典型であったのだろう。（図4～6）

◉味と流行の巷◉

「食い倒れ」と呼ばれた大阪にあって、多数の飲食店がひしめきあう核心的なエリアが、心斎橋筋から戎橋筋、道頓堀、千日前界隈にかけてであった。

東出清光の著作『大阪案内』（大阪之商品編集部、昭和11年）では、大阪の風景を描く挿絵が何枚か添えられている。ここでは「夜の道頓堀」と題する絵を紹介しよう。当時、おおいに人気があったキャバレーの店内を描いたものだ。キャプションには、『冥途の飛脚』の梅川忠兵衛、『心中天の網島』の紙屋治兵衛など、近松の作品に登場する人物へのオマージュを兼ねて、以下のように記されている。（図7）

「ネオンに暮れ、ジャズに明ける浪速道頓堀こそ、当年の遊蕩児梅忠、紙治に見せまほしきや。身を投げかけて欄に、春は桜のよどむ堀水、夢の灯の揺るて流れて、とはに若きかの女、かれ氏。情熱の炎は近松、西鶴の昔ならで、わが現代人にこそ燃ゆるなれ」

『大阪案内』では、「歓楽街」の項で、南地一帯の魅力を紹介する。冒頭に「色、光、渦巻く歓楽」と見出しにある。ここでは南地一帯を「大阪の大衆が憂きを忘れ、汗をすてゝよろこび睦ぶ消費の街」であり、「大阪を中心とする趣味と流行の源泉」と位置づける。

そのうえで、道頓堀川に映るネオサインの夜景、道頓堀の通りに面して並ぶ劇場群とキャバレーの有名店、10軒ほど残る芝居茶屋の風情、千日前の映画館や寄席の集積などについて、順に述べている。同書では道頓堀の街頭写真のほか、松竹座や歌舞伎座などのモダンな劇場建築のほか、中座の外観写真を掲載、「昔乍らの古風典雅な小屋。前に芝居茶屋のあるのも嬉しい」と記載する。（図8〜10）

◉流行の展覧場◉

南地のなかでも心斎橋筋は、飲食よりも消費に特化した通りである。『大阪案内』では、街を往来する人の流れの激しさと、狭い街路を飾る街路灯、ショーウインドーのきらめきに眩惑される夜の風情に注目、「尖端的流行の展覧場」と位置づける。

（図7）

（図8）

（図9）

（図10）

心斎橋筋を歩く人たちは、流行の服をまとい、新型の帽子をかぶって、「モダンな街にモダンな雰囲気」を撒き散らしている。昼間は、各店の飾窓をのぞく婦人たち、田舎から出てきた「老婆老姿」のほか、とりわけ学生が目につくが、夕方になると会社帰りのサラリーマン、手をとりあう男女が流れてゆく。

「この街路を、ポケットに両手を突つ込み、うなだれて歩かない限りは、誰しも楽しげに見え、非常に十分にではなくとも、必要な消費生活の欲望を満すに足るだけの金を、内ポケットに持つてゐるやうに見えるのも、この特殊な繁華街の不思議な魔力であらう。」

通りの魅力を、このように分析する。専門店や百貨店のショーウインドーに飾られた商品を眺めるとともに、みずからも見られていることを意識して歩く「散歩者」が、この通りを往来した。学生や若い女性たちは、人波を何度も往復、いわゆる「心ブラ」を楽しんだ。

結果として、この通りは流行が生まれる場所になった。「一昔前、大阪のどの街路よりも早く、此処を洋装の女が靴音を高く歩いて散歩者の目をひいた。一昔前、艶やかな黒髪を未練気なく切つて、振袖に断髪と言ふ大阪らしいモダンな娘がチューインガムをかみ乍ら歩いたのもここであった」と回顧する文章が面白い。

心斎橋筋にあって衣服は、単に風を防ぎ風雨を避けるだけのものではなく、また身を飾るばかりのものでもなく、それ以上に人に見せるものともなった。『大阪案内』では「新着の衣装はまづ最初に、心斎橋筋の空気の洗礼を受けなければいけない」と強調、歌劇女優や映画俳優を模倣した若い男女が、「世界中のあらゆる新規な流行の影響を受けた服装と、身振りを示しつつ歩いている」と述べている。

◉食通の極楽◉

飲食店の話に戻ろう。『大阪案内』では、キャバレー、カフェ、バー、喫茶店、料理店など、道頓堀から千日前にかけて集積する飲食店の状況を、次のように解説する。

「こゝに何軒の食ひ物店があるか。正確な数字をあげるのは容易ではないが、とにかく道頓堀、千日前からそれらを除いたなら、殆ど何も残らない。道頓堀、千日前はあらゆる飲食店の極楽である。」

客のほうが集まってくるから、店が客を呼び込む必要はない。しかしだからこそ、競争が激しくなる。「飲食店の極楽」であると同時に「最も競争の激烈な競技場」と表現する。ここほど儲かる場所はほかにはないが、ここほど「優勝劣敗のすみやかなところ」もないと強調、「たちまち栄える店、たちまち没落する店」が現れる。一瞬の油断も許されない緊張感が、この界隈を活気づけていると述べている。

千日前と道頓堀では、激烈な競争のもとに、さまざまな業態の飲食店が営業していた。キャバレーやバー、喫茶店など近代的な雰囲気」をかたちづくる要素となる業種もあるが、それ以上に、おでん屋、食堂、牛肉店、鰻屋、立食いの寿司屋などが集まっていた。

また千日前と道頓堀は、隣接して「切り離されない関係」にあるが、双方の雰囲気はいささか異なっていたようだ。道頓堀は、モダンなバーやキャバレーが多く、より洗練され

（図11）

近代的な気分が漂う。対して、千日前には安い洋食屋や立ち食いの店があり、「十銭萬歳」のような安価で楽しむことができる寄席もあった。「場末的、盛り場的な、洗練されない感じ」がある。双方の客層も相違が見られたようだ。

千日前界隈のなかでも、とりわけ法善寺境内は独特の風情があったようだ。男二人が肩を並べて歩くこともできない程に道幅は狭いが、寄席「花月」と2軒のバーとカフェを除いて、すべての店が、いわゆる即席料理屋か、おでん屋である。

『『食通横町』などと異名がある。流石に仏様のおめがねにかなった店々だけあつて、即席手軽料理も、閻魔が目を細くして喜ぶうまいもの。」

『大阪案内』ではこのように紹介している。「飲食店の極楽」と呼ぶ千日前界隈のなかでも、ここは「食通人の極楽」と特記している。(図11)

料理は大阪に限る

◉観光大阪の印象◉

前章でも参考としたが、大阪都市協会の機関誌『大大阪』昭和14年4月号は、「興亜都市観光」の特集号であった。広告のページにも、「日本唯一の夜の観光施設」とうたう「キャバレー赤玉」、合名会社パン屋の食堂が直営する「大阪観光食堂」、「味に輝く食堂ビル」である「北極星」、大阪に滞在する観光客の便宜をはかる「旅の平八社」など、特集の意図を汲んだ企業が自社のＰＲを掲載している。(図1～3)

この特集号では、政策的な話題だけではなく、大阪の文化や観光魅力に関して、さまざまな角度から分析を加えた記事もある。そのなかでは「観光大阪の印象」と題したアンケート調査の報告が興味深い。土産物・旅館ホテル・歌舞演芸・歓楽街・料理および料理店・観光案内・百貨店の各項目について、24名の著名人に葉書での回答を求めたものだ。

たとえば洋画家の東郷青児は、「酒と料理礼讃」と題しつつ、編集部が用意した設問に沿って、次のように答えている。

「○お土産にろくなものがないのは何処でも同じだ。大阪の鯖ずしは甘い。季節によつては良い土産になるだろう。○以前はよく土佐堀の京家に泊まっていたが新大阪ホテルが出来てからはずっと其處にしてゐる。便利でサービスも悪くない。○歌舞演芸を見に行くようなことはほとんどない。○歓楽街と云ふのにもあまり行かない。心斎橋筋の街巾を広くするとか、しないとかの話を聞いたがあればあのまゝが大阪的で良いと思ふ。○大阪に行く楽しみの最大のものは料理と酒である。僕はよく『つる一』や『伊勢はん』に行く。洋食はアラスカ、染工聯の地下室、ホテルのグリル。○案内所の必要は僕にはない。○百貨店もめつたに行かない。」

東郷に限らず、多くの回答者が、大阪の料理と料理店を賞賛している。政治家の大口喜六は「料理は大阪に限るやうに思ひます。第一流の料理店は勿論、各階級それぞれ注意がよく行届いて居ると思ひます」と述べ、いっぽう歌手の東海林太郎は「小料理屋に於て東京に求められぬ意外なる佳き味を見出すは楽しき事に御座候」と書いている。

また作家から作詞家に転じた長田幹彦は「何よりも楽しみなのは、大阪のうまい料理をたらふく食べることです。わけてもうまいのは魚の料理だ。材料もむろんいゝのでせうが大阪の料理人諸君はとにかく非常に良心的だと思ひます。味の濃やかさが天下一品です。又それを味はひたのしむ大阪人の味覚も大したものだと思ひます」と絶賛している。

いっぽう牧師作家として知られる沖野岩三郎は、「食べものの安いのに驚く。此間も大鐵

（図1）

（図2）

（図3）

の百貨店で食事をしたら三十五銭で腹一杯であつた。コーヒ、紅茶が五銭とは驚くばかり。これなら東京から飲みに行つても勘定にあふやうな気がする。その味もよい」と、味に加えて値段の安さに注目する。

　料理に対する高い評価があるのに反して、「観光都市」としての大阪に対しては、厳しい意見も寄せられた。たとえば政治家の芦田均は「旅人を失望させるな」と強調、「観光都市としての大阪は、多数の客に失望を与えるでしょう。お土産を売らうとの考へは捨てた方がよい。外客には日本工業の威力を示す様な場所、工場等を今少し組織的に見せる工夫を願ひ度いと思ひます」と批判と要望を述べている。大阪は「観光都市」ではなく、あくまでも「産業都市」として、ゲストを受け入れよということだろう。

　逆に戦記文学で知られる作家の櫻井忠温のように、滞在者から見た大阪の雰囲気を讃える意見もあった。櫻井は「横町も路次もよい」と題して、下記のように応じている。

　「旅館の感じもよし。（大てい悪いものとしてあるのだが）食ひものよし、観るもの買ふもの、何でもよしといふのはさすがに大阪だ。料理屋でもあんなオツトリした家はどこの国にもないいゝものだと思ふ。どんな横丁でも路次でも何となくなつかしい感じのするところだ。文句をいへばどこにだつてある。しかし、その文句の我慢が出来るのは大阪だと思ふ。」

不平や文句を言う気分を、我慢することができる雰囲気が大阪にあるというわけだ。なかには俳人の臼田亞浪のように、賛否両論を併記する人もいる。

「土産物としては蒲鉾昆布類をはじめ相当いゝものがあるが有名なおこしだけは感心しない…道頓堀も千日前も天王寺もそれぞれ特色があつて彼れ此れいふところはないが、川向ふの宗右衛門町は京の祇園といつたやうな、東京には見られない情緒をかもしてゐる。それにしても道頓堀や土佐堀の異臭溢るゝドブ河はなんとかしたいものだ。」

ユニークな回答もある。弁士として名をあげ、漫談家や作家としても活躍した徳川夢声は「享楽なら先づ大阪」と主張、「総て官能的の享楽設備は大阪の方がいつも東京より進んでゐる―もつとも中流以下を対象としての話だが」と答えている。また小説家の辰野九紫は「お世辞上手」と題して、ある料亭でのエピソードを記す。年増の姐さんが、初対面である辰野の褒めるところを探しあぐねた。彼の「どこといって美点のない」、自称「拙い顔」をさんざん眺めたあと、ようやく探しあてたと見えて、「あんたはん、ええ眉やなあ」と褒めたということだ。外から見た大阪と、大阪人の印象を伝える記事として面白い。

◉文化と趣味の観光座談会◉

「興亜都市観光特集号」には、観光施設や大阪観光に関して文化人や専門家が意見を交換した「大阪の文化と趣味の観光座談会」の抄録も載せられている。大阪都市協会が主催、昭和14年3月3日に宇治電ビルで開催されたものだ。

まず冒頭に大阪市産業部商工課長兼観光係長の草刈孟が、大阪市の観光事業と増加しつつある大陸からの団体旅行客の状況を、具体的な数字とともに説いている。大阪以外の「六大都市」は、すべてに観光課がある。しかし大阪だけは、まだ商工課に係を置いている状況であることを、「非常に恥ずかしい」と述べたうえで、市が保有する諸施設による観光連絡会を設けたこと、市長が提案した観光艇の運行を始めたこと、観光協会の設立を企図していることなどを説明する。またいわゆる「名所」がないので「観光方面に非常に苦心をしている」旨を強調する。

観光資源が乏しいという草刈の説明に対して、鴻池合名会社の江崎政忠が不満を述べる。住吉・生玉・座摩・御霊・難波・高津・天満宮など有名な神社、関取や名士の墓所、史蹟や古美術、庭園や銅像、官衙や橋梁などを指摘、神社史蹟に関心を持ち、観光客に美術品を観せよと主張する。

次に大阪中央放送局放送課長の松内則三は、しばしば東京に出向くが「持つて行く物がないのに困つて居ります」と述べ、「土産物が乏しい」と批判する。粟おこしが大阪土産に良く使われるが、東京の者の口に合わない。奈良漬は嗜好に合わない。昆布の加工品も向かない。そうなると大阪の土産は何もない。東京土産にある浅草海苔や鹽煎餅といった「高雅な良い物」はない。これといって飛びつく土産がないのは非常に寂しいと言う。また松内は、交通機関における行儀の悪さも指摘している。対して大阪中央放送局教養課長の多田不二は、「田舎者の代表」と断ったうえで、田舎では粟おこしの手土産は喜ばれると述べる。また宿屋は「大阪が親切」だが、下水の汚さが目につくと話している。

新大阪ホテルの郡司茂支配人は、日満支を巡る観光ルートの開設を受けて、欧米からの旅行者向けに開設された従来のホテルのあり方が問われている。郡司は、大陸からの来訪者もホテルでの滞在を喜んでおり、欧米のコピーであった今までのままで差し支えがないという見解を示しつつ、ホテル内で使用されている言語としては、これまでの「英語本位」ではなく、中国語が求められると予測している。

実業家の田中吉太郎は、「島之内の素封家」という肩書きで、この座談会に参加している。田中は「産業観光に力点を」と主張する。これまで「観光」という言葉は「一種の娯楽趣味、慰安」という意味合いで行われていた。しかし今は「インダストリアルとしての観光」が必要になっている。工業家には産業の知識、商業家には販売の知識を与えるように、「指導精神」をもって、観光客を誘導することが、「今後の観光施設の目的」だと述べる。先に江崎が指摘したような歴史や名所に関しては、大阪には京都や奈良ほどに優れた観光地はない。産業都市である大阪は「産業的観光」を忘れてはならないと強調する。

さらに田中は、「浪速文化」を高揚するべく、大和や河内の史蹟や古墳などをめぐるバスルートの開設を提案、「上代の文化」を訴求するべきだと述べる。また大阪市教育部社会教

第三章　大阪名物と文化観光

育課長の市川寛は、大陸の青年を大阪に招き、「日本の象徴」である神社を見せるとともに、古典文学に描かれた大阪も案内するべきだと述べる。大阪府立女子専門学校で教鞭に立っていた日本史学者である魚澄惣五郎は、大阪には良いガイドブックがない点が問題であると指摘する。

いっぽう大阪割烹学校長の的場多三郎は視点を変えて、大阪駅高架下に開設予定であった「食堂街」に着目する。鉄道省からこの件について意見を求められた際、彼は「食い倒れの大阪」を代表する各種の店舗を集めれば良いと述べたという。美味いものを求めて、大阪中を廻るのは、時間がかかる。「大阪の大玄関」である高架下に、大阪を代表する飲食店を集めて欲しいと考えていると主張する。

大阪市立動物園長の林佐市は、東京の動物園はアメリカ産の種類を多く飼育しているのに対して、関西では南洋やアフリカで生活している動物が多いと特徴を説明するいっぽう、新京と上海で大掛かりな動物園の計画があり、「日満支」の三角で競合となることを示唆する。そのうえで動物の収集に関しては、「大阪の財力と上海の財力の大きな方が勝つ」と予測する。

俳人の入江来布は、拡幅された松屋町筋を通る「南北観光路」を造れと提案する。大阪貿易館、生國魂神社、高津神社、天王寺、夕陽ヶ丘、住吉大社、さたには大仙の天皇陵に至るルートを拵えると面白いと述べる。また各時期に上演されている適当な興行を調べたうえで、団体客向けに、もっとも興味のあるところを一幕だけ、なおかつ安い料金で観せる方策を、興行者と交渉のうえで工夫してはどうかと提言する。

この座談会の内容から、昭和14年の段階における大阪の観光に関して、立場によってさまざまな意見があったことを知ることができる。

◉大阪人の「不作法」をただす◉

「興亜都市観光特集号」の「編集室雑記」、いわゆる編集後記には次のように記されている。

「…今年は大陸の建設工作の進捗に伴ふて、満蒙支からドシドシ視察団が押し寄せる筈で、これまでの、お上りさんを、相手にしてゐるやうな、不用意の心構へでは、忽ち大阪の真価を、見損なはれることになる。故に、観光なるものゝ真意義を、この際よく認識して、市民の一人々々が、大陸のお客さんたちを、心から迎える気持ちになつて、頂きたいものである。」

市民の誰もが、「観光」の意義を正しく理解して、大陸からの観光客を迎える気持ちを持ちたいという主張である。ただそのうえで「大阪人の不作法」が、いちばん気がかりだと書いている。

大阪で生まれ育った人でも、少しでも東京で暮らした経験がある人は、東京に心が惹かれるらしい。なおかつ、有名になると大阪が故郷であることを隠したがる。大阪人であることを恥ずかしいと思うわけだ。

何故か。答えは簡単である。大阪人は俗っぽい。俗っぽいとは「不作法」ということである。東京につぐ大都市民でありながら、大阪人は「あゝ贅六か」と言下に蔑視される。人に人格があるように、都市には「都市格」があるはずだが、大阪にはそれが高くない。実に寂しいことだと述べる。

具体的に、どのような振る舞いが問題だと言うのか。文章では、荷物を置いて二人分の席を占領する商人、隙間もないのに座ろうと割り込む中年女、痰を吐く紳士態の男性、子供の泥靴を気にしない母親など、電車内でのマナーの悪さを強調する。また湯槽で頭を洗う、石鹸の泡を撒き散らす、洗濯をして帰るなど、銭湯での不作法ぶりも列記する。さらには、公園の花木を折るのも、歩行者用の道路に自転車を走らせるのも、人の足を踏んで挨拶一つしないのも、「至極あたりまえ」とする人がいる点などを指摘する。

「大阪人の不作法」は際限なくあるが、根深く、一朝には矯正することはできそうにない。ただ常識的に考えて、人の迷惑になるかどうか、わからないはずはない。小学校から、大阪人の「特殊教育」として、叩き込む必要があるだろうと説いている。

「都市観光」を目的とした来街者への対応といいながら、市民一人一人が他者への迷惑行為をしないように、日常生活を改善しようという主張に終始している。外地や外国からの訪問者の増加を、市民がみずからの振る舞いを再確認する契機とするべきという意味あいもあるのだろう。

コラム②

「大大阪の時代」の物価

「大大阪」の時代における人々の生活実態に関しては、さまざまな統計から読み取ることができる。

昭和元年（1926）、内閣統計局は全国14の主要都市、6カ所の鉱山地区を対象に、給料生活者2000人、労働者4500人を対象とした大規模な家計調査を実施した。

それによれば、大阪市とその付近における月平均実収入は、給料生活者が142円70銭、労働者が114円であった。対して東京は、給料生活者が151円30銭、労働者が116円80銭であった。ここでいう給料生活者とは、官吏、銀行員、会社員、教師、巡査を指し、労働者には、工場労働者のほか、交通労働者、日雇い労働者が含まれる。

ちなみに別の資料によると、大学を卒業して大阪市に奉職した職員の初任給は大正14年で80円、対して民間企業、たとえば大丸の事例では、昭和5年の大卒初任給が65円であった。

同時期の物価はどうであったのか。『暮らしと物価　大阪百話』（大阪市市民局生活文化部消費生活課、平成4年）によれば、精米10kgで2円93銭（大正12年）、上白糖1kgで45銭（昭和元年）であったという。

また自由軒のカレーライスが25銭（大正14年）、松葉屋のきつねうどんが一杯3銭（大正14年）、牛肉100gが43銭（昭和元年）、大阪ガスの基本料金が10銭（昭和2年）であった。

また1ヶ月の新聞購読代金は1円20銭（大正9年）、風呂屋の入浴料金は大人で6銭（大正13年）であった。また昭和初年における映画館の平均入場料金は大阪で36銭、東京で50銭であった。但し、大阪でも道頓堀や千日前の封切館は50銭を超えたようだ。

観光に関する物価も紹介しておこう。大正15年の設定で、東京から大阪までの普通運賃は6円5銭であった。また大阪ホテルの宿泊料金を見ると、大正元年でシングル1円40銭であったのに対して、昭和10年にはシングル5円、ツインで10円であった。

第四章

旅館とホテル

観光に欠かせない旅館、ホテル。海外からの訪問客の増加、国内の修学旅行など団体客の受け入れ等々、近代化を求められた施設はその姿を大きく変化させていった。サービスの進展なども興味深い。

旅館は「第二の家庭」

◉一流旅館と団体旅館◉

この章では、大阪における旅館とホテルの近代化について述べておきたい。

東出清光が編んだ『大阪案内』（昭和11年、大阪之商品編集部発行）では、大阪の宿泊施設を紹介するにあたって、冒頭で「大阪の宿」の特徴を「旅人に親切丁寧」である点と強調、次のように説明している。

「商人の都大阪は諸国を相手とするだけに、そこに集まる全国はもとより海外からの旅客は極めて夥しい数に達する。大大阪の繁昌の一面にはかゝる旅人のおとす金も少くないであらう。さてその旅人も親戚身寄りでもあらば格別、さうでなくば、適当な旅館につくことはなかなか困難である。自分の用達しなり、遊楽なり、また発着なりに都合がよくて、格安で、且つ体裁もよいといふ宿、或は特に一流のホテル、旅館に陣取つた方が萬事に宜しい人もあれば、安直でも駅前か何かでと心がける人もあらう。」

大阪には、ダブルベッドの客室に専用の風呂がついた「一流どころ」のホテルもあれば、1泊20銭の木賃ホテル、下宿や簡易ホテルまで、さまざまな種類の宿泊施設がある。さらには「小ざっぱり」とした、数室の客室で経営している「素人屋」のような宿も多かったようだ。その種の宿では、概して食事は仕出し屋からの取り寄せとなる。「気のきいた女中」

もいて、宿賃も比較的安かった。

市内にどれほどの宿があったのだろうか。昭和8年の調査では、旅館組合に加入している1705軒のうち、ホテルが1025軒、下宿とアパートが589軒、簡易旅館91軒という割合であった。地域別でみれば、島之内署の管内がもっとも多く147軒、戎署86軒、曽根崎署83軒と続く。警察署の所在から考えるとミナミの歓楽街、大阪駅近傍に「旅館地帯」があったことが判る。

今宮署管内にも77軒が営業していた。天王寺駅や新世界地区に加えて、飛田遊廓がふくまれる。また天下茶屋あたりの茶屋街や、32軒の旅館がある山王町なども、この管内にある。「その客種も、旅館ホテルの色彩も、島之内あたりと全然別である」と特記している。

この時期、大阪府警察部保安課は、府下の旅館とホテルを対象とした調査を実施している。警察は「真面目な営業」を行い、「調度・設備も相当に完備」している店、すなわち「信用のある旅館」「安心して泊まれる旅館」を把握し、実態を公表しようとしたようだ。その結果をもとに利用する階級ごとに2種類に区分、「常時貴顕紳士等の宿泊する一流旅館」と「常時団体又は学生商人等の宿泊する旅館」のリストを作成した。

リストは、水準の高い宿を推奨、旅行者が良い宿を選定してもらううえでの基準ともなる。その概要を東出清光は『大阪案内』に記している。それによれば「一流旅館」は府下に57軒あり、そのうち大阪市内に43軒を数えた。1泊の宿泊料金は、旅館で最低3円、最高8円、ホテルの場合では22円が最高であった。また団体・学生・商人向きの旅館としてリストアップされた宿屋は、府下に159軒、市内に132軒であった。

◉道頓堀の偉才◉

新戎橋から戎橋近辺、宗右衛門町から日本橋周辺にかけて、道頓堀川に沿うように団体旅行を専門とする旅館が所在していた。なかには道頓堀に面して、眺望を売り物とする宿もあった。主に木造の和風建築であったが、規模も大きく、多くの旅客を受け入れることが可能であった。この界隈は、芝居街に近く、交通の利便性も良いことから、近世から宿屋が集積する旅館街であった。その集積が、修学旅行や研修旅行といった団体客の受け皿になったかたちだ。

各旅館は、毎年のように工夫を凝らした案内や各種のパンフレットを制作した。なかには絵葉書を発行した旅館もある。案内は、表に大阪の地図を印刷、裏面に名所案内とともに旅館の特徴を記載するものが定型であった。実用性を高めるべく、地図には町名や主要な観光目的地とともに鉄道や市電の路線を記載するものも多い。

地図には宿の位置を矢印で示すと同時に、旅館の屋号や商標、建物の外観写真が添えられていた。イラストで描いた大阪を代表する名建築群をコラージュで示すもの、旅館の所在地を含む道頓堀から千日前界隈のまちなみを描く鳥瞰図をあしらった例もあった。(図1、2)

一例が日本橋の北東側に、三階建ての宿を構えていた「さぬきや旅館」が発行した「さぬきや旅館とグレート大阪」と題する案内である。「さぬきや旅館宣伝部」の筆名になる「道

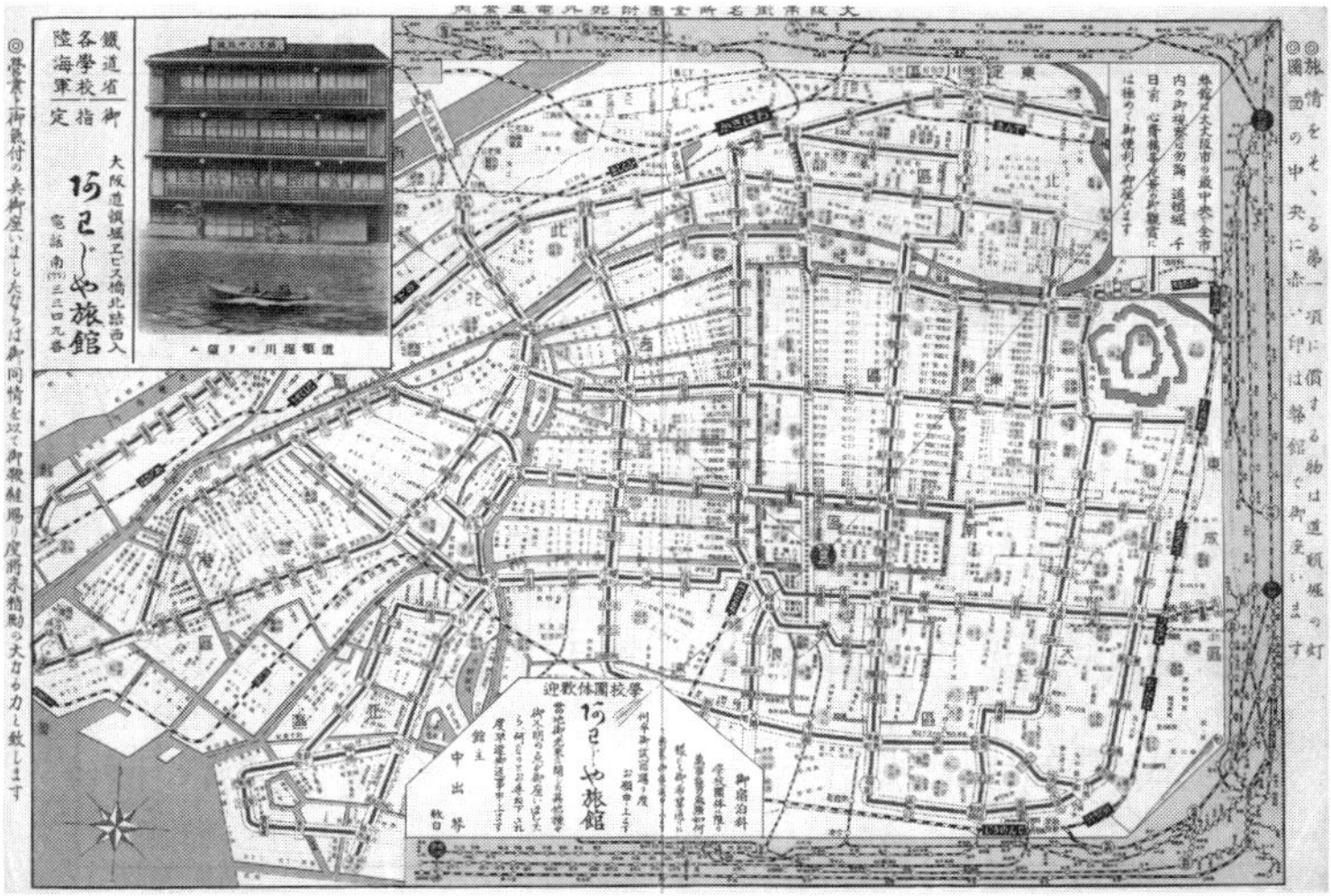
鐵道省
各學校
陸海軍
御指定
大阪道頓堀エビス橋北詰西入
河巳しや旅館
電話南（75）三三四九番
道頓堀川ヨリ望ム

（図 1）

大阪市電車地圖
大阪日本橋北詰（道頓堀停留所前）
さぬきや旅館
電話南二九五〇番
松下和三郎

（図 2）

頓堀の偉才」と題する小文が掲載されている。（図3）

「大大阪視察団定宿として、地蹟及風紀、設備、顧客本位主義として定評ある、さぬきや旅館。御視察各学校諸団体の御宿泊料は実費主義。家庭の延長、旅愁の慰安に最適、第二の家庭としてのさぬきや。御待遇は満点、値段は満点。設備に於て、衛生に於て、交通機関上に於て、凡てにグレート大阪道頓堀に凛として輝き渡つて居ます。…無駄を省け、秒に鞭打ての点に於て御団体御申込の節は当地最寄着駅時間を御報願ひますれば分秒も時間の無駄無き様弊館より御着駅まで御出迎へ申します。」

「家庭の延長」「第二の家庭」などと、くつろげることを強調する。迅速な送迎のサービスをアピールする「秒に鞭打て」という表現が面白い。

（図3）

◉「第二の家庭」としての宿◉

次に、日本橋の北詰にあった大黒屋旅館の事例を見ておこう。「陸海軍指定、各学校青年団、諸団体専門」をうたいつつ、「大黒屋は市中御見物に最も便利な地点にあります」「一度のお泊まりでも、御一人様でも、こころからの御奉仕」などの見出しが踊る。大黒屋の由緒を説明しつつ、同業者との差別化をはかるべく、下記のような文章を掲載する。

「大黒屋旅館！　大阪に未だ電車や自動車の通って居なかった時分、瓦斯やランプが今日の電気の如く使用されて居た時分、その時代からの大黒屋でした。憶へばずいぶん古い懐かしい時代の大黒屋であります。『廉くしかお願ひしない宿』と謂へば一寸妙に聴こえますが、要は、少しも貪らないし、極めて廉いし、何程でも御予算に応じ度し、と云ふ主義で今日に至るまで終始一貫して参りました。暖簾も古くなりました。

お客様の信用は日を逐ふて絶対的なものとなり、目に見えお泊り下さる数も増して来ました。そして家も大きくなりました。…そして実質的には、御待遇と云ひ、奉仕と云ひ、断然斯業者間の第一線上をステップするものであることを敢て誇らせて戴く丈けの自信と抱負に輝いて居ります。」

さらに経営するうえでの信条として、さぬきや旅館と同様に、大黒館も「第二の家庭」という文言を掲げていた。その概要を、次のように説明する。

『旅館は第二の家庭』此位旅館のモットーとして採るべき適切な言葉があるでせうか。旅行が吾々の生活の延長であるやうに、旅館は移して家庭の延長でなければなりません。

生活の延長である旅行が、人の世の暖かさと、太陽の恵みの下に幸福づけられると同じやうに、家庭の延長である旅館が、人のこゝろの暖かさと安息のかぎりない喜びを味つて戴くものであるのは勿論のことです。気の置けない、泌々としたこゝろ安さ、あなた方の御家庭そのまゝの暖かさに満ちた雰囲気、こうした感じと喜びを味つて戴くことが出来なければ、自ら愧づる事も甚だしいものであると云ふ、大黒屋の心からの主旨を御諒察下さいまして、永久の御引立を賜はりますやう、御願ひ致します。」

「旅館は第二の家庭」という表現は、道頓堀に立地する他の旅館も、宣伝媒体で用いている。家庭のようにくつろげる宿という表現は、当時の旅行者にとって、判りやすいメッセージであったと思われる。

女学生団体客の収容

◉宿は船、客は大切な荷◉

大日館も道頓堀に立地した大型の旅館のひとつである。同館の発行した印刷物は、主として「ダイニチカン」と、あえて館名を仮名で記載する場合が多い。ある案内には、「人生は重荷を負ふで往くが如し」と題した主人の文章が掲載されている。

第四章　旅館とホテル

「ダイニチカンは其の家を船、当主を船長、そしてお泊まり下さる御客様方を貴重な重荷と心得、それを大切に守る為、日夜心を休める暇とても御座いません。船としての当館、船長としての当主に尚余りある御不満も御座いませう。然しこの誠意に対して幾重にも御宥恕の上永久の御引立を賜りますやう。」

旅館を船にたとえ、宿泊者を貴重な荷物にたとえる発想が面白い。いっぽうで「新しき若き日本の如く明るくて精神で溌溂としたみなさまのダイニチカン」「あり来りな宿屋の型を蝉脱した、最もフレッシュなそして『第二の家庭』の気分に満ちたみなさまのダイニチカン」などとも主張する。

大日館「春の旅への御案内」は、修学旅行で大阪訪問を希望する学校関係者に配られたものだ。昭和11年5月に検閲を受けた地図を添付していることから、同年以降に発行されたものであることが判る。

楽しげな雰囲気の表紙が印象的だ。「OSAKA」の文字とともに、大阪城や四天王寺、道頓堀、地下鉄や市電、大丸百貨店や難波橋のライオン像、天王寺動物園で人気のあったチンパンジーのリタ、甲子園での学生野球など、大阪観光にゆかりの風物をイラストで描く。（図1）

この案内では、学校団体の専門旅館としての設備が充実していることが強調されている。風呂や便所、洗面所の設備を拡充することが、団体向きの大型旅館では必然であった。

「ハウスの大きさと座敷の間取に於て道頓堀第一でありまして、畳数客室一七二畳、大広間、中間、十畳、八畳に御人数に依り適宜に配室が施されてあります。大きな浴槽、便所（最新式浄化装置、女子用七ヶ所、男子用七ヶ所）、洗面所二階に一ヶ所（水道口六ツ）、一階に一ヶ所（水道口五ツ）と充分の設備がありますから何百人様の団体にても少しも混雑を見るやうな事は御座いませぬ。」

150人以上の学校団体が利用する際には、他校を受け入れることなく、全館を提供する旨を記載している。案内ではさらに、サービスに関しても、他館で求められない「明るく朗かな気分」があると以下のように強調する。

「近来何かにつけてサービスの喧しい時代で、まして吾々営業としては此サービスいかんが店の浮沈の問題でありまして、年々と利益を減じながら益々サービスを良くしなければならぬ洵に苦難時代で御座いますが、然し斯くして反省し進展しつゝ真に皆さまの良き旅館へと精進しつゝあります。

『どうも大阪の宿は―』との御懸念はもう御捨になつてもよき時代が参りました、弊館の誠心誠意はまず御試しに御宿泊に関し相談的の御下問を下さいますれば出来得る限りの御意に従ひ、御安心の出来る回答を申し上げます…」

当時、修学旅行などの団体利用客から、大阪の宿屋に対する批判があったようだ。対して大日館の経営者は、施設の改善とサービスの向上で対処しようとした。標準宿泊料として、1泊2食弁当付きで、1円20銭から1円80銭まで、4段階の価格設定があった。1円30銭は「御旅行の予算範囲としては最も適当な所で一番御希望が多ふ御座います」と記し、1円20銭では「最底料金として相当御希望が御座いますが旅館として一番御待遇に辛い所

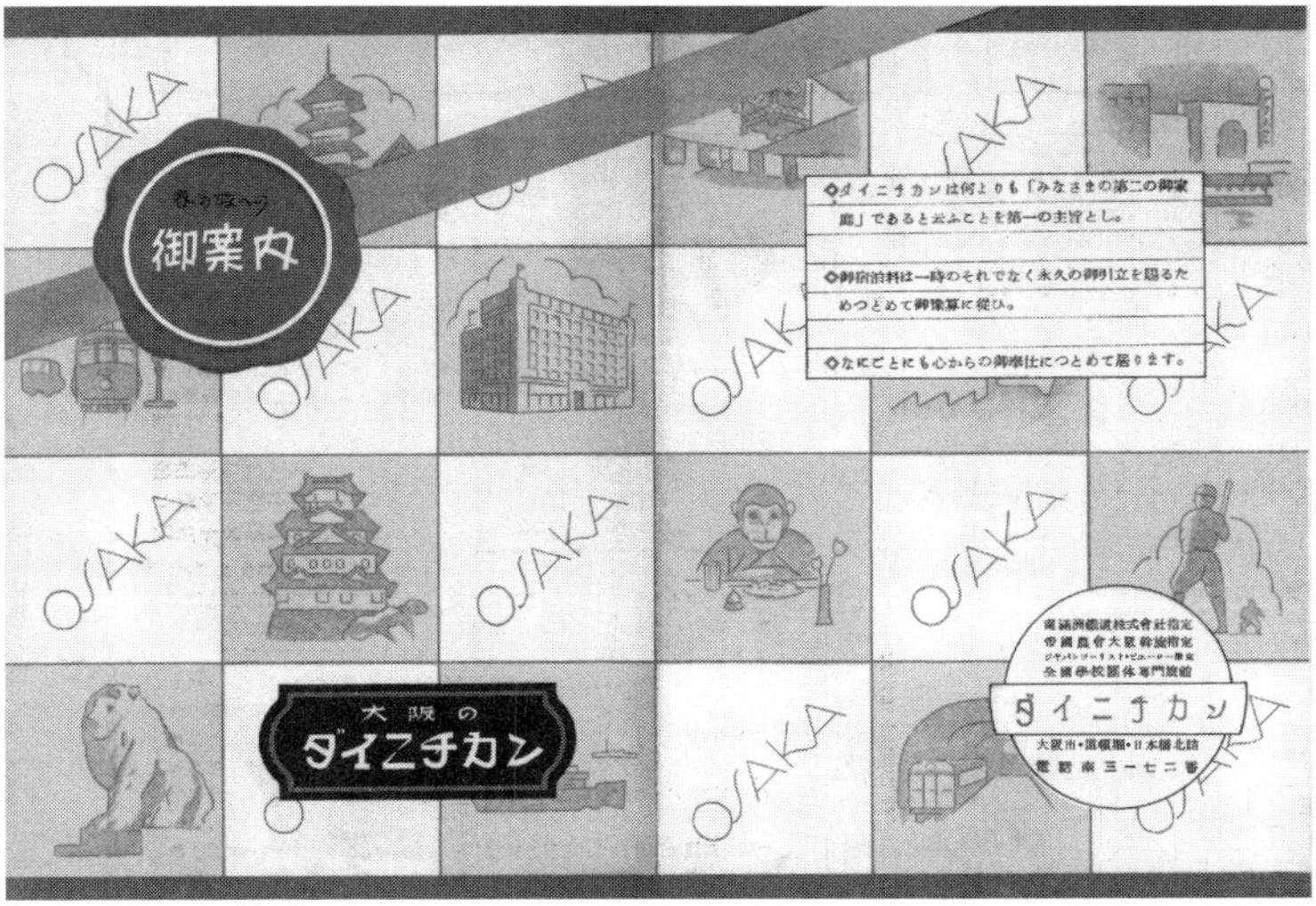
OSAKA
春の旅への
御案内
◇ダイニチカンは何よりも「みなさまの第二の御家庭」であると云ふことを第一の主旨とし。
◇御宿泊料は一時のそれでなく永久の御引立を賜るためつとめて御豫算に從ひ。
◇なにごとにも心からの御奉仕につとめて居ります。
大阪の
ダイニチカン
南滿洲鐵道株式會社指定
帝國農會大阪斡旋指定
全國學校團体専門旅館
ダイニチカン
大阪市・道頓堀・日本橋北詰
電話南三一七二番

（図1）

春の旅への
御案内
6
5
大阪の
ダイニチカン

（図2）

で御座います」と記している。

◉女学校の宿◉

大日館は、女学校の担当者に配布することを意識した案内を発行した。表紙には、大阪駅のプラットホームに並ぶ修学旅行の団体客の様子を撮影した写真を掲げる。「全国女学校修学旅行宿舎係先生へ　旅行御計画に就て特にお願い」と見出しに記し、試しに利用して欲しい旨を次のように述べる。（図2、3）

「御計画について一番先生方を悩ましますのは各地宿舎の御選択で御座いませよう。旅館の如何に依ては飛だ御迷惑の場合が御座いますから宿舎の御選択は一層の御詮衡は必要かと存じます。就きましては従来の旅館で余り結果が面白くなく何処か的長な旅館をと御要求の場合は是非一度ダイニチカンへ御試泊を願たう存じます、学校専門旅館として懇切なサービスと萬遺漏なき細心の注意を以て皆様を御迎へ申して居ります。」

女子学生を受け入れるうえで、部屋の清潔さや食事の質、部屋ごとの収容人数などが課題であった。また担当者にとって、なによりも大きな問題は、他校の男子学生と同宿になる懸念があった。

「室内はどの部屋もそれぞれ手入を致しまして皆様を御待ちするのに辱しくない御座敷が出来ました。」「新しい綺麗な夜具が置き所に困る程沢山に揃ひました。」「調理は従来の団体式を改め団体宿として各地どの旅館にもまけないおいしい御食事を差し上げる計画で居ります。」「如何なる混雑の場合でも詰込主義を排し充分に御寛ぎ願へる程度に実行致したいと思って居ります。」「男女生様の同宿は出来る限り之を避けたい方針で進みます。」

大日館は、衛生的面を改善しており、また可能な範囲で男女の同宿を避ける方向である旨をこのように記す。また繁華街に近く立地する旅館では、事故が生じないように配慮することも求められた。この案内では、「弊館は電車道より西、夜の御散歩に交通難の危険はありませぬ」と特記している。堺筋より西にあって、道頓堀や千日前に散策する際に大通りを団体で横断する必要がないことを、わざわざ記しているわけだ。

（図 3）

◉女学生団体専門旅館◉

なかには日本館のように、近隣の他の旅館との違いを打ち出すべく、「女学生団体専門旅館」へと特化する例もあった。日本館は3階建て、洋館風のファサードが特徴的であった。「OSAKA NIHONKAN」と英語で屋号を表記している。（図4）

案内には「御挨拶！　一刀両断　日本館の新陣容!!　女学生団体客のみの収容に主力を注ぐ目覚めた新営業方針」という勇ましい見出しとともに、以下の文章が掲載されている。

「近年全国各地からの修学見学旅行の学生団体が大阪市に足を止めらるゝ数の著しく増加して参りました事は畢竟実地教育普及に伴ふ結果であると存じます。

…殊に今春以来弊館の新陣容として特記するものは『女学生団体専門旅館』として大阪

（図4）

第四章　旅館とホテル

市内多数同業者に率先して古来『男女七歳にして席を同ふせず』てふ金言に基き旅行中男女合宿の弊を一掃して引率諸先生方の御心労の一端を補くるを主眼とした新時代の趨勢に伴ふ目覚めた新陣容にて而も宿泊料如きは時節柄最も低廉を旨として御予算に副ふべき様留意し更らに弊館独自のサービスは他店の絶対追随を許さぬ所でありまして

御批判は御利用の後に　親切は店の實　實は徒らに死蔵せずてふ弊館のモットーは果たして何を物語るでせうか。先づ御試泊の結果により瞭然するのであります。」

男子学生と女子学生との混宿に対する解決策として、旅館に複数の学校を同宿させない方針の宿もあった。対して日本館は、さらに合理化をはかり、女性に限定した団体旅館に先鋭化したわけだ。その志を以下にように宣言する。

「然るに弊館は今週以来時代の推移に鑑み、これが弊習を打破し館内の設備を改善し、即ち従来の一校主義より更らに一歩を進めて、女学校専門旅館として萬遺憾なきを期して居りますから、今後は監督者が風紀上に関する御懸念は毫もないと信じます、この文明的方法は現在大阪市内数ある旅館中曾て見ざる所で確かに業界の革正を叫ぶ第一人者であると存じて居ります。」

「文明的方法」というのは大仰だが、みずからを「業界の革正を叫ぶ第一人者」と称しているあたりに、経営者の決意のほどがうかがえる。

◉三都連合と肥後人会指定旅館◉

広域で複数の旅館が連携をはかるケースもあった。たとえば先に紹介した大日館は、奈良の魚佐旅館、京都の松屋旅館との提携を行なっていた。相互に顧客に推薦しあうことで、大阪・京都・奈良を順に巡る修学旅行客を囲い込む意図があったようだ。大日館が発行したパンフレットでは、外観写真とともに各旅館を紹介、「三館連合の業績益々顕著」と強調する。

猿沢池畔にあった魚住旅館は、「奈良第一の称ある」「見るからに如何にも大家らしき表構へ」であり、隣接する釜屋旅館を購入、数万円を投資して面目を改めて、別館として営業していると説明する。いっぽうの松屋旅館は、「学校旅館として女学校を専門に近畿唯一の称あり」と讃える。料理道楽と呼ばれた主人みずからが厨房に立って提供する料理、美しい寝具、帳場の円滑なサービスなど、他の旅館には真似のできないところと記載する。

京都や奈良の旅館に対して、大日館に関しては「右の二館に劣らない様にと一生懸命でございます。何を申しても土一升金一升の道頓堀、及ばない所は御寛恕を願ひまして何卒両館と同様の御引立を願ひます」と低姿勢である。

いっぽう大阪市内で営業する複数の旅館が、特定の地域や団体を対象に提携するケースもあった。ここでは一例として、「肥後人会指定旅館」と題した案内を紹介したい。道頓堀に立地した大黒屋・大日館・日本館の三館を軸に、築港の天保山旅館、新世界の大阪館の5つの宿屋が連携して発行したものだ。裏面に高島屋や大阪商船の広告を掲載する。後者は、

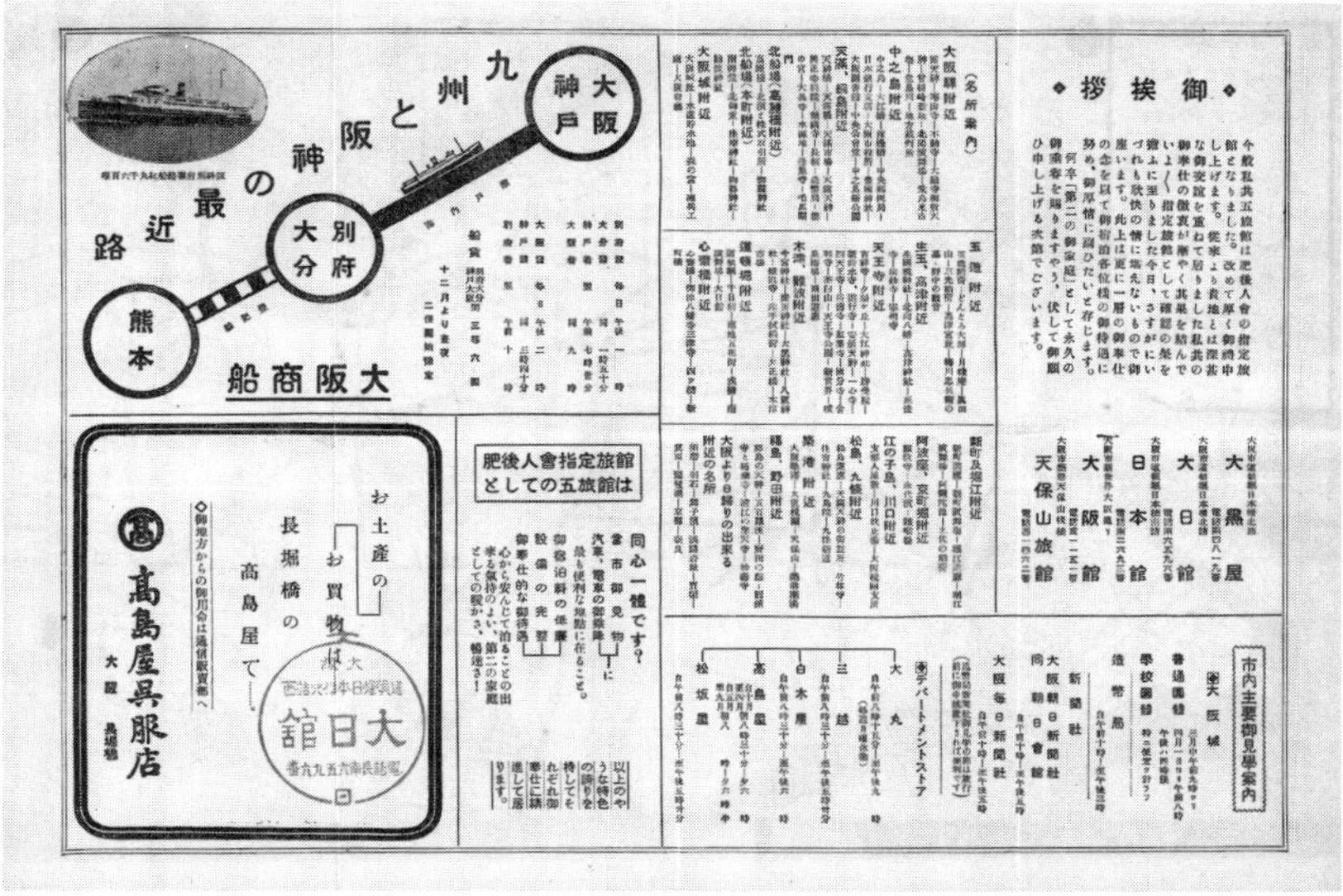

（図5）

熊本から豊肥線を経由して鉄路で別府に入り、船で大阪に至るルートを「最近路」としている。案内には連名での「御挨拶」を記載する。（図5）

「今般私共五旅館は肥後人会の指定旅館となりました。改めて厚く御礼申し上げます。従来より貴地とは深甚な御交誼を重ねて居りました私共の御奉仕の微衷が漸く其果を結んでいよいよ指定旅館として確認の栄を担ふに至りました今日、さすがにいずれも欣快の情に堪えないもので御座います。此上は更に一層の御奉仕の念を以て御宿泊各位様の御待遇に努め、御厚情に副ひたいと存じます。…何卒『第二の御家庭』として永久の御垂眷を賜りますやう、伏して御願ひ申し上げる次第でございます。」

さらに「御宿泊料の低廉」「設備の完整」「御奉仕的な御待遇」などを約束したうえ

で、「心から安んじて泊まることができる気持ちの良い『第二の家庭』としての暖かさ、暢達さ」を特色として奉仕に精進していると主張、「五旅館は同心一体です」と強調する。競争と連携を同時にすすめるなかで、大阪における団体専用旅館の近代化がなされた経緯がうかがえる。

「大阪百景」のひとつ　大阪ホテル

◉東洋一の大ホテル◉

明治時代、大阪にあっても洋風ホテルが求められた。下郷市造の著作『ホテルの想ひ出』(昭和17年、大阪ホテル事務所)では、桜橋付近にあった静観楼が早くから外国人の宿泊を受け入れていたが、「洋室設備其他の点で、彼等外人間には満足されるものが少なかった」と書いている。本格的なホテルの早い例が中之島の「大阪ホテル」であろう。下郷は、往時の大阪ホテルの風情について次のように記している。

「堂島川と土佐堀川に挟まれた中之島公園の中央、堂島川べりの一角に位し、銀行集会所に隣接し、市公会堂をはじめ、豊国神社、銀水(割烹店)、堂島の米穀取引所が青々とした柳の並木の間に見えかくれして川向ひには北浜の取引所、銀行、会社のビジネスセンター

(図1)

を望み、頗る地の利を占めてゐた。此辺一体は水都浪華の真髄を見せた風光明媚の極地であつたのみならず、夜ともなれば何時の間にか赤い提灯に灯を入れた貸ボートの群が、見はてぬ夢を乗せた若人達を運んで来た。ホテルのシャンデリアは光りまぶしく、ベランダより流れる光芒川面に映えて、昼をあざむく不夜城また一幅の名画を想はさせたのである。」

洋風ホテルは、当時の絵葉書などでも「大阪百景」のひとつに選ばれる名所になった。木造2階建ての堂々たるホテルには、数十の洋室、大小の広間や宴会場、食堂、談話室、図書室、酒場、娯楽室、調髪室などがあった。下郷は「自他共に東洋一の大ホテルを任じ」たと書いている。明治38年、日英同盟が締結された際には、大阪港に寄港した英国の艦船を迎える式典に料理を提供、ホテルは全館にイルミネーションの電球を灯して提督たちを歓待した。(図1)

◉自由亭ホテルから大阪ホテルへ◉

下郷は、大阪ホテルは草野錦という女性が経営した割烹店に由来すると叙述する。大阪財界を代表する名士たちが、ビーフステーキ愛好者による「オホサカクラブ」をこの店を拠点として組織した。店は増築を実施し、外国人の寝泊まりにも部屋を提供することになった。ようやくホテルに似た形態を備えたので、世人は「オホサカクラブ・ホテル」、あるいは「自由亭ホテル」と呼ぶようになったと書いている。

当初、中之島に「自由亭」を営業したのは、錦の父である草野丈吉であった。長崎の農家に生まれた丈吉は、オランダ公使の調理師となり西洋料理の技術を身に付けた。五代才助や後藤象二郎の支援を得て、日本初の西洋料理店である「良林亭」や「自遊亭」を開く。

年号が明治になって間もなく大阪に進出、川口居留地にあって各国の領事や明治新政府高官の宴席に腕をふるい、内外人雑居地であった梅本町に「外国人止宿所」である「自由亭ホテル」を開業している。

丈吉が中之島に「自由亭支店」を開業したのは明治14年のこととされる。3年後に、東隣にあった温泉場と清華楼を購入して拡張をはかるが、明治19年に丈吉は死去する。あとを継いだのが長女の錦であった。

明治21年に発行された『大阪市中近傍案内』には、二階建ての洋館である「和洋旅館自由亭」の絵図が掲載されている。明治28年に洗心館（もとの清華楼）を改築して「大阪ホテル東店」を開業、翌年に元の自由亭ホテルを改装のうえ「大阪ホテル西店」と称した。

第四章　旅館とホテル

明治32年9月、外山修造など11名によって資本金10万円で株式会社大阪倶楽部が組織される。同倶楽部は、東西二棟からなる大阪ホテルのうち西店を買収した。大阪市より敷地を賃借し、内外人の集会または遊戯室の賃貸を主としつつ、傍ら旅客の宿泊と和洋の割烹を営業、名称を「大阪クラブ・ホテル」と改める。

しかし明治34年12月にに発生した火事で建物を焼失する。その焼け跡に、木造ではあるが外壁をコンクリートで塗り固めた宿泊施設が再建された。客室は30室ほど、再度、「大阪ホテル」の名前が用いられた。

明治36年の第5回内国勧業博覧会の開催に際しては、外客の接遇にあたり、おおいに繁昌したが、その後、経営不振に陥ったようだ。行政への地代の支払いも滞るほどであったため、都市の体面を考えて、大阪市への移管も検討された。

明治39年、大阪市はホテルの建物や什器を13万9千円あまりで購入、外国新聞にも広告を出して経営者を求めた。これに呼応して経営権を得たのが大塚卯三郎である。ホテルの概要を紹介する英文の案内が手元にある。表紙には、遠くに富士山を望む川辺で、川筋を進む帆船や上流へと船を曳航する人々の姿を眺める和装の女性を描く。なぜか大阪とは関係のない図柄である。（図2）

案内には、ホテルの立地した中之島公園の光景を見開きで紹介する。また各部屋の内装を撮影した写真構成のページもある。解説文では、大阪ホテルを中之島公園内に建つ「理想的なホテル」であると強調、市街地の喧騒から離れているにも関わらず、大阪のすべて

GENERAL VIEW
OSAKA CITY
(図 3)

Osaka Hotels, Ltd.
Osaka, Japan.
(図 2)

SUITE OF ROOMS ATTACHED BATH
HALL WITH MAIN STAIRCASE
BANQUET HALL
(図 5)

GENERAL VIEW
LOUNGE SALOON
SUITE OF ROOMS ATTACHED BATH
(図 4)

の都市機能に近いと利便性を説く。観光客にとってもビジネス客にとっても、素晴らしい雰囲気を持つ。またホテルは「大阪の社会的センター」であると述べ、ファッショナブルな婚礼や伝統的な宴会も用意、フランス料理やワインも提供できる旨を記す。（図3〜5）

◉ボーイたちの異人観◉

大阪ホテルは大正元年、尼野源二郎、井上耕之進、大島甚三たちが20万円の資本金で設立した株式会社大阪ホテルに買収された。この時、尼野は仁寿生命保険の社長であった下郷伝平に資金の融通を相談した。以降、下郷家が大阪ホテルと密接な関係を持つようになる。大阪ホテルは、さまざまな行事の舞台となった。下郷市造の著した『ホテルの想ひ出』では、天神祭の際に外国人の群れがベランダに「目白押し」に並んだ様子を紹介する。川を舞台とした船渡御にあって、絶好の観覧席となった。

クリスマスの宵には他では味わうことができない雰囲気があったようだ。心地よいシャンパンの栓を抜く音、喜びに触れ合う「グラスのささやき」などが懐かしいと下郷は述べる。また企業による会合や宴席も、毎夜のように盛んに行われた。ここでは大阪日報社が、ある劇場に幕を送呈した際の式典の様子を記録した絵葉書を紹介しておきたい。（図6）

酒場には「呑助の外国人」が多数いたと下郷は回想している。ダイス、ビリヤード、チェスなどの勝負に酒を賭け、お国自慢に花を咲かした。「国際的喧騒が、各国さまざまの紫煙から湧いてくる」と表現する。第一次世界大戦後には、ボーイにフランス語で挨拶された

(欄上中村鷹之助)　(大阪ホテルに於て大なる盛况を呈し式場とすべき報目計)

(図6)

大阪ホテルの全焼

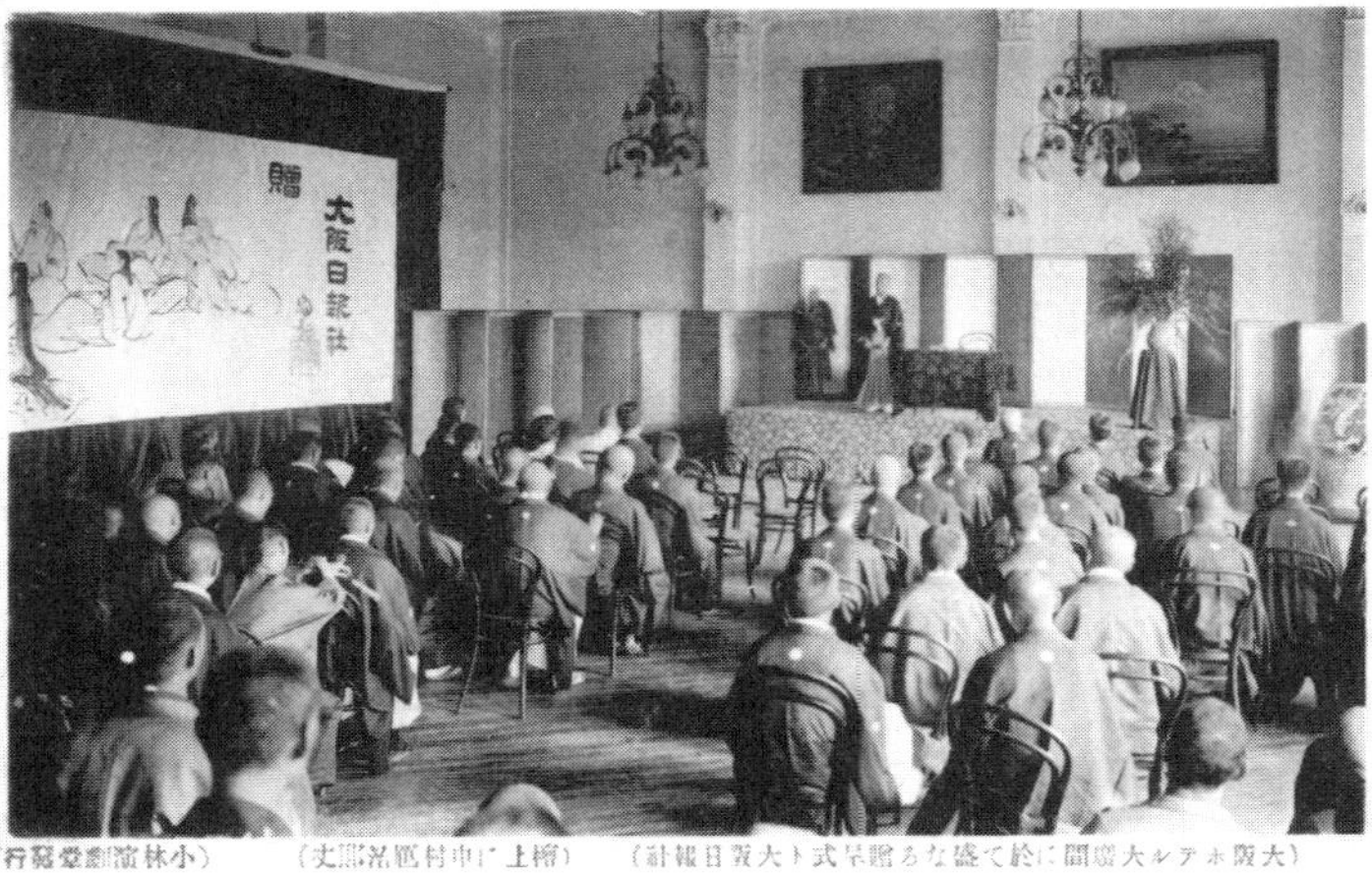

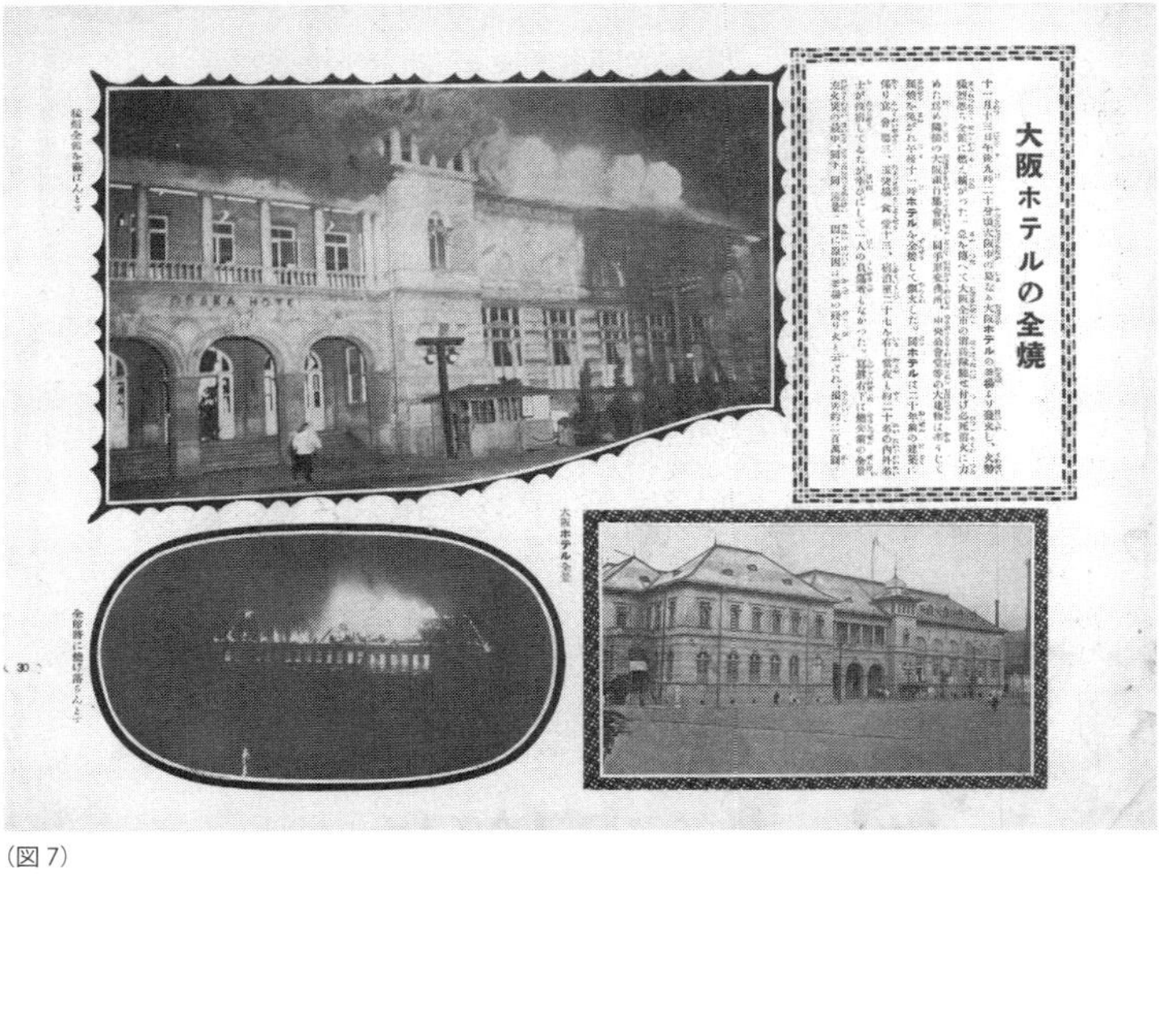

(図7)

ドイツ人が激怒、飲みさしのハイボールを浴びせたというエピソードが紹介されている。

外国人は人力車での送迎を好んだ。ホテルのマークを背にあしらった衣装をまとった車夫が、正門に待機していた。また下郷は、往時のボーイたちの「異人観」として、上海玉（上海経由で来日した外人）は悪玉、アメリカ玉（米国からの来阪社）は金払いが良いという認識があったと記す。また、英国人は気短で傲慢、米国人は気取り屋でおっちょこちょい、フランス人はお洒落ですまし屋、ドイツ人はけちんぼう、中国人は設備に対して不平をいい、フィリピンやインドの人は入浴嫌いなどと話をしていたことも記載する。

しかし内外の旅客が交わるこの賑わいは、長くは継続しなかった。大正13年11月13日、大阪ホテルの本館は、再度の火災で焼失してしまう。往時の報道では、午後9時に釜場から出火、「火勢猛烈忽ち全館に燃え拡がった」とある。市内の消防隊が駆けつけて消火にあたった。午後11時に建物を全焼してようやく鎮火、近傍の大阪銀行集会所および手形交換所、大阪市中央公会堂などは類焼を免れた。20名ほどの「内外の名士」が投宿していたが、幸い負傷者はなかったという。損害金は200万円に及ぶと報じられた。その後、公園内のこの敷地にホテルが再建されることはなかった。（図7）

市民が集う「会館」今橋ホテル

◉今橋ホテル◉

大正13年、商都を代表する洋風ホテルであった中之島の大阪ホテルが焼失する。跡地での再建が許可されなかったため、支店として営業していた今橋ホテルが、本店の役割を担うことになる。のちには今橋ホテルを、大阪ホテルと正式に称することになった。

森岡市蔵が編んだ『大大阪画報』（大大阪画報社、昭和3年）では、大阪ホテルと改称された旧今橋ホテルを次のように紹介している。

「関西に於て永き歴史を有し旅客本位のホテルとして内外に著名なり、上流社会の宴会、会合等殆ど此のホテルに於て行はる。接客の感じ、諸般の設備、最高級の料理等万全をつくして遺憾なし、すなわち大阪一流のホテルとして茲に紹介す。」

今橋ホテルは、大正9年に開業している。古くは逓信省の関連施設があった地所だといい、貿易商である高田商会の所有を経て、仁寿生命保険株式会社が保有することになった。ホテルの建設に応じて、大阪ホテルの今橋支店として営業を開始した。（図1）

3階建ての洋風建築は、中之島の大阪ホテルと同様に清水組が施工を請け負い、技師長であった田辺淳吉が設計を担った。田辺は東京帝国大学建築学科を卒業後、清水満之助店（のちの清水組、清水建設）に入社した。明治42年、渋沢栄一を代表とした渡米実業団に随行、

第四章　旅館とホテル

さらに欧州に渡って、流行していたセッションのデザインを学び、帰国後、日本に紹介した。誠之堂、晩香廬、青淵文庫など、渋沢栄一に関わる建物が代表作である。

『ホテルの想ひ出』（下郷市造、大阪ホテル事務所、昭和17年）では、往時の今橋ホテルの様子を回顧、「今でこそ古色蒼然とした奥ゆかし時代的遺物としての感が在るが、其名前から受ける第一印象は全くグレート、オホサカにふさわしい名称で当時のモダン大阪を代表した。…楚々たる其姿が今橋の畔に聳え立つた当時の偉観は将に堂々たる趣きが在つたものである」と書いている。さらに「当時大阪にはホテルが不足し、極めて不便とされ世をあげての此嘆声を、大いに緩和したものに、新装の今橋ホテルが役立ち、世の人達の絶賛を浴びた」とも述べている。

◉家庭気分のホテル◉

『ホテルの想ひ出』では、ホテルから眺めた大阪の景観を以下のように讃えている。

「今橋の大阪ホテルから眺めた朝の姿が『商都の暁』である。初夏のひとゝき垂れ下る緑の柳、昔ながらの白亜の土蔵そこはかと、東横堀の淀んだ河面に其影をゆるがし、全く昔そのまゝの浪華姿を残してゐる。左すればV字型に架せられた近代的の葮屋、今橋の橋二つ舗装された道を距てゝ大小のビルヂングは群をなくし、中之島の剣先きには軍艦『最上』のマストが空高く聳え、黄昏の水都に急ぐはポンポン船に團平船、飛び交ふ夕べの蝙蝠にも、一しほの風情を添えて、朝に夕べにどれだけ旅のもつ淡愁をなごやかにして来た事であらう。」

今橋の大阪ホテルは、各種の案内パンフレットを制作した。表紙には、建物の外観やバルコニーから見晴らした中之島公園や大阪城を描くものなどがあった。(図2、3)

案内には、和文と英文でホテルの概要が記されている。双方の内容がまるで異なっている点が興味深い。英文での説明では、主要駅(大阪駅のことだろう)から人力車でわずかに8分の場所にあると利便性を強調、宿泊だけの欧式と、3食を含む米国式、それぞれの料金が記されている。対して日本語の説明文では、「萬事に日本式」を取り入れており、家庭と同じ気分になっていただきたいと努めている旨が記されている。大小の和風座敷もあった。(図4)

案内パンフレットによれば、1階には食堂とラウンジのほか、3カ所の宴会場が用意されていたことが判る。2階と3階に客室が配置されたが、宿泊料金はペントハウスである3階が安価な設定であった。シングル、ダブル、ツインの各部屋があり、バスルームのない客室の宿泊者向けに共同風呂が用意された。2階の9~10号室、および17~18号室が2間続きの応接室のあるスイートであったようだ。

内装は、華やかにしつらえられていた。下郷は「ルネサンス式の華麗なる饗宴場、象牙色の壁、桃色緞子のカーテン、アンティゴールド色のシャンデリア、全く当時の粋を活かした殿堂」と懐旧する。下郷は、従前のホテルにあった「何んとはなく重苦しい高級的の寄り付き悪い冷たい硬い気分」を一掃するべく努力したことにより、「みなさまのホテル、

OSAKA HOTEL
（図 1）

OSAKAHOTEL
IMABASHI, OSAKA
大阪ホテル
大阪　今橋
（図 3）

Osaka Hotel, ltd.
OSAKA JAPAN.
"CATERER"
株式会社
大阪ホテル
（図 2）

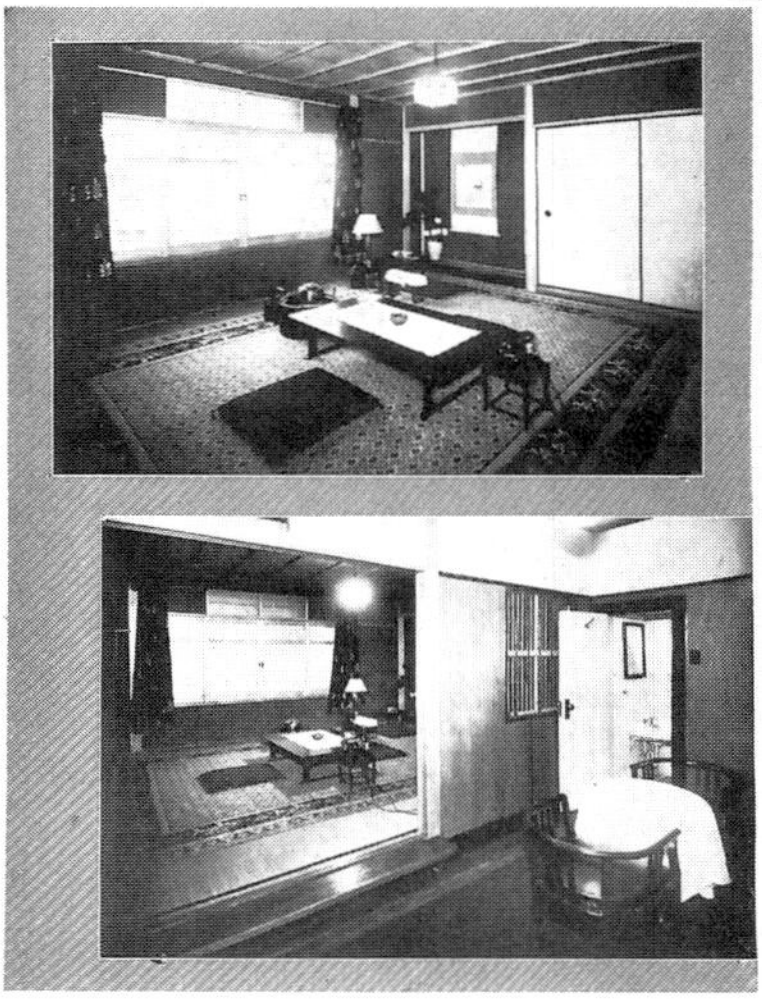

大阪ホテル日本間の一部（今橋）

（図4）

気楽なホテル」として「家庭的な暖かい気分」があったと書いている。

◉大大阪の社交場◉

今橋の大阪ホテルは、皇族をはじめ、さまざまな貴賓が宿泊した。ここでは特別大演習に際して外国武官の誘導を担当した軍関係者が、ホテル前で撮影した記念写真を掲載しておこう。（図5）

ホテル内には、浅黄天鵞に金糸模様をあしらった豪華な緞帳が吊られた舞台付きの余興場があった。宿泊者でなくても、業務上の会合や歓送迎会、趣味や娯楽の催しなどにも借り受けることができた。ホテル会社の有力株主であった住友総本店は、当主の新年会や誕生会などで、この宴会場を利用した。大阪におけるロータリークラブの活動も、今橋ホテルを拠点として始められた。ホテルは主催者の希望に応じて、舞踏、活動写真、レヴュー、音楽、能楽、奇術、漫談、福引きなど余興の舞台を提供した。

年中行事として、12月24日にクリスマスの宴が実施された。昭和8年の案内には「お待ち兼ねの楽しいクリスマスが近づいて参りました。サンタクロスの爺さんの足音が頼もしく聞えて来ます」と、忘年会を兼ねたクリスマスパーティーへの申し込みを歓迎している。「見事な料理に御満足の皆様の御顔」「福引で御微笑の皆様の御顔」「餘興で御笑ひ崩れる皆様の御顔」と記し、「御家族連れ」で楽しく寛いで欲しいと訴える。会費は大人1名3円50

今橋大阪ホテルの玄関にて

（図5）

銭、子供は2円と設定されていた。

結婚式や披露宴で利用することも可能であった。当初、今橋の大阪ホテルでの婚礼は「大正結婚式」と呼ばれて人気を集めた。挙式は17円、宴会は6円以上から受け付けた。御霊神社から神官を招いての修祓、指輪の交換、誓詞、披露宴、余興まで、おおよそ2時間で終了する。パンフレットでは、次のように宣伝している。(図6、7)

「昭和の御結婚式は御披露宴と共に居ながらホテルでお挙げになることが出来ます、地方からの御縁組には誠に御便利で既に一千組から取結ばれ何れも御家庭御圓満でいらつしゃいます。」

昭和4年に実施された大阪市の調査では、大阪ホテルに宿泊した外国人客の総数は年間2541人、平均すると1日に7名ほどでしかない。実際のところ、利用者の多くは市民であった。「大大阪の時代」のホテルは、単なる宿泊施設ではなく、市民が集う「会館」であり、また「社交の場」でもあったわけだ。

今橋の大阪ホテルは、昭和16年3月でホテル営業を終え、食堂事業のみ継続する。ホテルが直営していた食堂のうち、判明しているものを列記すれば、嵐山食堂（大正8年4月開業）、大阪三品食堂（大阪三品取引所内、大正13年4月〜大正14年12月）、住友クラブ食堂（昭和3年開業）、綿業倶楽部食堂（昭和7年1月〜昭和7年12月）、野村倶楽部食堂（昭和9年1月〜昭和10年10月）、大ビル食堂（昭和9年4月〜昭和13年5月）、美術館食堂（昭和11年8月開業、大阪市立美術館内）、堂ビル食堂（堂島ビルヂング内、昭和12年7月開業）」、中之島公会堂食堂（昭和13年4月開業）、関西工業倶楽部食堂などとなる。大阪ホテルの格式とブランド力を活かした事業であった。

今橋ホテルの新築記念

（新婦控室）

（図6）

大正結婚式場

同上

（図7）

国際ホテルの誕生　新大阪ホテル

◉国際観光と国際ホテル◉

昭和4年、第56回帝国議会において「外客誘致に関する調査と誘致を図る中央機関を設置すべき」という主旨の建議が可決された。これを受けて、昭和5年4月18日、勅令により鉄道省に「国際観光局」(The Board of Tourlist Industry, Japan)が設置される。鉄道省の外局とすることで、帝国鉄道特別会計の資金を外客誘致の目的に活用できることとなった。

もっとも国際観光局の役割は「鉄道大臣の管理に属し外客誘致に関する事項を掌る」としか規定されておらず、また省令では、海外宣伝、旅館事業の助成、観光施設の充実改善、旅行あっ旋機関の充実改善、案内業者の指導統制、風致記念物の保全、土産品の改善などが事務分掌とされた。ここにある旅館事業の助成の枠組みのなかで、来遊外客、すなわち外国人観光客が利用するホテルの整備が重要な課題とされた。

国際観光の振興が語られるなか、大阪でも本格的なホテルの必要性が議論されるようになる。大阪市長であった関一は、大阪は大都会であるにも関わらず、賓客を歓待する近代的なホテルが不十分であるという認識を持っていた。関は東京高商教授時代の教え子であり、帝国ホテル支配人の職にあった犬丸徹三に依頼し、建設目論見書を作成させた。この原案をもとに、大阪財界の有力者と相談を重ねる。

しかし昭和初年の大阪は不況のただなかにあり、大規模なホテルを建設し、運営する余力は官民ともにない。そこで関は、大阪市が国庫から資金を借り入れてホテルを建設、そのうえで運営を民間に委ねる、いわば「公設民営」の絵を描く。ここにおいて、初期においては「国際ホテル」と仮称されたホテル事業が具体化する。

住友吉左衛門や大倉喜八郎など財界の大立物たちが大株主となり、資本金300万円の株式会社が組織された。運営にあたっては、犬丸徹三の助言によって宴会部門を重視する方針がとられた。当時としては国内一流のサービスを提供するべく、帝国ホテルから支配人や料理長など82名が派遣された。

◉伊藤正文のホテル論◉

大阪にはどのようなホテルが望まれるのか。さまざまな立場から、議論が喚起された。たとえば建築家である伊藤正文は、雑誌『大大阪』第6巻第7号（昭和5年7月号）に、「ホテルが建つ」と題する文章を寄せている。

「大阪にホテルが建つ。之が近頃世間の話題の一つ。と聞くと、何か今迄大阪にはホテルがなかった様にも受け取れる」と書き起こす。「木造ながらデリケートなレネサンス式の美しい姿」を中之島に見せていた大阪ホテルが、「水晶が溶ける様」に焼け落ちてからは、大都市である大大阪の一機関としてふさわしいホテルがない。甲子園や宝塚など郊外にあるホテルを利用するしかないと、当時の状況を分析する。

伊藤は、ホテルが近代日本の大都市の一機関として設けられるからには、それは「西洋人の旅籠屋だけの意味」ではないと述べる。中国人も、西洋人と同数は宿泊するだろう。しかしそれ以上に、多くに日本人が利用する。各種の宴会が催される。ホテルで結婚式が行われるようになったがゆえに、婚礼披露の会場ともなる。また独唱会、レコードコンサートなどもあるだろう。画家の個展もあるだろう。たとえば「滞仏記念個人展覧会」の類を行う場合も、ホテルで開催したほうが、料理屋や百貨店で行うよりも「何かフレッシュな感じ」がするのではないか。「日本の都会人の生活様式が、国際化するに従つて、只の宿屋よりも親類や友人の家庭よりも、ホテルに泊る方が経済的でもあり、気も楽である」と述べ、内外の旅客は差別なく宿泊できる様にしなければならないと主張する。

伊藤はホテルの建築についても持論を展開する。ホテルの宿泊棟と宴会場・会館を二つのブロックに分けるか、上層、下層に分離して建設することの必要性を説く。また「今迄の大阪のビルディングは西洋並の窓の大きさであつた。日本の風土とは無関係の西洋式の建築であつた」と批判し、蒸し暑い大阪の夏を考えると新たなホテルも「余程開口の大きい涼しい建物」としないと客足が遠くなるだろうと予見する。採光用の窓を大きく設け、風通しを確保するために縁側のように打ち開いた開口部が欲しいと書いている。

デザインについてはどうか。伊藤は「形の日本趣味はムリに飾りつけても、建物の機能は日本に適しく働いてゐない」と書く。環境に配慮して、窓が大きく、ベランダを多く設ける場合は、従来の様式はふさわしくない。フレンチルネッサンス様式も、日本趣味や郷土趣味を加味する場合も難しい。また帝国ホテルの先例に倣い、当時、ホテルといえば「ライト式」を好む風潮もあったが、伊藤はそれも否定する。

構造的にも、衛生的にも「日本の建築」として合理的で機能的な、そして設備のよいホテルが建てられることが、もっとも経済的で、かつ商業面にも効果があると訴える。「大阪のホテルをフレンチルネサンス式に、いやアメリカ風に、いやライト式に…等と云ふことを断念してしまいたい…暮々も形式にとらはれぬことである。」と書いている。機能を突きつめて、モダニズムの建築を実践した伊藤らしい主張である。

◉日本一の市営国際ホテル◉

新たな国際ホテルの建設が始まる。大阪市土木部は臨時ホテル建設事務所を設け、武田五一が主幹として委嘱を受けた。しかし途中から、長谷部竹腰建築事務所が設計業務を引き受ける。水路に面した立地を意識してベネチアン・ゴシック様式とした外観は、長谷部鋭吉のデザインである。

昭和6年10月1日に、大林組のよる基礎工事が始まるが、躯体の施工者は定まらなかった。昭和8年3月3日の『大阪時事新報』に「市の国際ホテル愈よ本建築に着手」と題する記事があり、以下のように記載されている。

「日本一の大阪市営国際ホテルは、建築材料の急騰に逢って前後4回入札のやり直しを行った結果、遂に清水組が１８４万6千円で落札し、3月上旬から大林組の地盤工事が済み次第、本建築に取りかかることになった。完成は昭和9年の10月で大阪で開かれる万国衛生医学大会までには完成させ、外来者をあつと云わそうと云うことになっている。」

工事は、予定よりも遅れたようだ。昭和10年1月10日になって、ようやく竣工したホテルは「新大阪ホテル」と命名された。客室は貴賓室を除いて201室を数えたが、シングルが136室と多くを占めていた。外客の利用を意識しつつも、日本人のビジネス客の利用を重視したと考えられる。

新大阪ホテルでは全室に浴室を用意、加えて「8大施設」を売り物とした。館内全体の状況を把握するべく中央監視盤、客室の在否標示であるデノーティングシステム、自動車を呼び出す際に使用するオートコール、食物の安全性を検査する生化学実験室、客室のヘッド・ランプ、全室に浴室を用意、会計事務の迅速をはかるべくヌーマチック転送管で伝票を送るシステム、温度湿度調整装置のついたキャリア式冷暖房設備の8種である。国内のホテルでは、初めてエアコンディショナーが導入された点も特筆に値する。また英語での文書作成を専門とする英国人のステノグラファーを常勤させるなど、利用者の便宜をはかるサービスがあった。

建物の一部に「会館」と呼ばれる区画があった。会館のロビー部分にはジャパン・ツーリスト・ビューローの案内所や郵便局などが入居、2階に500人収容の特別食堂、3階には結婚式場や披露宴会場の諸室があった。新大阪ホテルも今橋ホテルと同様に単なる宿泊施設ではなく、都市における社交の場という役割を担っていたことがわかる。

◉皆様のしばしの御家庭◉

新大阪ホテルが発行した各種の案内や広告を見てみよう。英文の広告では「JAPAN'S LARGEST and FINEST」「EASTERN CHARM GROWS WITH WESTERN CONFORT」と、日本最大最良のホテルであり、西洋の快適性を兼ね備えつつ東洋の魅力が輝くと、その特徴を述べている。さらに極東における「史上最大のベネチアン・ゴシック建築」とうたう文章もある。大阪駅から車で4分という利便性とともに、耐火性や耐震性の良さも特記している。部屋の価格はシングルが1泊5円、ツイン10円、ダブル11円、スイート22円、和室が12円と設定されていた。（図1）

いっぽう日本人を対象としたパンフレットでは、大阪という都市の歴史や個性が強調される。あるパンフレットでは、表紙に大阪城天守閣の景色を遠くに、近景に千成瓢箪を大きく表現する。見開くとホテルの外観、さらには次のようなコピーとともに、各部屋の様子が美しいイラストで描かれている。（図2、3）

「一世の英雄豊太閤の覇業は大阪城に今も其の名残をとどめ…。『浪速の都』の昔より千古不壊の史蹟の数々は静に人々の訪れを待つてゐます。歳移り星は変はつて…。この地は本邦経済界の中枢として世界市場の第一線に輝く今の『大大阪』となりました。『新大阪ホテル』は躍進の商工都市の偉観たると共に御観光客の旅情を慰むる快適の安息所として生れました。」

新大阪ホテル
大阪市
中之島
電話土佐堀(44)
八三八〇一八三九二
常務取締役 加賀聰次郎
支配人 郡司 茂

（図 2）

HOTEL
NEW OSAKA

（図 1）

（図 3）

ホテルの立地に関しては、「大大阪の核心、中之島に土佐堀堂島川に面して水都に相応しい明朗な姿を浮ばせて居ります。御出入には至つて足場もよく梅田駅より僅か三分、中心地帯に在りながら周囲の環境は自ら閑静を保つて居ります」と記している。

「ホテルの栞」と題する小冊子も配布された。巻頭において、支配人の郡司茂は「お客様へ！」と題して、「御宿泊中ホテルは皆様のしばしの御家庭で御座います。私共は皆様が『是は居心地がよい、丁度家庭に居るのと同じだ』と御感じなされて御喜び下さる事を心から期待いたして居ります」と強調する。（図4）

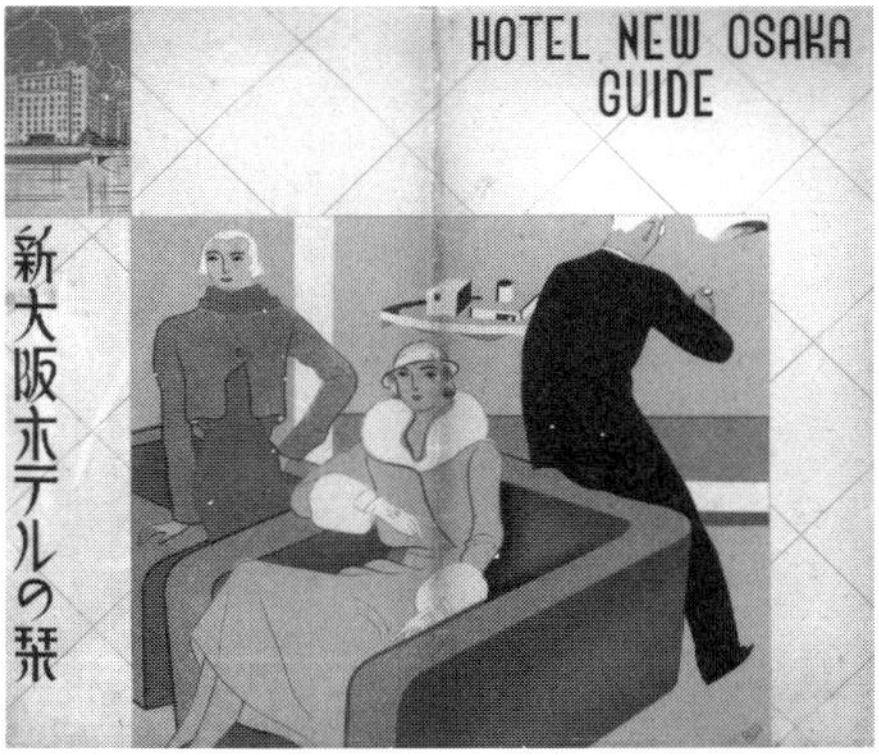

（図4）

（図5）

この冊子には、ホテル内のマナーに関するを書き留めたページもある。たとえば談話室では大声で談笑する人は、欧米では「粗野の人」とみなされる、またロビーを通過する際は、脱帽するのが一般的である。食事の際に、日本流に音をたてるのは「大禁物」であるといった具合である。国際ホテルにあっていかにふるまうべきかを、充分に理解をしていない日本人が、まだ多くいたことを察することができる。

堂島川に沿った新大阪ホテルは、天神祭の際に格好の見物席を提供した。当時は天満宮から松島の御旅所まで船渡御が行われていたので、その様子を見晴らすことができた。「天神祭拝観と納涼晩餐の夕」と題する特別な食事会が、ホテル会館内で企画された際の案内には、「神輿渡御の街道筋に当りますので至極御便利でございます」と特記する。年次は不明だが、大人3円、子供2円と設定されている。(図5)

◉観光事業とホテルの将来◉

雑誌『大大阪』第12巻第1号(昭和11年1月号)に、新大阪ホテルの支配人であった郡司茂が「大都市生活とホテル」と題する一文を寄せている。

「大蔵省預金部による低金利資金運用規定の確立によって、各所に所謂国際観光ホテルが相ついで出現しつつあることは、頗る喜ばしい傾向であると申さねばなりません」と郡司は述べている。ただ欧米各国の現況と比較すると、ホテルの市民に対する認識も、利用される度合いにおいても、はなはだしい開きがある。わが国のホテルを国際的な水準に高める必要があることを痛感すると書いている。

郡司は、スイスを例示する。７６００軒のホテルがあり、収容人員は20万２０００人を数える。あるいはニースなどは、わずかに人口20万人の都市に４０４軒のホテルがある。対して、わが国はどうか。当時の状況は、全国にホテルは66軒しかなく、わずかに３４３２室、５３６０人を収容する規模でしかない。

この状況に対して郡司は、日本のホテルは「前途遼遠」だと嘆く。しかしそれは将来、おおいに伸びる発展性を約束されているということでもある。わが国におけるホテル業は、理想に向かって前進している。楽観されて良いものと記す。

郡司は具体的な数字を示す。昭和11年の1月から8月における外国人の観光来遊数は、２万９２４４人、昨年比で19パーセントの増加をみている。外国人のホテル利用は、昭和7年を１００とすると、昭和９年には１８５に飛躍的に増加している。同時に日本人のホテル利用者も、昭和7年を１００とすると、昭和９年は１３７になっている。

外国人旅行者による消費金額は、昭和7年で５５４７万８０００円、昭和8年には６９３４万８０００円、昭和9年に８４８１万円と増加した。昭和10年には1億円を突破することが予想された。わずか3カ年で2倍に増加した計算になる。郡司は「わが国の観光事業は将来大いに有望だと申さねばなりません」と書いている。

コラム③

大東京と大大阪

昭和7年（1932）10月1日、東京市は周辺5郡82町村を編入する。合併した町村を再編して新たに20区を設置、従前の15区と合わせて35区制を採用した。いわゆる「大東京市」の成立である。

小川市太郎が編集、昭和11年に発行された『昭和12年版大大阪年鑑』（大阪都市協会）に、国内の主要都市の人口が紹介されている。昭和10年に実施された国勢調査による統計を基づいたデータである。

それによればこの時点では、東京が587万5千人、大阪が298万8千人、名古屋108万2千人、京都108万人、神戸91万2千人、横浜70万4千人、広島が31万人であった。

それまで「東洋一」の大都市であると自負してきた大阪は、都市の規模にあっては、国内では東京の後塵を拝することになった。

もっともそれでも、大阪の人々の自信は揺るがなかったと思われる。『昭和12年版大大阪年鑑』に「躍進大阪の全貌」という項目がある。そこでは東京と大阪とを比較して、次のように論じている。

「首都東京は政治の中心都市であり、大阪は経済の中心都市である。経済眼から見れば大阪は生産と集散の都市であり、東京は消費の都市と云って差支へない。」

会社数、資本総額、金融による資本流動など、いずれの統計も東京が全国で第一位になるが、これは政治との関係上、東京に本社を置く大会社が多いことによるものである。純粋の経済活動でいえば、大阪が日本の「中心点」を為していると強調する。

世界の大都市と人口を比較した場合、ニューヨーク、東京、ロンドン、ベルリン、シカゴ、モスクワ、大阪、パリ、上海の順となる。人口規模では、世界で第7位の巨大都市であった。なおかつ商工都市としての進展は著しい。「かくして躍進大阪の勇ましき姿は最近の日本産業の象徴として、目ざましき進軍を続けている」と、誇らしげな記述がある。

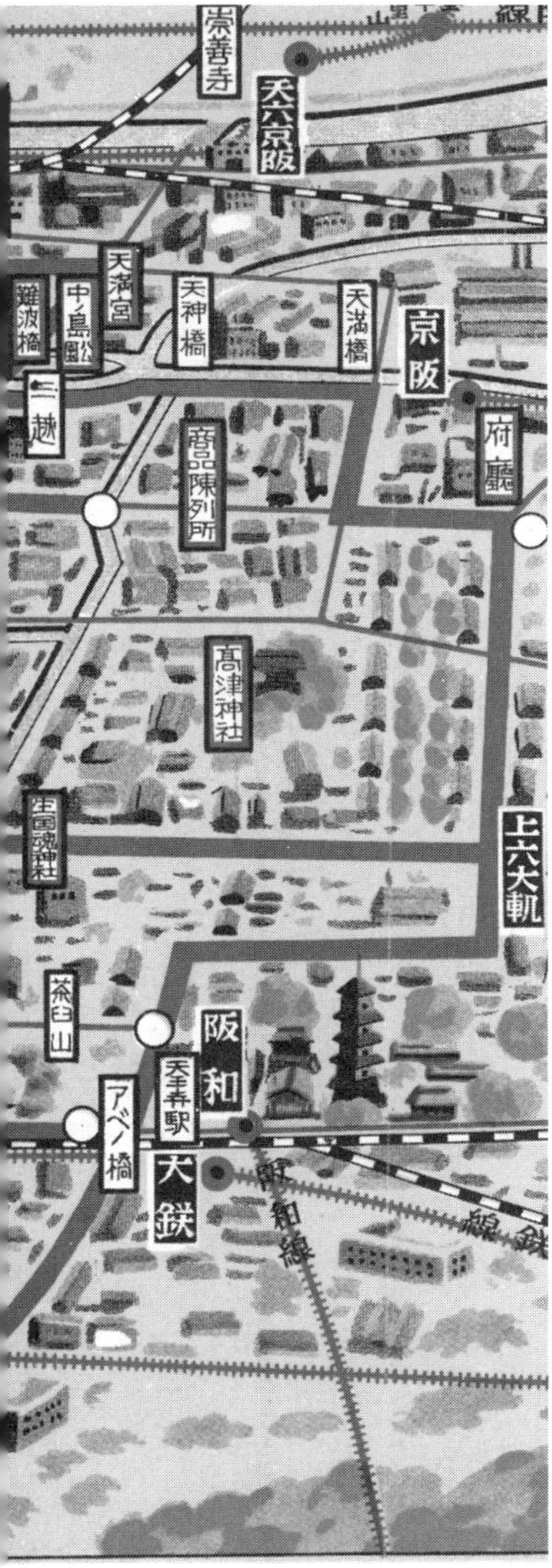

第五章

遊覧バス、遊覧飛行、大阪湾周遊

大型乗合自動車の営業許可、定期航空路の開設、大阪湾遊覧船の運航。大正末から昭和初期にかけて、観光の交通手段は空、海と広がり飛躍的な発展をみせた。現代の観光交通のルーツを見ることができる。

乗合自動車の営業許可

◉阿鼻叫喚の混雑を緩和せよ◉

この章では、新たに台頭した交通機関と観光の動向について述べておきたい。

大正12年8月5日の『大阪朝日新聞』に「市街自動車許可の権利だけが三十万」と題して、民営の大阪乗合自動車株式会社からの申請に対して、大阪府が営業を認可したことを報じる記事が掲載された。見出しに「市電に対する一種の挑戦?」とある。

報道によれば、大阪乗合自動車の第1次事業計画では、資本金300万円、24～25人乗りの自動車を50台ほど保有して、秋から運行を開始する予定であった。すでに営業をしていたタクシー会社に、乗合自動車が加わることによって、大阪におけるモータリゼーションが進展をみる。「…阪南タクシー会社の五十台、中央タクシー会社の六十台、電気小型タクシー会社の二百台合計六百余の大小自動車が全市に走る訳である」と書いている。

背景には、産業化の進展による人口の急増がもたらした交通需要の高まりがあった。大阪市は市電整備を進め、大正5年頃には軌道の総延長も50キロを超えた。しかし激増した交通量を運びきることができない。

朝夕は通勤や通学の客での混雑をみる。先の記事に「…行詰まり状態のクライマックスで車内に阿鼻叫喚の声の充つる」と表現するほどのラッシュがあった。状況を解決するべく、大阪府は急いで乗合自動車に営業許可を出したらしい。「市電の改善が一向に行われず市民の輸送が常に混乱状態を続けるのでこれが緩和策として断行したもの」と分析する。

乗合自動車の運行によって、市電の混雑は解消されるのか。記者はシミュレーションを行う。市電は日に515台ほどが運行、平日は75～80万人、休日には90万人程を運んでいた。記事では「市電の行詰まりをこんなもので緩和しようとすれば市電一日の乗客総数の二割以上を運ぶだけの能力がなければダメだ」という大阪市当局の見解を載せる。

料金も問題とされた。たとえば霞町から堺筋、梅田新道を経て大阪駅に至る市電の所要時間は40分から50分を要する。対して、乗合自動車では、20分から25分ほどになるだろう。時間は短縮される。ただ混雑時の乗客のうち、「八、九分通りは賃銀労働者、俸給生活者、通学生徒」で占められている。彼らが、より高額な運賃を支払って自動車に乗り換えるのか、と疑問を呈する。また電車が走る街路の幅員も課題とされた。「阿鼻叫喚の市電の混雑緩和策としてはダメ」であり、「交通上の危険率は倍加する」と記事には書かれている。

「こうした点から見ても大都市には高速度の交通機関が必要である、処が大阪市はこうした設備が前途遼遠であるのみならず現在の設備に至っても改良すべきものを改良しない。市民の迷惑は大変だ、だから応急緩和策として乗合自動車を許可した、事故の取締法は警察部としては決して支障を来たさない準備を整えているというのである」

記事はこのように述べている。実際、この時期、大阪市は市内を東西、南北に貫く高速かつ大量輸送が可能な軌道線の建設に向けて、地下線とするか高架線とするのかなど技術的な調査を進めていた。同時に30輌の大型自動車を導入、市電の補助機関として、市営乗合自動車の導入を考えていたようだ。この計画を大阪府に打診したところ、交通保安の上で難点があり時期尚早と指摘されていた。しかし実際には、大阪市の計画よりも、民間事業者による申請が先行していたわけだ。

このような事情あったがゆえに、大阪乗合自動車の事業化は、あくまでも応急的な措置としてと位置づけられた。混雑解消という意味合いから、その営業区間は都心の主要な街路、とりわけ市電と並行する路線が想定された。そのため会社が得た営業路線の権利は、30万円もの価値があると噂された。

「『絶対に譲渡の権利は認めない』ということで許可したのだそうだ、それで会社は社会政策に思慮のある健実な事業家を網羅し金儲け一天張りのものは除外する、創立と同時に創立総会の決議録も株主名簿も重要な帳簿類も府が一々検閲して監督を厳重にするという話である」

破格の利益が見込まれたがゆえに厳密なチェックが求められたことを新聞も報じている。

◉新市の開発と交通機関◉

大阪乗合自動車は、大正13年にフォードT型の車両80台をもって運行を始める。堺筋線、四つ橋線、谷町上本町線など都心に路線を得た。路線案内のイラストを見ると、バス停に「待たずに乗れる」と記している。積み残しを出していた市電と比較してのことだろう。(図1)

民間事業者に先行を許した大阪市も、バス事業への参入をはかる。ただ大阪府は、ひとつの路線に対して、複数の事業者を認めなかった。結果、大阪市の乗合自動車は、利益率の良くない市街地周辺部の路線での運行を想定するほかなかった。

そのあたりの事情が、大正15年4月29日の『大阪毎日新聞』に掲載された「乗合自動車出願で渦をまく大競争」と題する記事に書かれている。大阪乗合自動車が独占していた「大阪の市街バス」は、日に3000円以上が儲かる「有利な事業」である。参入を希望した市営バスに加えて、阪神急行電車も阪神国道バスの事業を出願、「三つ巴の形」になった。

(図1)

記事では、市会への提案準備をしていた大阪市電気局の角局長の見解を紹介する。

「第一の問題はコースである、これは小栗警察部長との談合もあり、現在大阪バスが唯一の営業区域としている南北線と堺筋の二大幹線だけを除くとしても他にいくつも適当なコースがあるから営業に差支えない、しかし最初からそう充実したものもできないから先ず見込の立った部分からえり喰いをして漸次に手をつける…」

結局、大阪市営の乗合自動車は、満員で運行している市電の緩和策というよりも、「寧ろ新市方面の開発」を目的とすること、すなわち市街地周辺に発展していた住宅地と都心とを連絡する路線と位置付けられた。記事には「関市長の経綸である住宅の分散を計り新市の開発を促進するために建設費に比較的多額を要しない乗合自動車を新市方面に経営し市電と連絡して交通網を大大阪の周囲部に張り住宅の分散を期し、あわせて新市方面の開発を期そうというのである」と書かれている。

大正15年10月の市会に、14路線約67キロメートルの「乗合自動車経営の件」を上程、大阪府に許可申請を行った。国産車7台を購入して、昭和2年2月26日に阿倍野橋〜平野間で営業を始めている。その後も市域の周縁部に路線を増やし、昭和3年には営業距離52キロを超え、162台を運行する規模になる。ここでは当時の路線案内と回数券の袋を図版として紹介したい。市役所の外観が堂々と描かれている。また電気局の発行した別の案内には、市営の電車とバス双方が走る姿のイラストがある。（図2〜4）

大阪市乗合自動車案内
大阪市電氣局
健胃固腸錠
惡疫の流行……まづ腸胃の健康
下痢腹痛腸胃カタルの良剤
服用し易くして一番
良くきく胃腸薬
壱個の常備は家の安心
本舗
谷田春堂

（図 2）

運轉系統圖
大阪市電氣局

（図 3）

大阪市
乗合自動車回數乗車券
八區分　金四拾八錢
大阪市電氣局

（図 4）

◉青バス対銀バス◉

市街地を「鈴なり」の状態で走る大阪乗合自動車のバスに対して、市営バスは都市の外縁を「ガラ空き」のままに運行した。都心への乗り入れを希望する大阪市当局は、大阪府への働きかけを継続する。市が出願している路線は大阪市が巨費を投じて建設した道であること、路面電車の補助事業であること、交通統制の上から市電と市バスが統一した経営をする必要があることなどを強く主張した。昭和4年8月、ようやく台数の制限つきではあるが、南北幹線である堺筋・四つ橋筋への乗り入れを許可される。さらに昭和5年には、拡幅がすすむ御堂筋の運行を始める。

車体を青く塗装していた大阪乗合自動車は「青バス」の愛称で呼ばれていた。対して都心に乗り入れることになった市営バスは、銀色に輝く流線型の大型車両を採用したこともあって「銀バス」の名を得る。『銀バス行進曲』には「長い月日の思いがとどき　はれて通うや銀のバス　テナモンジャナイカナイカ白銀バスよ」とうたわれた。

ここに民営バスと市バスの激しい競争が始まる。青バスは、昭和5年に1往復9銭、全線1区という高率の早朝割引を始めた。これに対して銀バスは、昭和6年に1区5銭と設定、格安の回数券、南紀遊覧抽選券付回数券などで対抗する。

料金の値下げとサービス面双方で激しい競争を継続するが、大阪乗合自動車株式会社の経営状態は良かったようだ。『週刊東洋経済新報臨時増刊　関西弐百七拾社の解剖』（昭和9年版）を見ると「積極的に好転す」と評価、利益率は毎期4割以上、1割2分の高配当を継続している。借金は1円もなく、130万円もの預金がある。しかも「市バス、円タクと絶えず、激烈な競争を行っての上であるから当局者の手腕の程が窺はれる」と記す。昭和4年には472台であった車輌数も、東大阪バスを傘下に収めた昭和7年には765台にまで増やしている。また昭和10年11年の営業報告を見ると、営業距離は84キロほど、車両652台、1日の営業収入は15200円、年間延べ26万人に利用されていると記載がある。

ともあれ、民間と大阪市による乗合自動車の競争はサービスの向上と値下げ、時間短縮の効果もあって、市電の乗客をバスに誘導した。『大阪案内』(大阪之商品編輯部、1935)に掲載された「バス嬢のお愛嬌」という記事に、そのあたりの事情が記されている。

「バスの車掌と言へば女性ときまつたものだが、青バス、市バス共に愛嬌のある若い女性軍を動員して、市バスは焦茶色の、青バスはその名の通り青色のそれぞれ感じのよい制服を着せて乗客に好印象を與へようと努力してゐる。年若い女性なればこそ、勤務の暇を見てコンパクトを取出す位の身だしなみは當然で、かうした事も乗客を誘致する一因になってゐるか。市電を捨ててバスに殺倒（原文ママ）するのは、然し、唇を彩つた車掌嬢の醸し出すほのかな雰囲気に心を惹かれるわけでなく、自動車の持つ軽快さ、スピード感、簡便さ――これ等の綜合された魅力の勝利であらう。日々に市電の乗客を奪つてゆくのは、ここに原因してゐるに違ひない。」

その後、市営バスと民営バスとの統合に向けて世論が高まる。「陸上交通事業調整法」が交付されたことを受けて、昭和13年10月、大阪乗合自動車株式会社は大阪市の買収に応じることに合意、2年後の6月には事業の統合をみる。

◉赤玉食堂と乗合自動車◉

大阪でも遊覧や観光だけを目的とする客を対象とした乗合自動車が運行されるようになる。人気カフェーであった赤玉食堂が運行した「赤玉バス」などは、ユニークな例だろう。手元に、天五赤玉食堂、南地赤玉食堂、道頓堀赤玉食堂、京ビル赤玉食堂が連名で、「大阪市民諸氏へ」と訴えるチラシがある。昭和4年2月5日から乗合自動車の運行を開始することを知らせるものだ。下記のような文面が掲載されている。（図1）

「当赤玉食堂の今日の繁栄を見るに至りましたのは偏に全大阪三百万市民の熱大なる御賛助の賜と深く感銘致して居ります之が音眷顧に報ゆるべく日頃腐心致してをりますが菲才其の實を挙ぐるに至りませず慙愧に堪へぬ次第と存じます慈に昭和4年の新春を迎ゆるに当り報恩の計画実施の第一期事業として赤玉の乗合自動車無料運転を試みましたから誰方様でも御遠慮なく御利用下されば最も幸甚と致すところであります。」

運転時間は午後2時から午後11時まで、車体の両側に「道頓堀赤玉食堂」の表示板を掲出した。乗降場は、大阪乗合自動車の停留所近傍に設定された。偶数日には、南地店に近い千日前から堺筋を北上、天五店のあった天神橋5丁目から6丁目を経由して梅田へ、四ツ橋筋を南下して京ビル店のある京町橋、湊町から千日前に戻るという巡回コースを走っ

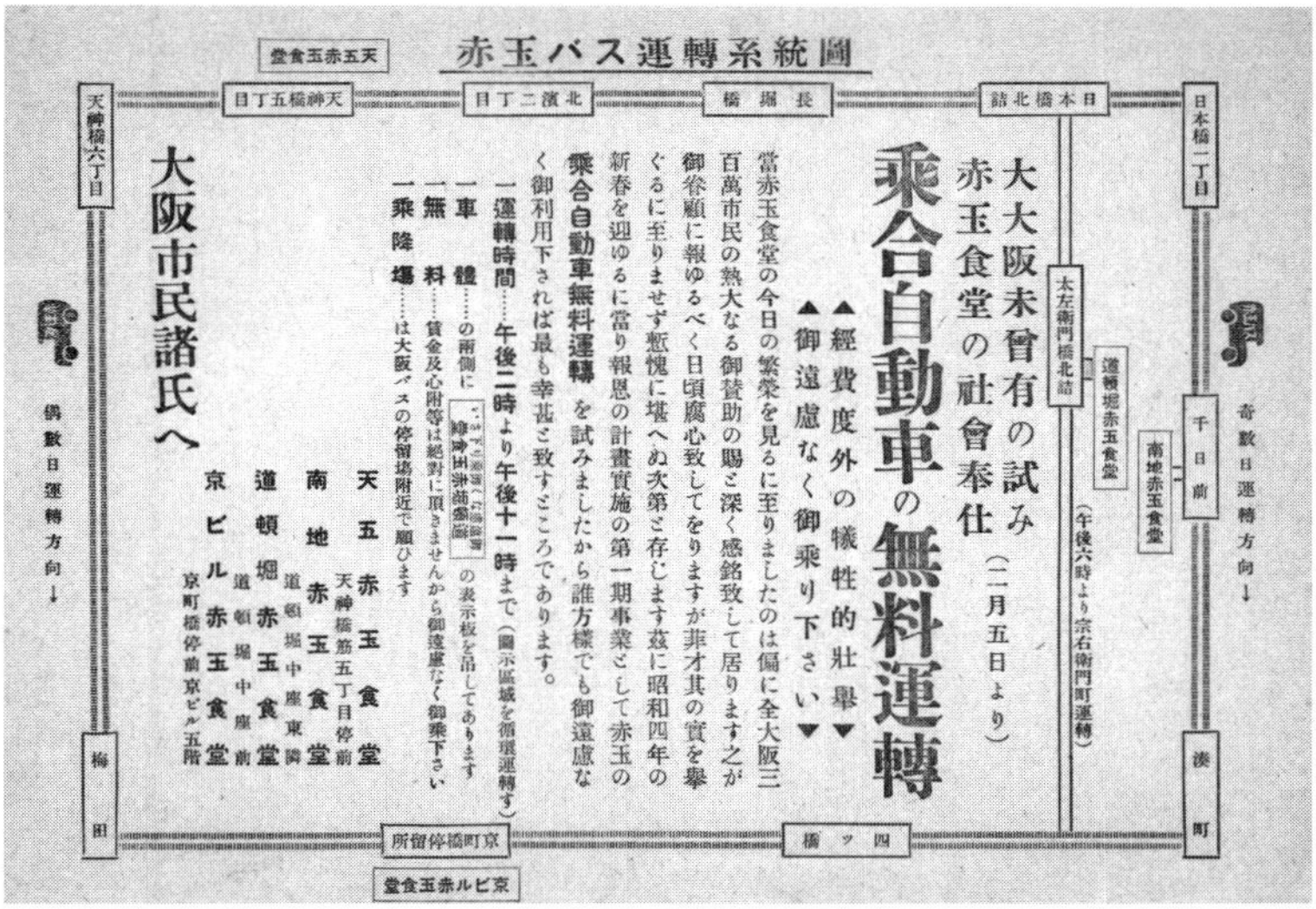

（図 1）

た。奇数日には逆行する。また夕刻6時以降は、宗右衛門町に入り、道頓堀店に近い太左衛門橋北詰で乗り降りすることができた。

「大大阪未曾有の試み　赤玉食堂の社会奉仕　経費度外の犠牲的壮挙　御遠慮なく御乗り下さい」、「賃金及心附等は絶対に頂きませんから御遠慮なく御乗下さい」と訴え、あくまでも利用者向けの無料サービスであることが強調されている。

昭和初期にあっては、カフェーが人気を集めていた。大阪では、赤玉、ユニオン、日輪、美人座、高橋の各店が集客を競いあっていた。赤玉の総帥である榎本正は少女歌劇団を組織、ジャズバンドや和洋舞による演劇を上演するなどの話題づくりを行った。チェーン店をめぐる乗合自動車「赤玉バス」は、顧客サービスであると同時に、新たな宣伝媒体でもあったのだろう。

◉定期遊覧バスの開業◉

市営バスとの競争のさなか、大阪乗合自動車株式会社は、定期遊覧バスを運行していた。観光や業務視察を目的に、大阪を初めて訪問した人々を対象に、簡単に市内の要所を見てまわることができるようにコースが設けられた。

昭和11年6月1日、大阪市営バスも対抗するかたちで、遊覧バス事業に参入する。もっとも大阪市は、新たに導入した観光艇「水都号」とバスによる観光を組みわせたルートを設定、独自性を強調した。のちに双方の事業主体は統合、さらに戦時体制のさなか、昭和15年9月30日に遊覧バス事業そのものが休止している。

ここでは個人でも乗車することができた大阪乗合自動車の定期遊覧バスを紹介しておきたい。乗り場は大阪駅東口にあった。あるパンフレットでは、出発するバス停付近の様子を次のように描写している。

「大阪は自動車の都で、駅前はバスとタクシーの洪水です。この沢山な自動車の中で美しい緑とオレンヂで塗つた新式大型バスが眼につきます。これが大阪で青バスといはれてゐる弊社の遊覧バスで、この大阪駅前から出発します。」

晴雨に関わらず、また乗客が1名でもあっても毎日、定時に出発したという。大阪乗

(図2)

(図4)

（図3）

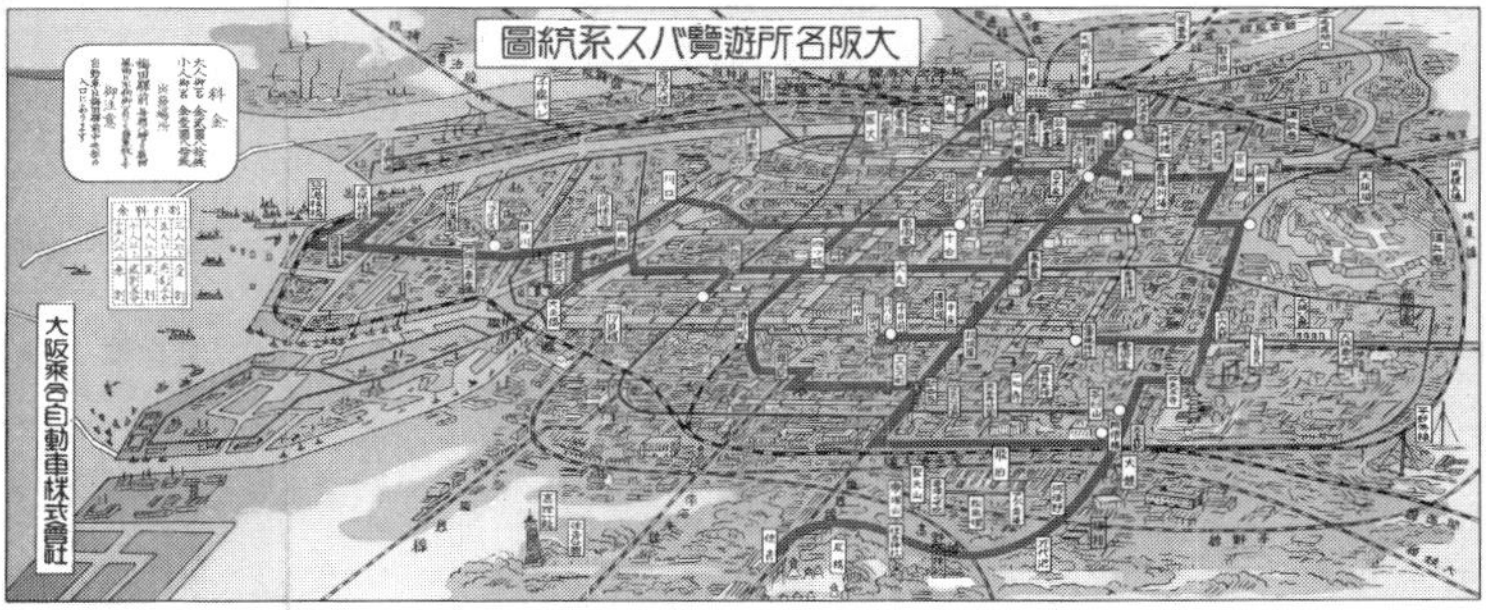

（図5）

合自動車遊覧課が発行した昭和11年頃の案内では、毎朝9時発と10時発の2便と記載がある。また昭和13年頃に発行された冊子では、午前8時、午前9時、午前10時、午後1時の4便に増便されていることがわかる。

遊覧バスの所要時間は約8時間、おおよそ50キロのコースである。大阪駅東口を起点に、市内にある主要な名所を順に巡り、大阪駅に帰着する。中之島公園、株式取引所、造幣局、泉布観、大阪城、放送局、四天王寺、住吉大社、松坂屋百貨店、大阪朝日新聞社または大阪毎日新聞、築港、心斎橋、

（図6）

道頓堀、丸玉カフェー、千日前が下車して見物できる箇所とされた。都市の歴史を物語る社寺とともに、産業観光の対象である諸施設が組み合わされている。（図2〜5）

このうち丸玉カフェーでは、無料で休憩することができた。また希望者には、会社が指定する松坂屋、および阿倍野橋の富士屋食堂で、30銭ほどで昼食をとることができた。各種の特典も用意された。造幣局では遊覧バスの利用者に限って、数万円の金塊、金銀貨幣、種々の金銀メダルを特別に参観することが許された。また陸軍の師団本部があるため、通常は撮影が禁止されている大阪城での記念写真を持ち帰ることができた。城内の遊覧中に写したものを、大阪駅に帰着するまでに紙焼きを行ない、1枚30銭で販売した。ここでは昭和11年8月20日の日付がある写真を紹介しよう。「久美愛家庭薬製造工場視察記念写真」と記されている。（図6）

定番の「全コース」に対して、4時間程で見てまわるコースも用意された。先に列記した目的地のうち、造幣局、大阪城、心斎橋、道頓堀、千日前、新聞社の見学など、ハイライトとされる場所を周遊するものだ。料金は「全コース」で大人2円80銭、小人は1円80銭、五歳以下は保護者1人に対して1人が無料と設定された。団体に対する優遇も用意された。また20人以上でまとまれば、指定の場所に迎車を出してもらえる特典もあった。

◉三都で一番の流線型◉

バス会社は「短時間で愉快に廻れる」「大阪市内御見物は低廉で至極便利」「大阪の名高い所は残らず見物が出来ます」などと宣伝した。窓だけではなく、屋根にもガラスを設けた「展望式高級自動車」を導入した。パンフレットでは次のように紹介する。

「外観は三都一のスマートな流線型です。破（わ）れない硝子天井、四方八方展望自在、座席はユッタリ深々としたクッション、晴雨を論せず御乗客御一名様でも定刻出発、お手荷物は無料でお預り致します。」

各車には、女性の案内人が同乗、下車観光の際にも同行して説明をした。初めて大阪に来た人でも、付添人はいらないと説明する。また発着所では荷物を預けることができ、旅館の手配も可能であった。パンフレットでは、次のように強調する。

「婦人案内人の興味ある説明、行届いたサービス、歴史の浪花商工の大阪、個人で見られぬ所まで御参観、撮影禁止の大阪城内で記念写真が撮れる、団体には御遊覧統率容易、料金低廉な手数の省ける連帯切符もあります。大阪を中心とする御旅程の作成、旅館の御取極めの御相談にも奉仕致します。」

昭和13年に発行された冊子を見ると、御堂筋の開通に応じて、遊覧バスの運行経路が変更になったことが判る。また新たな観光施設の開業に応じて、立ち寄り場所に若干の変更がなされたようだ。先に記載した「全コース」のルートに、開演している日に限るとの特記のうえで、四ツ橋にあった文楽座が加えられている。案内文では、文楽について「生きた俳優は要らぬ――これが一度文楽の操り人形を見たものの、実感の声です…代表的な大阪の郷土芸術――それは、文楽の人形芝居を措いて外にありません」と紹介している。

また当初の松坂屋に代わって、昭和13年には阿倍野橋の大鐵百貨店に立ち寄るかたちにコースが変更されている。また千日前での下車観光の際、歌舞伎座の東角にあった松竹梅酒蔵を訪れるものとされた。冊子には「日本一の酒、松竹梅を一杯35銭（突出し付）で、御遊覧客の為に特にサービスをしております。是非御試飲を御奨めいたします」と記す。企業とのタイアップがはかられたわけだ。

修学旅行のバス利用

◉大阪の御見物は遊覧バスで◉

大阪乗合自動車株式会社は、市内を巡る定期遊覧バスを宣伝し、また参加者に配布するため、『大阪名所遊覧誌』『大阪遊覧バス』などと題する冊子を作成した。いずれも表紙には、大阪を代表する名建築物群を背景に、堂々と走るバスの姿を描く。（図1、2）

「大阪！　その名は古い、然し何と常に新しいひびきを傳へる名であらふ」

「大阪！　それは生産の都である、現代日本に於ける政治の中心が東京であるなら生活の中心は大阪である。仁徳天皇、民の貧しきを憐ませ給ひてより大阪には民業の繁栄こそ国家興隆の根元であるといふ精神がある、この精神こそはやがて大阪をして町人の都として大成せしめるに至つた。

大阪現在の殷盛は工業、商業の中心として確固たる實力を把握してゐるからである。町

（図1）

（図2）

大阪！
その名は古い、然し何と常に新らしいひゞきを傳へる名であらふ
大阪！
それは生産の都である、現代日本に於ける政治の中心が東京であるなら生活の中心は大阪である。仁徳天皇 民の貧しきを憐ませ給ひてより大阪には民業の繁榮こそ國家興隆の根源であるといふ精神がある、この精神こそはやがて大阪をして町人の都として大成せしむるに至つた。
大阪現在の隆盛は工業、商業の中心として確固たる實力を把握してゐるからである。町人の都には町人獨自の生活がある。その生活の中から近松が生れ、西鶴が生れ、人形淨瑠璃が生れ、モダン漫才が生れたのだ。
神武天皇御東征以來の大阪である、四天王寺があり、大阪城がある、聖徳太子を讃仰し秀吉を偲ぶ、近代都市大阪の裡に流るゝ遠い大阪の過去の姿、それはまた旅する人の一つの憧憬であらふ。
御申込は十七頁です
大阪の御見物は、遊覽バスで
大阪を最も要領よく、最も經濟的に、御見學なさらふとするには遊覽專門のバスを措いては他にありません。大阪遊覽バスは、資本金七百五十萬圓、七百臺の乘合自動車を運轉し一日三十ケ萬人の乘客を輸送しつゝある、日本一の大阪乘合自動車株式會社の經營する、大阪唯一の遊覽バスであります、常に皆様本位のサービスに努力致して居り、必ず御滿足を願ひ得る自信を有して居ります。皆様、どうぞ大阪御見物は信頼出來る遊覽バスに、お委せ願ひます。
特徴

（図3）

ジャパン・ツーリスト・ビューローのクーポンを御利用願ひます

（図4）

人の都には町人の独自の生活がある。その生活の中から近松が生れ、西鶴が生れ、人形浄瑠璃が生れ、モダン漫才が生まれたのだ。

神武天皇御東征以来の大阪である、四天王寺があり、大阪城がある、聖徳太子を讃仰し秀吉を偲ぶ、近代都市大阪の裡に流るゝ遠い大阪の過去の姿、それはまた旅する人の一つの憧憬であらふ。」

『大阪遊覧バス』の冊子では、このような文を冒頭に掲げる。大阪を日本における「生活の中心」と位置づけつつ、工業や商業の興隆を背景に独自の生活文化が生まれてきたことを説明する。併せて、近代都市に潜んでいる古代に遡る歴史性が強調されている。（図３）

◉ビルの高さ比べと食い倒れ◉

『大阪遊覧バス』という小冊子には、写真のコラージュで、市内の各名所を紹介するページがある。ここでは、見開きで主要な建物を並べて比較している写真構成を例示しておこう。大阪城天守閣２９０尺、通天閣２５０尺、四天王寺五重塔１４７尺、市庁舎１７０尺、大阪朝日新聞社２０８尺、大阪株式取引所１０２尺と主だった建物群と高さを記入している。建物だけではなく、春日出発電所２４５尺、ＪＯＢＫ第一放送塔１８０尺、同第二放送塔３３０尺と、高くそびえ立つ煙突や電波塔などの写真も掲載する。実際、このような光景が一望できるはずもないが、地方から大阪を訪問した観光客にしてみれば、各種の高層建築が立ち並ぶ様子こそ、近代都市である大阪に固有の魅力であったのだろう。（図４）

写真構成の各ページには、データに基づいた短い解説文が添えられている。「食」に関する情報もある。観光客にとって、大阪訪問の重要な楽しみが、滞在中の食事にあったということだろう。「大阪市民の胃袋」と題して、1日に消費される食材の量を記している。米9千石、鮮魚7万貫、鹽干魚4万貫、蔬菜16万貫、乾物1万2千貫、果物7万貫、鶏卵9000貫、鳥獣肉一萬貫等々である。何と驚くべき大食家ではないか」と書いている。

中央卸売市場に関する説明もある。取引高は1日平均18万円、取り扱いされる食材の総量は26万5千貫を数える。市場に出入りする関係者は日に2万5千人、トラックと荷車は1万5千台、鉄道貨車は90両、掃き出される塵芥は8千貫にもなると記す。

対して「がぶがぶ大阪」の項では、年間に市内で飲まれる茶や酒といった嗜好品の量を記す。コーヒー・紅茶・ココアなどの「洋茶」は42万貫、日本茶50万貫、ビール・ウイスキー・ブランデーなど洋酒は4千32万本、日本酒399万石にのぼる。「健啖家巨人大阪は又痛飲家である」と評している。

「大阪の喰い倒れ」と題して、日に3万人が利用する阪急百貨店食堂の人気メニューを列記する文章もある。それによれば、ランチ5000人前、ライスカレー1500人前、ビフテキ1300人前、天ぷら丼500人前、親子丼500人前、天ぷらそば400人前、ざるそば1500人前、すし1800人前、チャプシー500人前、汁粉800人前、コーヒー1万2000杯が、毎日、提供されている。各人平均35銭を使っている見当になる。冊子では「恐ろしい数字」だと書いている。

第五章　遊覧バス、遊覧飛行、大阪湾周遊

ガイドブックには、都市の規模を示すさまざまな統計も記されている。たとえば「煤煙受難の大阪」の項では、大阪市内に3万5000の大小工場があり、35万戸ある民家と併せて、大小40万本の煙突があると述べる。吐き出される煤煙の降下量は、1日に平均1500貫、年間55万貫と莫大になる。

「お喋り大阪」では、市内で交わされる電話の1日の通話量は111万回で、延べ5万5500時間となる。1回線で話したと仮定すると、6年4ヶ月も話し続けるほどになると報告する。

「劇場の景気」では、千日前や道頓堀に所在する劇場の年間入場者数と収入を記載する。大阪劇場が115万人で売り上げは66万円、朝日座が93万人で42万円、松竹座は77万人で48万円、歌舞伎座は75万人で86万円、花月席が9万人で7万円と続く。ほかに浪花節や萬歳の席は、12〜13万人を動員し、3〜4万円の入場料を揚げているという。

大阪の現状を伝えるこれらの統計と説明は、定期遊覧バスの利用者にとって、実に興味深い読み物であったことだろう。

◉団体向けサービスと修学旅行◉

大阪乗合自動車株式会社は、団体を対象とした貸切での運行も行っている。案内書には、13人乗りのバス1台を時間制で借り上げる場合、1時間6円、6時間30円、12時間50円と料金が記されている。（図5、6）

（図5）

（図6）

「春夏秋冬四季の行楽には低廉にして便利！目的地への往復には乗替等の煩なく愉快に団欒の裡に結局電車と大差ない料金にて大阪府内は勿論何處へでも出られます」

室内では、電車を用いて移動することと比較したうえで、便利であることが強調されている。20名以上の団体に限ったモデルコースも用意されていた。「1号コース」は所要時間6時間半で1名の料金が70銭、「2号コース」は4時間で1円40銭、「3号コース」は3時間で1円10銭、40名以上で予約した場合には1名分の優待サービスがあった。もっとも短い「3号コース」では、大阪城、中之島公園、天王寺公園、新聞社を巡り、馬場町にあった大阪放送会館を車窓から見学することが想定されている。

大阪乗合自動車株式会社が、とりわけ力を入れて勧誘したのが、修学旅行団体であった。

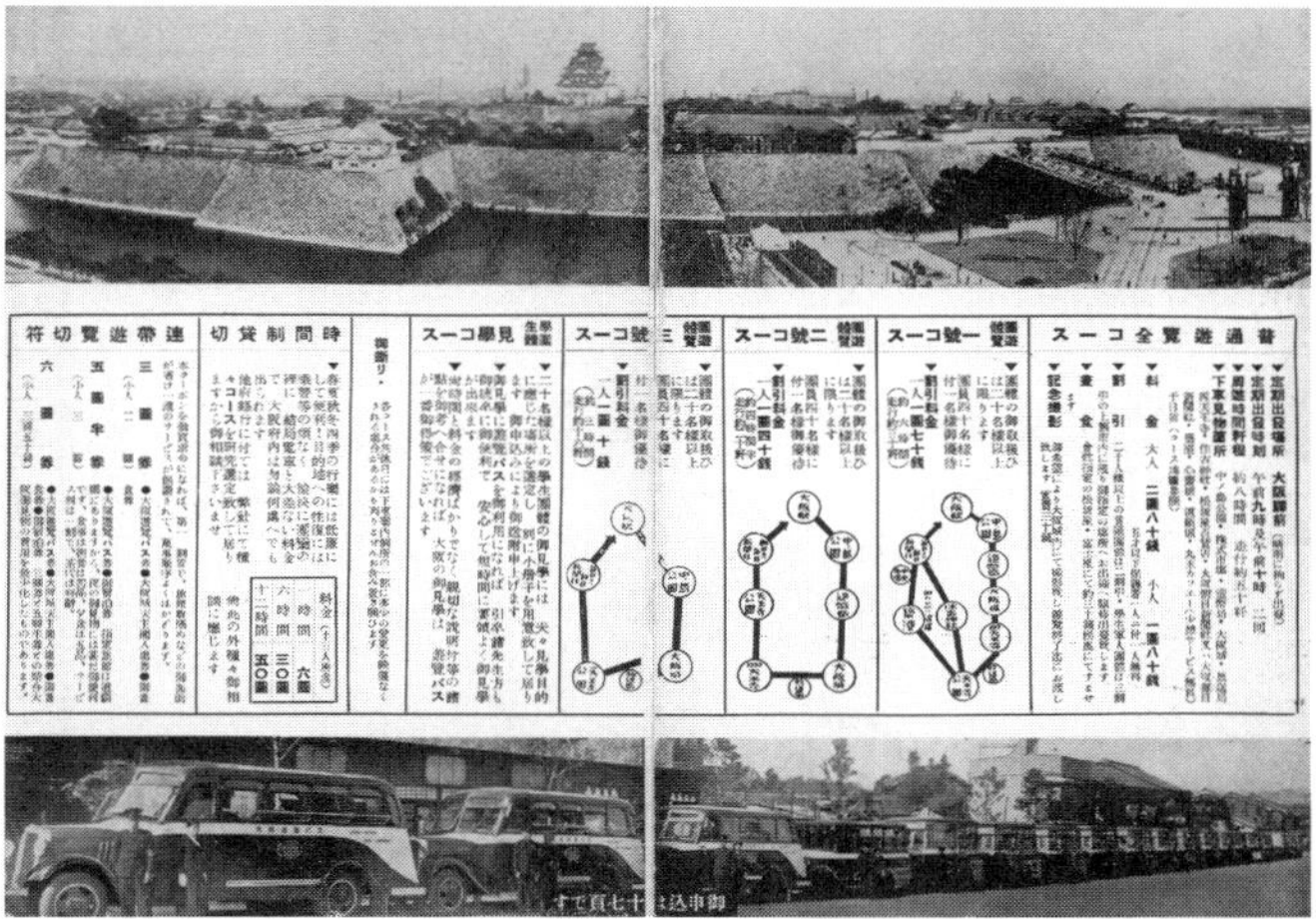

（図7）

20人分の座席がある自動車を運行していたが、立席を加えると25人が定員となる。

「どんな所を見学するべきか」というページがある。そこでは、大阪城や四天王寺、造幣局、中央卸売市場といった主要な名所、新聞社、動物園、府立貿易館、府立工業奨励所、農業博物館、地下鉄などの社会見学、さらにはデパートメントストアや千日前・道頓堀・心斎橋など繁華街の散策を加えて、合計14カ所が見学場所として推奨されている。

学生団体には、金額に応じて、乗車時間と訪問先数の異なるコースが提供された。たとえば「70銭コース」では、先の見学地から2カ所を選ぶことができ、おおよそ2時間半で巡ることが想定されていた。20人乗りであれば1名あたり70銭になる勘定だが、立席も含めて25人で乗車すれば、55銭と割安になる。3カ所を3時間で見てまわる「90銭コース」、7カ所を6時間半で周遊する「1円70銭コース」など、6種類のコースが設けられた。

ただし浜寺公園にあった農業博物館を選んだ場合に限って、ひとりあたり70銭の追加料金が必要とされた。なお20名以上の学生の団体であれば、引率の教員1名が無料になった。

冊子では、バスを用いて遊覧する特徴として、「安全なこと」「早いこと」「統制の容易なこと」「結局安いこと」「説明が付いてゐること」の5項目を掲げる。目的地までの乗換えがないので、街頭で危険にさらされることもない。展望に適した「快いスピード」で目的地に直行するので、時間を有効に使うことができる。数十人、あるいは百人を越える学生団体の統制にあたって、婦人案内人や監督員が教員を援助することができる。見学の量と質、さらに「時間の節約」の面を考えると、結局、安くつくことになる。またタクシーや電車による移動では専門家の解説がないが、バスであれば婦人案内人がガイドをしてくれるので、「印象に深く見学の目的にもかなふ」と説く。

「修学旅行御引率先生方の一番頭を悩まされることは第一大切な学生諸君に怪我をさせない様にと希ふことでありませう。大阪のやうな交通機関の発達した大都市での所謂交通地獄は当然の反面現象として免れ得ない事でります。従つてこの大阪での御見学には無茶に走ることのみのタクシーや乗換えの危険な電車などにお頼りになるよりも絶対安全な遊覧専門の遊覧バスにお委せ下さらんことをお奨め申します。」

団体向けの冊子には、20台ほどのバスが列をなして停車、各車両の前に運転手と女性の案内人が並んで旅行者を出迎える様子を撮影した写真がある。車両数もスタッフも十分に用意されていることを訴えているわけだ。（図7）

定期航空路の開設と遊覧飛行

◉遊覧飛行事始め◉

大阪を起点とする新しい観光手段に、遊覧飛行があった。

日本で最初となる民間航空事業は大阪で起業された。千葉県稲毛の伊藤飛行機学校で学んだ井上長一が日本航空輸送研究所を設立、大阪と故郷である徳島および高松とを結ぶ定期航空路を開設したのだ。南海電鉄社長片岡直温などの財界人の支援を得て、堺大浜南新公園に格納庫・事務所・宿舎・工場などを建設した。大正11年11月12日、海軍から払い下げを受けた複葉の水上機を運用、週に3度のフライトを実現させる。徳島までは1時間10分、高松まで足を伸ばしても1時間20分で到着することができた。

日本航空輸送研究所は、大浜名物の夜市、あるいは海水浴客や潮湯場を訪問する遊客を対象に、大浜を起点とする短距離の遊覧飛行も始めている。季節によっては大浜から鳴尾間の臨時便も飛んだ。空路、鳴尾に入り、名物の苺狩りを済ませてから、堺に戻るという行楽客向けのフライトであった。

◉世界最大の飛行艇◉

大正12年、川西龍三らが日本航空株式会社を設立する。大阪の木津飛行場を起点に、小豆島から鞆を経由して、別府・福岡を結ぶルートで定期運行を始めた。披露の宴にあって総支配人の坂東舜一は「世界の公園である瀬戸内海を縦断して泉都別府に至る航空路は商業航空として最も理想的であり、かつ将来は上海、大連など海外へも伸長する計画である」と述べている。

日本航空株式会社も遊覧飛行を実施した。川西式の水上旅客機や水上郵便機、陸上飛行機に加えて、15人乗りのドルニエ飛行艇を運用した。パンフレットに拠れば、遊覧飛行には3種があり、第1種は飛行場所在地上空、第2種は希望地までのフライト、第3種として「定期郵便飛行に依る瀬戸内海各区間」が想定されていた。料金は第1種でひとり10円、第2種は1キロメートルについて1円、第3種は1区間につき10円であった。

山階宮武彦王殿下によって「なには」号と命名されたドルニエ飛行艇は、日曜ごとに遊覧飛行に用いられた。宣伝チラシでは「安全な遊覧飛行」と見出しに大きく記し、発動機を2台乗せていたことを強調、「前後に各壱個を装備し一台で安全に飛行が出来又飛行中修理もできます」と記している。

同機は「世界最大の飛行艇」であり、飛行士2名、機関士3名、通信電信員1名、合計6名の乗組員によって運行された。水面数メートルほどの高さを連続して飛行すると記載、「これは他の飛行機ではできません」と書いている。大阪のほか、福岡や別府でもフライトを申し込むことができたようだ。「飛行機に乗りたい方はいつでも本社の飛行場へ」「遊覧飛行団体申込を歓迎します」と記されている。(図1)

（図1）

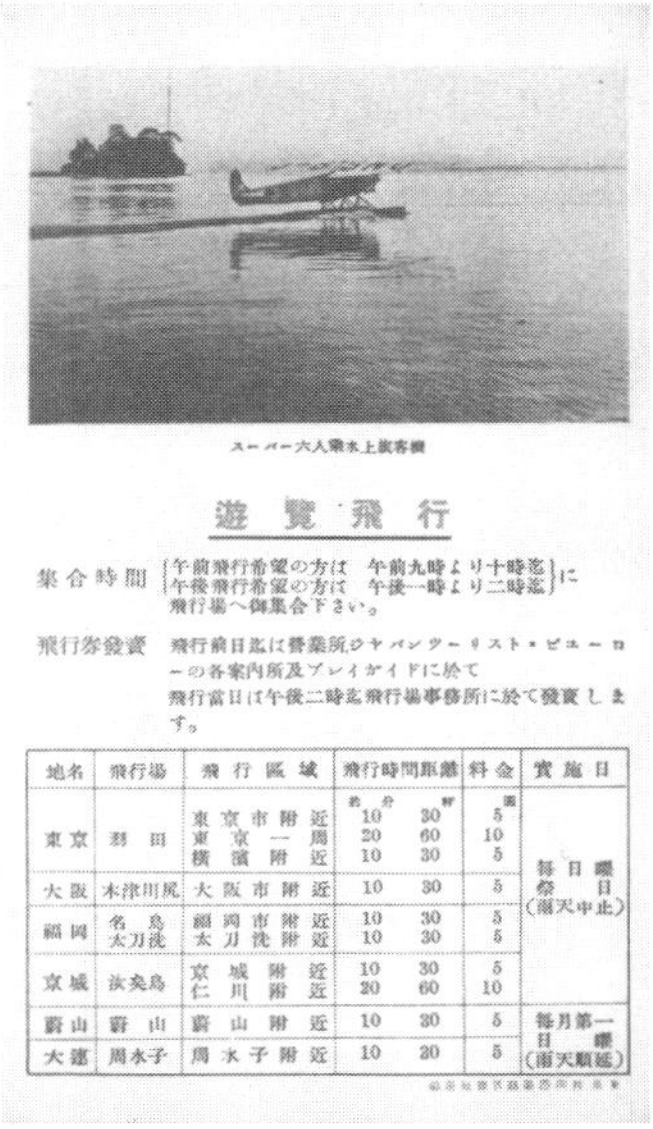
スーパー六人乗水上旅客機

遊覧飛行

集合時間　午前飛行希望の方は　午前九時より十時迄／午後飛行希望の方は　午後一時より二時迄　に飛行場へ御集合下さい。

飛行券發賣　飛行前日迄は營業所ジャパンツーリスト・ビューローの各案内所及プレイガイドに於て
飛行當日は午後二時迄飛行場事務所に於て發賣します。

地名	飛行場	飛行區域	飛行時間距離	料金	實施日
東京	羽田	東京市附近 東京一周 横濱附近	約10分 30粁 20 60 10 30	5圓 10 5	毎日曜 祭日 （雨天中止）
大阪	木津川尻	大阪市附近	10 30	5	
福岡	名島 太刀洗	福岡市附近 太刀洗附近	10 30 10 30	5 5	
京城	汝矣島	京城附近 仁川附近	10 30 20 60	5 10	
蔚山	蔚山	蔚山附近	10 30	5	毎月第一日曜 （雨天順延）
大連	周水子	周水子附近	10 20	5	

（図3）

（図2）

◉大空からの大阪見物◉

昭和3年、逓信省所管の国策会社である日本航空輸送株式会社が発足する。翌年には、大阪朝日新聞社が出資していた東西定期航空会と日本航空株式会社を併合、東京・大阪・福岡・蔚山・京城・平壌・大連を連絡する本格的な旅客・貨物・郵便物の定期輸送を始める。

同社も各都市での遊覧飛行を行った。昭和6年11月の日付のある案内では、大阪でのフライトは毎日曜日、および祭日に実施されたと記載がある。木津川飛行場を起点として、大阪市内をの上空を10分ほど周回するルートであった。雨天には中止された。(図2)

使用機材は6人乗り水上旅客機であった。午前中の飛行を希望する人は午前9時から10時までに、午後便を利用する人は13時から14時までに飛行場に集合することが求められた。チケットは堂島ビルヂングおよび木津川飛行場にあった日本航空輸送の営業所、およびジャパン・ツーリスト・ビューローの案内所、プレイガイドで入手することができた。(図3)

「大空から大阪見物　遊覧飛行」と題する案内を見てみよう。記載されている日付と曜日から、昭和10年、もしくは15年に発行されたものと推定される。表紙には、復興天守閣、大阪市庁舎、通天閣、難波橋のライオンなど、大阪を代表するランドマーク群のシルエットを配置、その上空を飛ぶ三機の機影を大きく描く。「団体歓迎」の記載もある。裏表紙には予定航空路の地図を掲載する。木津川尻の大阪飛行場を起点に、天王寺、大阪駅、天保山などを巡る30キロほどのルートである。

大阪湾遊覧船

◉近代メカニズムの象徴◉

海も観光の対象となった。雑誌『大大阪』を発行した大阪都市協会は、会員向けの視察旅行「都市協会見学」を、毎年、企画した。昭和5年の7月9日、第11回目となるツアーは、大阪港と神戸港を訪問する産業観光であった。築港桟橋近くにある大阪市港湾部に朝9時に集合する、船で神戸港に移動、川崎桟橋で下船ののち、造船所と車両工場を見学する行程であった。募集広告では「涼味溢るゝ港から港へ」と題して、次のように告知する。

「今般は大阪港と神戸港を見学します。

港・港——海港こそは、科学の先端に光る近代メカニズムの象徴であります。

鴎飛びかふ海港に輻輳する内外汽船の静止美・マストの林立に見る直線的快感・汽笛の快音・クレーンの操作美・造船所の力学的機械美等・等

夏の海の一日を市港湾部のランチで、わが国三大港といはれる大阪港の新装の姿と、昔ながらの盛観を誇る神戸港の見学に過ごさうといふのです。

涼風に吹かれつゝ近代科学と経済の王座を占める海港の見学こそ避暑と実益をかねた夏にはふさはしい試みではありませんか。」

港に停泊する船や造船所にある機械美を、このように褒め称えている。港湾そのものを「科学の先端に光る近代メカニズムの象徴」と認識している点も面白い。30名に限定したツアーであるが、湾湾施設が社会見学の目的地であったことが判る。

（図 1）

◉爽涼、海を往く◉

大阪湾をめぐる船旅も行楽の対象となった。大阪商船株式会社は、日曜と祭日に「大阪湾遊覧船」を運行した。昭和９年６月に発行した「爽涼・海を往く」と題する案内は、瀬戸内海航路、讃岐めぐり、別府、白浜湯崎、南紀熊野、満州、台湾など、大阪を起点として各地に向かう船旅を宣伝するものだ。表紙には鴎が多く舞う甲板で、航海を楽しむ女性の写真を掲載する。（図１）

パンフレットでは「大阪湾遊覧船」も紹介、「空は蒼いです。海は凪いでます。甲板は白

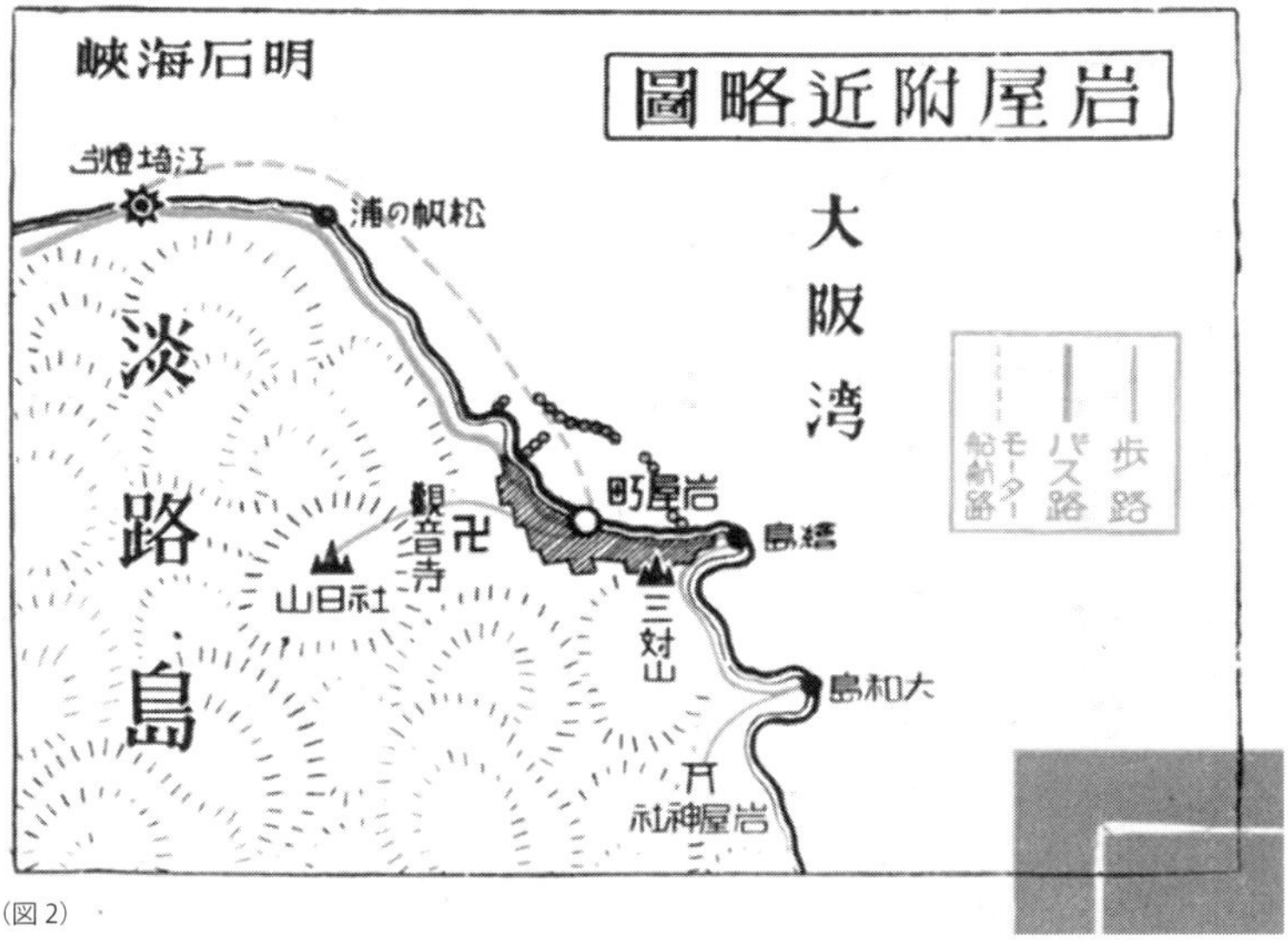
明石海峡
岩屋附近略圖
江埼燈台
松帆の浦
大阪湾
淡路島
観音寺
社日山
岩屋町
繪島
三対山
大和島
岩屋神社
歩路
バス路
モーター船航路

(図2)

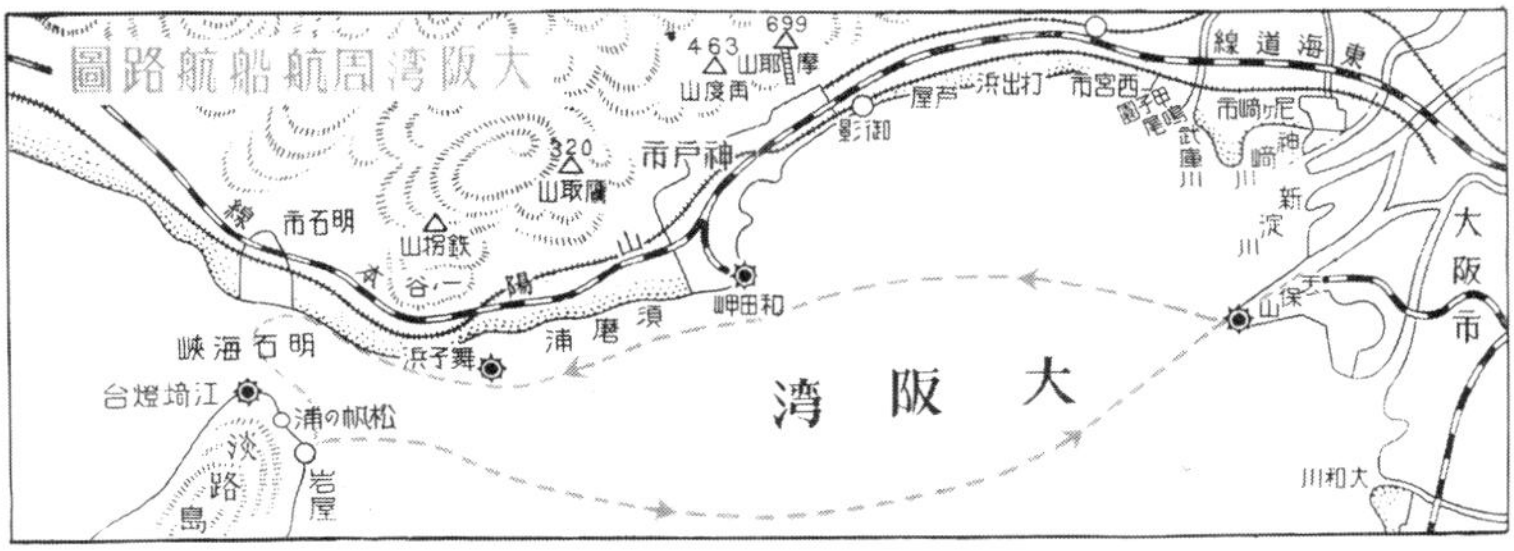
大阪湾周航船航路圖
699
摩耶山
463
再度山
320
鷹取山
鉄拐山
明石市
一の谷
山陽本線
神戸市
御影
芦屋
打出浜
西宮市
甲子園
鳴尾
武庫川
尼ヶ崎市
神崎川
新淀川
東海道線
大阪市
天保山
和田岬
須磨浦
舞子浜
明石海峡
江埼燈台
松帆の浦
淡路島
岩屋
大阪湾
大和川

(図3)

くて広いです。食堂のテーブルは素敵です。砕ける白波、曳く航跡、白い鴎と行き交う汽船―日曜の一日を優秀客船で大阪湾の遊覧航海へ」と強調する。航路図から「大阪湾遊覧船」の概要を述べておきたい。（図2、3）

船は午前8時30分に天保山の船着場を出港する。鳴尾、甲子園、西宮、芦屋、御影の浜近くを進む。大阪商船のパンフレットの類では、船上から見晴らすことができる郊外住宅地を「文化村」と呼び、その背景に広がる紫色に霞む六甲の山並み、東尾根に見える丸い甲山の姿を賞賛している。

六甲と摩耶のケーブル、錨を山腹に記す「いかり山」が視界に入ってくると、神戸港の沖である。諏訪山金星台、オリエンタルホテルや大阪商船神戸支店などのビルディング、造船所のクレーン、浮きドック、碇泊中の大型船などが見える。

（図4）

和田岬を西にめぐると、須磨の浦である。垂水の灯台の間近を通って、舞子の浜のパノラマが右舷に見えてくる。明石沖にさしかかる頃に取り舵をとり、淡路の江崎灯台に向かって進む。ここで甲板で「楽しい船の昼食」が提供される。

午後12時30分に岩屋港に投錨する。遊客は上陸ののち午後3時まで、散策、海水浴、魚釣りなど、三々五々、

（図 5）

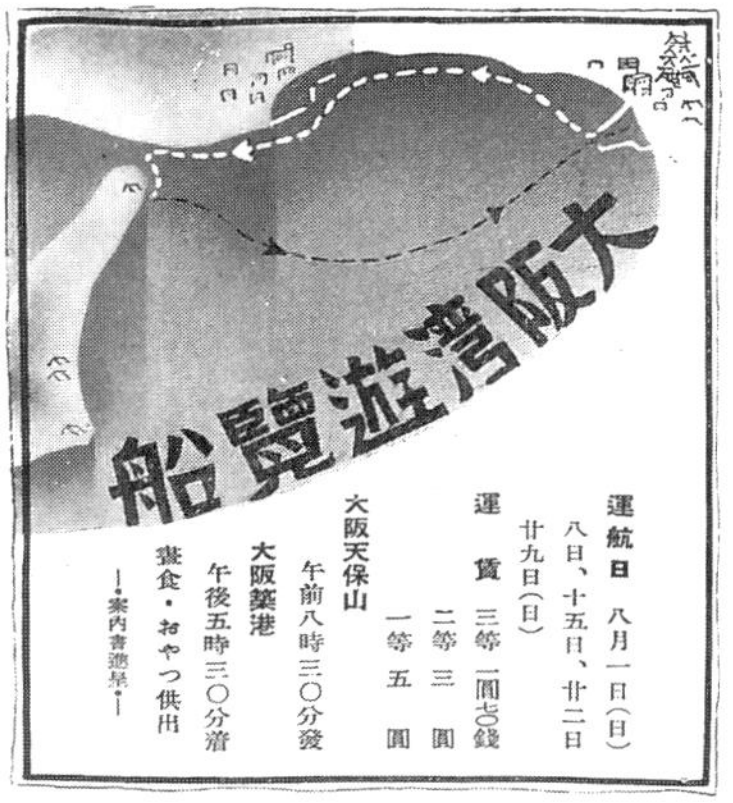

（図 6）

海辺での休日を過ごしたようだ。往復25銭の追加料金を払えば、周航船からモーター船に乗り変え、松帆の浦の名勝や江崎灯台を船上から見学することもできた。

帰路は15時に出発する。おやつの茶菓を食べながら萬歳や落語など甲板で行われる餘興で時間を過ごしたうえ、17時30分に築港大桟橋に帰着した。料金は昭和9年段階で、1等4円50銭、2等3円、3等1円50銭と設定されていた。

◉健康増進と体位向上◉

大阪湾の船旅を売り出すにあたって、船会社は「健康増進」に有効である旨を強調した。昭和12年9月に配布されたパンフレットでは「大阪湾周航船」をタイトルに掲げつつ、「国家非常時に際し我等の健康は最も大切であります。健康増進の最良の方法として又海国日本に生を受けたものゝ海と船を認識する良法として大阪湾周航船を差立てます」、「都塵をさけてお休みの一日を大阪湾に乗出し、オゾンみなぎる海原に、ゆつくりと浩然の気を養つて頂くため、大阪湾遊覧船を差立てます」などと記す。パンフレットには、船上からの風景や淡路の名所を撮影した写真なども掲載している。（図4）

さらに昭和13年3月版のパンフレットでは、「体位向上」の効用も強調する。「国家非常時に当つて体位向上を期し、併せて海事思想を普及」するべく、運行していると記載する。（図5）

大阪商船はPR雑誌『海』でも、大阪湾を周遊する遊覧船を宣伝した。たとえば昭和12年の各号に掲載された広告では、「日曜の一日を爽やかな海に遊ぶお手軽な遊覧船です」「海は紺碧に輝いて皆様をまねゐてます」「お家族連れに、町内会や青年団の御清遊に、店員慰労や御得意の招待などに御便利」などと、今様の「船遊び」を宣伝する。（図6）

◉浴衣がけの納涼船◉

大阪商船が宣伝した大阪湾の船旅は、「大阪湾遊覧船」の事業だけではない。自社の航路のうち、大阪と神戸との区間だけに乗船して、身近な大阪湾の風光を楽しんではどうかと都市住民に提案した。

『海』の昭和13年7月号には、「浴衣がけの納涼行」と題する広告が掲載されている。大阪から神戸を経由して別府に至る大型客船、あるいは南紀勝浦などから大阪を経由して神戸に戻る客船に乗船、大阪湾の納涼を堪能して欲しいと誘っている。

大阪発は14時、17時、20時の3便、神戸発は朝11時30分の1便があった。運賃は50銭と安い。

「納涼を兼ねた阪神間の船旅」と強調している。（図7）

浴衣がけの納涼行

納涼を兼ねた阪神間の船旅

海上をゆく船の涼しさはまた格別です。大阪―神戸間は約一時間ですから、一寸浴衣かけで神戸へ大阪へ。風通しのいゝ甲板で四方の景色を眺める間に、ひとゝきの夜涼を樂しむ間に阪神間の船旅が出來る譯です。特に船上から見る港の灯の美しさは夏の宵のすぐれた魅力です。

大阪―神戸間納涼旅行に好適な船便は左の通りです。船によつては食事も差上げます。

大阪から神戸へ

航路名	大阪（天保山）發	神戸（中突堤）着	運賃
別府線晝便	後二、〇〇	後三、四〇	五〇錢
勝浦航路	後五、〇〇	後六、二〇	五〇錢
別府線晩便	後八、〇〇	後九、四〇	五〇錢

神戸から大阪へ

航路名	神戸（中突堤）發	大阪（天保山）着	運賃
別府航路晩便	前一一、三〇	後一、〇〇	五〇錢（食事付）

甲板のひとゝき

（図7）

コラム❹

自動車産業と大大阪

いわゆる「大大阪の時代」にあっては、大阪は日本における自動車産業の中心地であった。

昭和2年の春、GM（ゼネラル・モーターズ）社が大阪に工場を開設した。主要な部品を米国から輸入して組み立てる、いわゆる「ノックダウン方式」によるシボレーの生産が始められた。いっぽうライバルであるフォード社は、GMより2年ほど早く、関東大震災からの復興が始まった横浜に拠点に設けて、T型フォードの製造に乗り出した。

当時、乗用車国産化に向けた起業の動きが各地で盛んであったが、技術が熟しておらず、量産化には成功していない。モータリゼーションが始まったばかりである日本の市場は、米国の2社に席巻された。昭和4年10月8日の『大阪朝日新聞』は次のように報じている。

「…シボレーは9月28日に3万5千台の記念祭をやったほどの進出ぶりだ。現在フォードは1日に50台、シボレーは100台ぐらいの生産力で、その2割は支那、満洲方面へ、残りは全部内地に消費される。この両本社は本社直売をやらずすべて代理店主義を標榜し、水も洩らさぬ販売網を張って、スパイ、懸賞、割引などと火花を散らしている…」

少なくとも、年間3万数千台のシボレーが大阪で組み立てられ、そのうちの2割、すなわち7000台ほどが、大阪港から外地や海外に輸送されていた勘定になる。

販売価格は、GMのシボレーが「大阪渡し」で2600円ほど。競合していたT型フォードの4ドアセダンが「横浜渡し」で2450円であった。大阪までの運賃83円を乗せると、均衡した価格設定である。

戦時体制下にあって、米国企業が撤退を余儀なくされるまでは、大阪は横浜とともに、わが国における自動車産業の拠点であったわけだ。

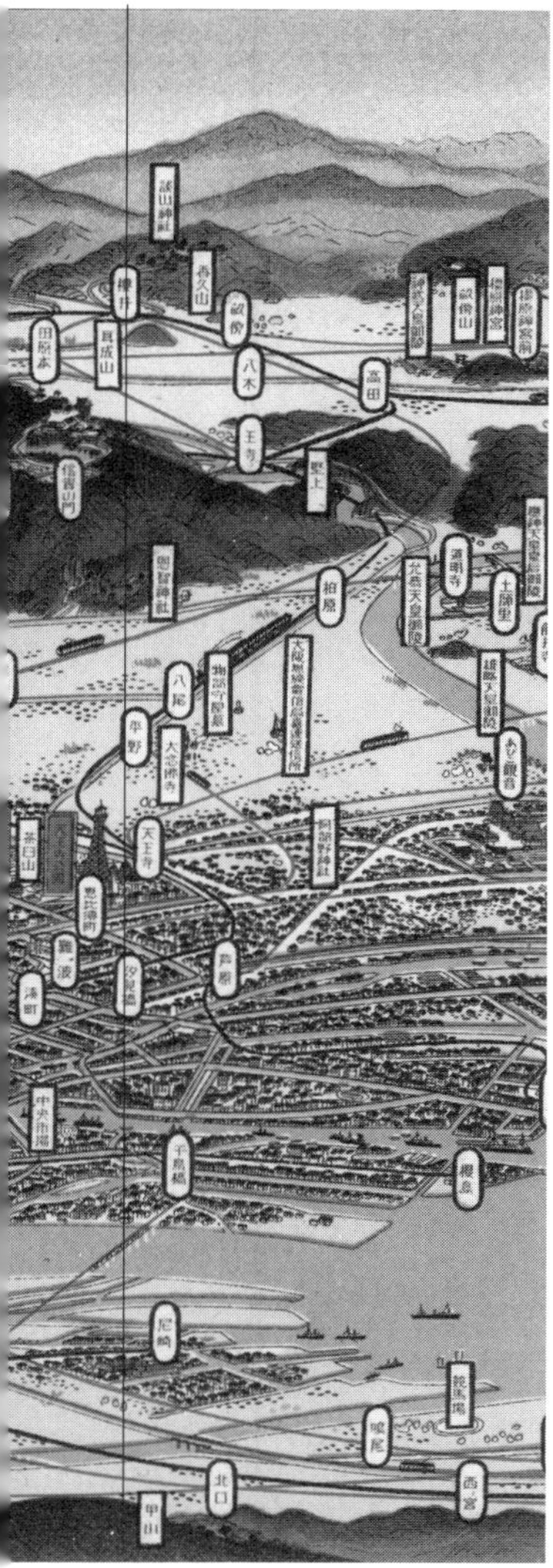

第六章

郊外の楽しみ

大阪エリアの特徴のひとつは鉄道網の発達、ネットワークの充実だろう。これによって大阪は、郊外の観光や、京都、奈良、神戸などの歴史、旧跡を訪ねる際の中心となった。ここでは各沿線の魅力を隈なく見ていく。

四方に発達した鉄道ネットワーク

◉大阪のパノラマ景◉

昭和7年（1932）11月、大阪と奈良において陸軍の特別大演習が行われた。11月10日、天皇は大阪に入る。大本営（行在所）とされたのは、前年に竣工した大阪城内の第四師団本部である。大軌電車で奈良方面に向かい、神武御陵の参拝ののち演習に臨んだ。13日には南海鉄道が用意した「お召電車用」の新造車両で、堺東に出向き、同様に演習を統監した。14日には城東練兵場での観兵式に臨んだのち、大阪城天守閣に登り市街地を眺望している。

「大阪府鳥瞰図」は、この天皇の大阪行幸に応じて制作されたものだ。全国各地の観光地を描いていた吉田初三郎の手になる作品である。大阪市街地を中心に、北摂の山々、生駒山地、金剛山地、和泉山脈、六甲山、淡路島に囲まれた大阪平野、および大阪湾のパノラマ景観を描

（図1）

く。表紙を復興天守のイラストが飾る。（図1、2）

「絵に添へて一筆」と題する文章がある。「日本の富の中心地」「世界的一大商工都市」となった大阪の市街地、とりわけ都心の風景に関して次のように述べる。

「見渡せば至る所、美しく直線的な橋梁の構成、俗に所謂八百八橋は、其四通発達せる大小の河川を綴ぎて、水の都ヴエニスを想はせ、更らに河畔に櫛比せる、善美を極めた高層建築は、近世に誇る文化大都市、倫敦を髣髴させるものがあらう、脈々として躍動せる全市の水路網は、永久に溌溂とした青春の姿を把握して、云ひ知れぬ心強さを覚ゆるものである。」

水辺の景観をベネチアに、ビルディング群をロンドンにたとえている。都市の光景を「青春の姿」と評してる点も興味深い。大阪がまだ発展途上にあるという認識があったのだろう。続けて「…近代建築の理想を代表して、秀麗比ひなき五層の天守閣を、豊太閤のありし日そのまま、颯爽とした天空に復活せるあり…」と、失われた天守閣が復興された点を讃えている。

（図2）

さらに初三郎の視点は、大阪城天守閣から、大阪平野、大阪湾、さらに内陸へと転じる。大阪城を中心としてひろがるパノラマ景観を次のように表現する。

「…この堂々たる大都の寵児を中心に、右は神戸、宝塚と連なり、左に堺、茅の浦、大阪湾の海光を隔てて、遙かに淡路の島影を望むところ、風光頗る明麗である。また背後は京都、伏見、奈良に続き、近くは生駒、金剛の山脈につつまれて、摂河泉の大平野こそ、本年名誉の大演習地にして、大阪府が持つ誇りの天地」

陸軍特別演習を兼ねて行なわれた巡幸の地を描きこむ絵図であるがゆえに、「誇りの天地」という表現がなされたのだろう。続けて、各地に所在する名所旧跡への讃辞を記す。

「見よや、そこには錦旗燦然として翻るところ、瑞雲四面にたなびきて、建武の昔、菊水の香りも高き楠公父子が、七生報告尽忠のあと、金剛山は眉にせまり、千早の城や、桜井の駅跡、四條畷の物語など、皆図上に指摘せらるべく、いずれか涙ならざるべき。尚是等名勝史跡のほか、特に大阪府知事及び、府当局の温き指導を排して、歴代天皇の御陵を謹筆し得た事は何よりも有り難き次第にして、本図により諸君が皇陵巡拝のしをりともならば、筆者望外の幸福である。」

大阪城や箕面公園のほか、仁徳天皇陵、観心寺、叡福寺、桜井駅址、金剛寺、四條畷神社など、皇室や楠正成にゆかりのある名所が重視されている。またこの時期、大阪の都心から放射線状に発達をみた郊外電車のネットワークも細かく描かれている。

またこの鳥瞰図には、名勝地の簡単な解説も掲載する。実用性があるほどには詳しくはないが、まさに鳥の目で見晴らしながら、空想上の旅の伴侶とするには十分である。

◉大大阪郊外案内◉

大正時代から昭和初期にかけて、大阪も観光都市という一面を持つ。もっとも内外からの滞在者に対しては、都心での都市型の観光だけが滞在魅力ではなかった。大阪を拠点として、京都や奈良、神戸など近隣の都市にある名所や旧蹟への訪問が推奨されるのが常であった。加えて四方に発達した鉄道のネットワークを利用して、「近郊」さらには「郊外」への行楽も、大阪観光の魅力のひとつに位置づけられた。さらに皇陵の巡拝や、楠公すなわち楠木正成にちなむ古蹟をめぐるなど主題を決めた遊覧ルートも提案された。

観光ガイドブックや案内書の類にあって、大阪の郊外は、どのように記載されたのだろうか。ここではまず、堂島ビルヂングに事務所を構えていた内外旅行案内協会が発行した『大大阪郊外案内』（昭和2年）を開いてみよう。

解説ページに加えて、各電鉄会社が発行した沿線案内や地図の類を折り畳んで綴じて、合冊としている。タイトルの通り、大阪に関するさまざまな情報とともに、郊外での楽しみ方を併せて紹介する総合的な観光ガイドブックである。

『大大阪郊外案内』には「大阪を中心とした交通機関の発達」と題する小文が掲載されている。東京を始めとする国内の他都市と比較した際、内外の主要な都市を連絡する航路や鉄道網が、大阪では著しく発達している様子を次のように表現する。

「我大阪市は東洋随一、且又日本第一の商業都市として、凡ゆる文化施設の完備して居る一方、其海陸交通機関の発達具備して居る事は又驚異とするべきで、就なか近郊各方面に多々点在する名所古蹟や、遊覧地に至る交通機関が所謂四通八達の完備した状態に在る事は、これ亦正に日本第一と、鼻を高ふして吹聴し得られるやうと云つたもの。」

続けて交通機関の充実ぶりを具体的に示す。海路では「支那・朝鮮各航路線」「台湾、琉球および九州各線のほか、瀬戸内海諸線、紀州通ひに土佐行き汽船」などがあり、鉄道では、東海道本線のほか、関西線、城東線、木津線、西成線、福知山線の各線が「蜘蛛手」のように拡っていると書く。

加えて郊外に至る交通機関に関しては、「皆夫々に電気鉄道である事」をことさらに強調する。観光客にとって、郊外電車網そのものが先進的であったということだろう。昭和2年の段階にあって、本線および支線を併せて7社27路線が整備されていた。「上方見物は斯様になさいませ」と題して、各路線ごとの名所を次のように紹介する。

「奈良見物　大阪上本町六丁目から大軌電車で瓢箪山の稲荷生駒の大トンネル生駒の聖天。奈良巡り天理教本部橿原神宮参拝其他面白き大和めぐり…

京都見物　天満橋より京阪電車で沿道主たる名勝地を探るには男山八幡。宇治。桃山御陵等算するにいとまなし…

南海方面　難波駅より和歌山へ汐見橋より高野山に堺浜寺和歌山に至る恵美須町よりの電車沿道の名勝を探るによし…

第六章　郊外の楽しみ

河内方面見物　天王寺阿倍野橋より大阪鉄道にて沿線数十の皇陵より巡拝によし藤井寺道明寺観心寺金剛寺参り金剛登山赤阪千早城址など楠氏の遺跡を訪ねるによし…

阪神間の名勝地　阪神急行電車に梅田より乗り大阪府立大公園箕面の勝地能勢の妙見中山寺宝塚の歌劇甲陽公園六甲摩耶山宝塚ホテルがある

阪神電車に梅田より乗れば名高い西の宮戎甲子園大グラウンド六甲登山香櫨園浜等ありて河辺三ノ宮に至る…

新京阪電車に…天神橋六丁目より乗れば四季御散策に最も適しい花で名高い千里山花壇崇禅寺等あり」

◉大大阪附属の一大公園◉

『大大阪郊外案内』の「大阪を中心とした交通機関の発達」のページでは、電鉄会社がそれぞれに「特別趣向の最新式電車」を用意、早朝から夜半まで運行していることに加えて、運賃の低廉さ、その速度も魅力的であると述べる。

「京都、宇治方面から、奈良、大和に河内方面、堺、和歌山地方、神戸行きには山手海岸の両線、酒の伊丹に、箕面公園、歓楽の宝塚等、何れの行先へも快速便利で旅客の為めには何よりの福音。」

「故に此の電車の過する各都市各地方共一纏めとして、我大阪市の延長地帯とも見られる一方、又各沿線所在の名所、古蹟、遊覧地等も右同様、大大阪市附属の一大公園として見れば見られぬ事はありません。されば右の郊外交通機関を利用する事に依り、隣接各都市の見物、附近諸方面の名所遊覧も、時間の短縮と経費節減の両特典下に極めて無造作に行ひ得られるといふ訳で、其詳細に就いては添付した郊外電車案内図と記事を一読せられたい。」

鉄道沿線を「大阪市の延長地帯」とみなし、点在する古蹟の類や電鉄会社が郊外に開発した遊覧地を「大大阪市附属の一大公園」と評する発想が面白い。「大阪近郊の交通網」という項では、郊外電車の発達を「驚異」と断じている。

「大阪に於ける郊外電車の発達は斯界の驚異である、大阪近郊の郊外網は各社至れり尽せりである、『煙の都』として市民は其空気が濁つて居る、従て常に健康上苦められて居た、現今では遊覧の都として住宅地として市民は近郊へ近郊へと押出し、一日の慰安を其々求めて行く、従て各郊外電鉄の発達発展の度を高めて交通機関の便利頻繁となり市民は勿論一般遊覧客の上に大なる利便を与へるに到った。」

工業化が進展するなか、大阪市内では煤煙対策が社会問題となっていた。この状況にあって、電鉄会社は沿線に住宅地を建設し、健康的で近代的な郊外居住を推進した。同時に各社は、沿線にある歴史的な史蹟を行楽の対象として喧伝するとともに、近代的な遊園地を建設して誘客に励んだ。通勤や通学を目的とする市民の利用に加えて、遊覧客に利便を提供する事業も各社の思惑にあったわけだ。

空気の汚れた都心との対比から、郊外の魅力を説く視点は、その後に発行された観光ガ

第六章　郊外の楽しみ

イドブックにも継承される。たとえば東出清光は『大阪案内』(昭和11年、大阪之商品編集部)において、大大阪の「近郊」を概観するべく次のように記している。

「大阪は『煙の都』の名の如く、無数の工場から吐く梅園の煙幕が張られ、空気も常に汚れてゐて衛生上甚だ宜しくないが、一歩市中を離れると、泳ぐに海近く、登るに山近く、白砂青松あり、緑叢清泉あつて、気を伸べ目を楽しますに足り、また、歴史と共に発達して、古い土地である関係上、名所古蹟は到るところに残される。且つ郊外電車が四通八達し、交通網の完備せる点も日本随一である。大阪の郊外電車は、阪神、阪急、京阪、大軌、阪和、大鐵、南海、新阪堺の八社による。各社各沿線それぞれの趣を呈する。」

沿線ごとに独自の「趣」があったという指摘である。以下、この章では、各沿線における遊覧地の個性について、東出が編んだ本や鉄道会社の発行したパンフレットなどを拠り所に紹介していきたい。

阪神電鉄沿線の遊覧

◉阪神沿線の行楽◉

『大阪案内』（大阪之商品編集部、昭和11年）では、「近郊」の章を設けて、沿線ごとの趣を紹介している。最初に取り上げるのが、阪神沿線である。尼崎附近、鳴尾附近、門戸厄神・廣田神社・神呪寺、西宮戎神社、芦屋・住吉の各地を紹介している。

大阪と神戸のあいだは、阪神電鉄のほか、阪神国道バス、阪神国道電車、省線、阪急と、五線が並行している。そのなかでもっとも海岸線に近く走るのが阪神である。

梅田から西へ、福島、野田、淀川を渡って、姫島、千船、大物の各駅がある。工

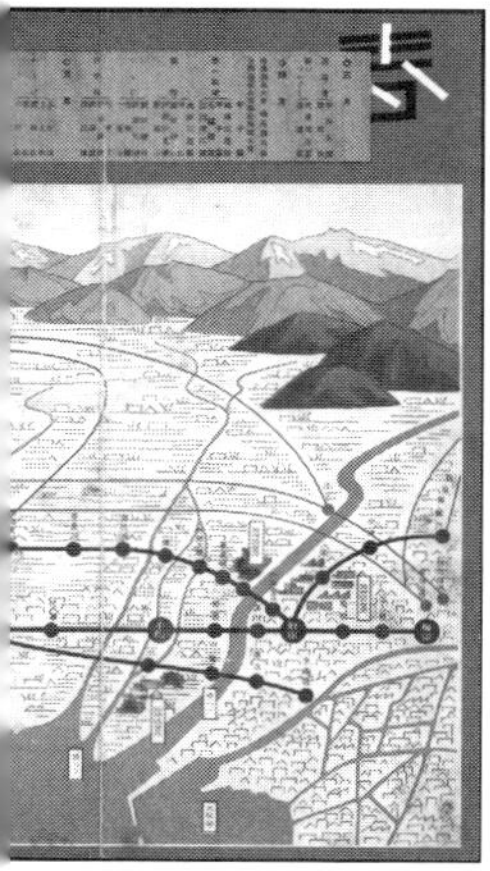

（図1）

場地帯で雑然としているが、釣り客の集まる千船、史蹟で知られる大物などがある。尼崎では、本興寺、秀吉が味噌すり坊主に化けて光秀の家臣から逃れた逸話のある廣徳寺、皿屋敷で有名な深正院などの諸寺がある。また蒲鉾、らんぷ飴などの名産がある。

　古くから月の名所として知られる鳴尾は、競馬場と苺狩りで賑わった。競馬場は「大阪新名物の一」であり、春秋の定期競馬には遠近から観客が群れ集う。その西の甲子園には大鐵傘がそびえ立つ「有名な大野球場」があり、「世界屈指の模範的球場」「わが代表的野球戦はここで行われる」と紹介する。周辺には、日本最初のラグビーおよびサッカーの正式競技場であった南運動場、プール、最新の設備である庭球コート、海岸には海水浴場

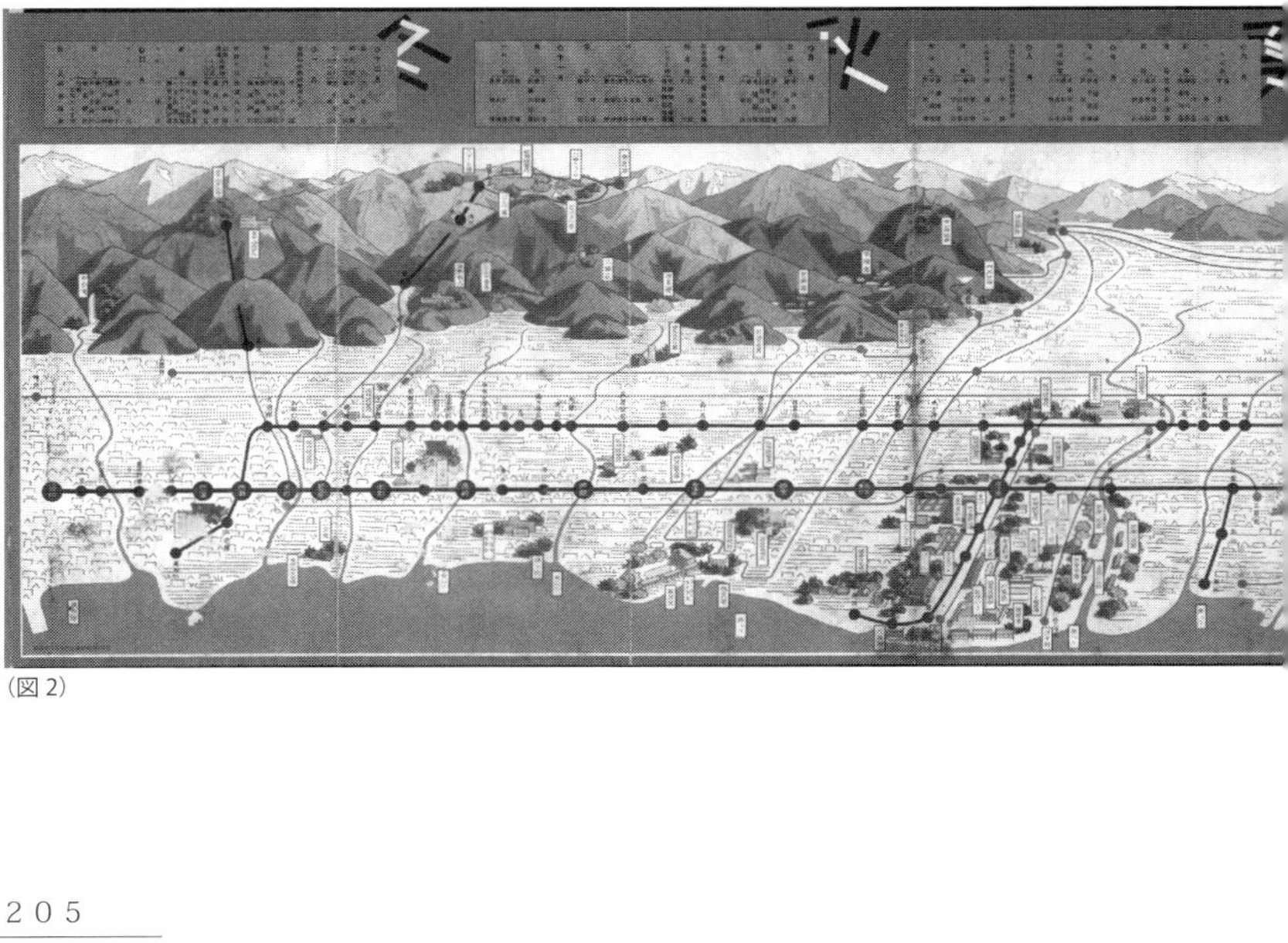

(図2)

がある。この辺り一帯は、「白砂青松の郊外散策地」として申し分がないと強調している。

五郷、すなわち今津・魚崎・西宮・御影・西郷は、いずれも良酒の名産地である。なかでも西宮は、年に50万石を醸造する「随一の酒造地」である。特に名高いのは「日本一の福の神」である西宮戎神社である。さらに西に進むと、武庫川の松林の美しい香櫨園があり、眺望絶佳である六甲苦楽園行きの自動車が発着している。ついで、松茸狩りで知られる白砂の打出の浜、芦屋、深江、御影などの名所がある。

阪神電鉄が発行した『阪神便覧』は、沿線に点在する名所を紹介するパンフレットである。イラストマップの上方に、春夏秋冬、それぞれの季節に催される社寺の祭礼や行事、各種の楽しみを列挙する。表紙には、野球・ラグビー・テニスなどのスポーツ、桜や紅葉、潮干狩りや魚釣り、いちご狩り、筍掘り、いちじく狩り、松茸狩りなどの四季折々の行楽、競馬・水泳・花火・温泉などの楽しみなど、沿線で享

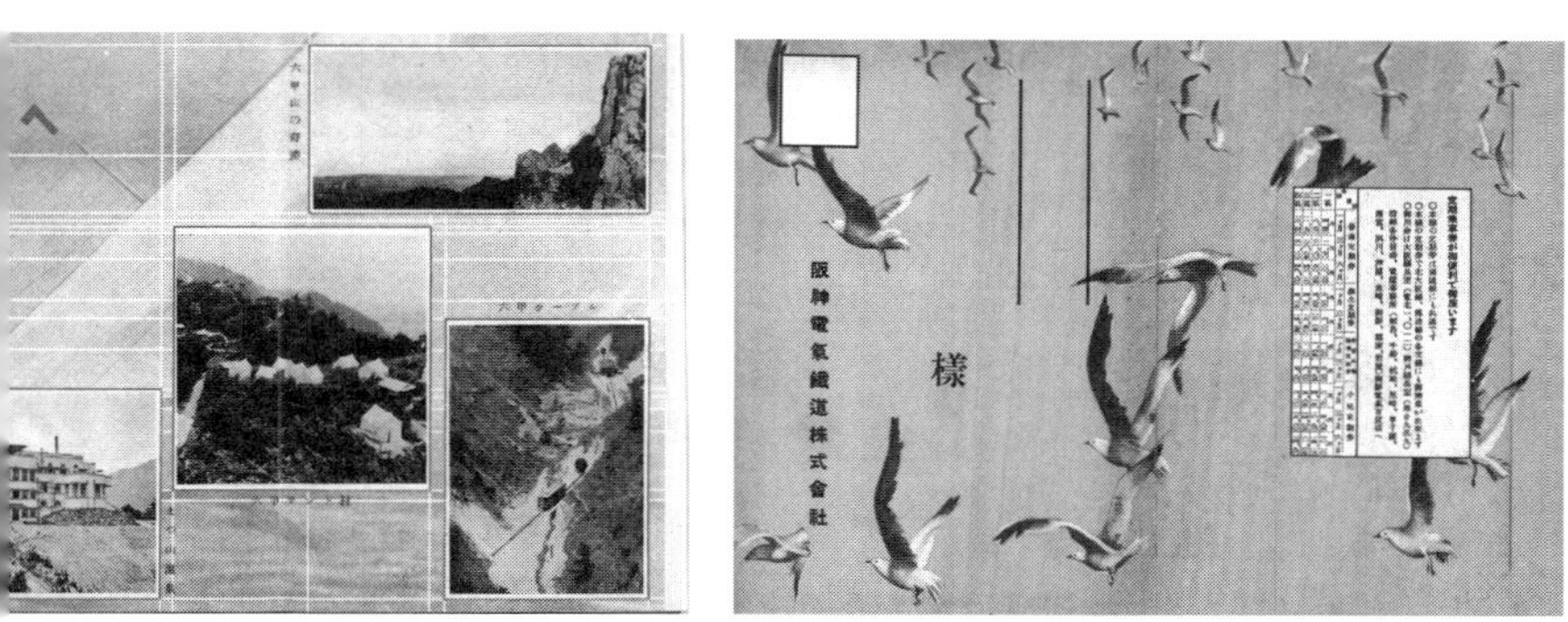

（図3）

受できる各種の娯楽を連想させるアイコンを並べる。活動写真のカメラも描かれているが、沿線の遊園地には各社の撮影所があったことを反映したものだろう。海と山に挟まれて東西に路線を持ち、またスポーツ施設や遊園施設が充実していた阪神沿線独特のデザインである。（図1、2）

◉海へ！　山へ！◉

夏季の誘客を目的に制作された案内を紹介しよう。海鳥が群舞するイラストを表紙とし、写真構成で沿線にある海水浴場や六甲山系の山上の行楽地の魅力を紹介、「海へ！　阪神パークへ！　山へ！」の文字がある。冒頭に次の一文を掲げる。（図3、4）

「朝、松林のそぞろ歩きに海の微風のはれやかさ。薄暮ともなれば、翠巒をめぐらしたテント村に楽しい夕餉の烟があがる。目にしむほどの清新な空は日毎に輝きわたり、渚にさざめく波頭、山を行く白雲のたたずまひなど、わが阪神沿線には清新な夏の涼

（図4）

気が満ち溢れ、到るところ明朗、健康、そして最も手軽で便利な点に於て限りなき魅力を以て呼びかけます。」

海浜の行楽地としては、甲子園と香櫨園の海水浴場を紹介する。そのうち甲子園については、次のように書いている。

「明るい松塘を背にして、今津海浜にまでわたる此の海水浴場はその設備と大きさに於て東洋一と云はれてゐます。隣りには楽園『阪神パーク』があり、御家族連れで一日、ゆるゆると海に親しんで戴くことが出来ます。」

近傍には、大阪府や大阪市の教育家を役員とした水泳道場「甲子園水泳研究所」、25mの競泳コースと正式ダイビング台を備えた「甲子園プール」、年中一定の水温を保つ温度調節装置と循環浄化装置を備えた「甲子園室内プール」などが整えられていた。

阪神パークに関しては次のように記載、各種の遊戯機械や動物舎の詳細を描いたイラストを添える。（図5）

「ここの誇りは、多く集められた動物が最も自然に近い環境の中で悠々と生活してゐることに始まります。お

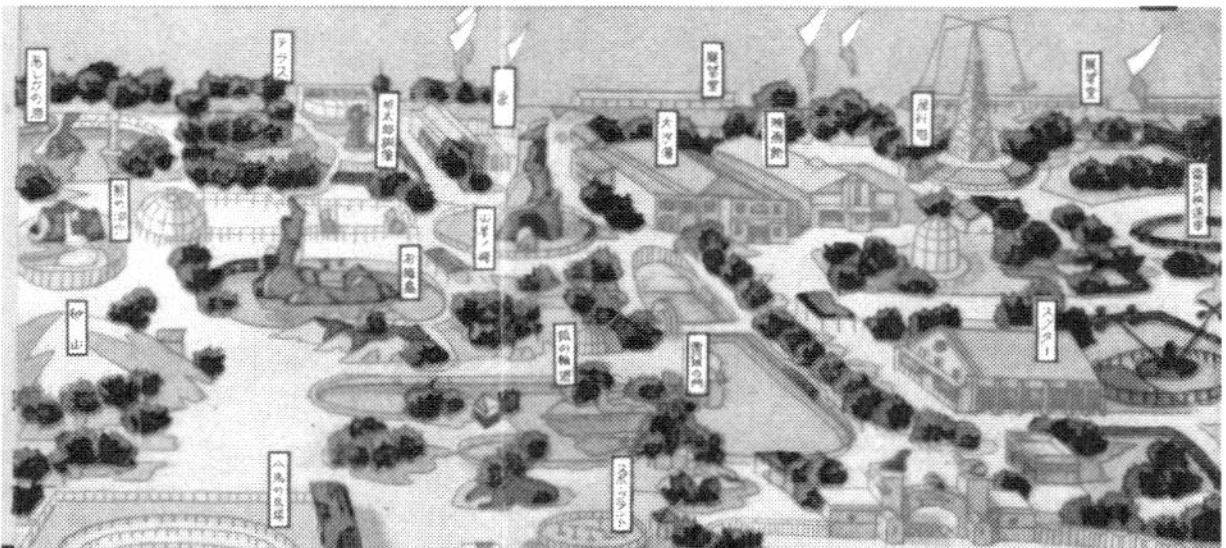

（図5）

猿百匹放し飼いの『お猿島』、北海を模した『あしかの海』を主として各自、思ひ思ひの動物の国を現出してゐる他、天然の砂浜を利用した『砂遊び場』や各種の運動遊戯用最新器具が設備されて居ります。加ふるに此の中に設けられた『潮湯』『映画館』なども銷夏には最適の楽園であります。」

山の行楽地としては、六甲山、摩耶山を紹介する。六甲山に関しては、「涼風峰を渡る海抜三千尺の六甲山へ。ケーブルは我国最初の一連四車式、輸送力の大きいことと、大勢が安全に待たずに乗れることが特徴で団体御乗客には特に御便利です」と、ケーブルカーの能力を強調する。山上の施設では、展望バスやホテルを記載するほか、高山植物園について「美景は眺望の絶佳と共に訪ふものをして暑熱を忘れしめます」と宣伝する。またテント村に関しては「…南面に海を見下す別天地です」と書いている。（図6）

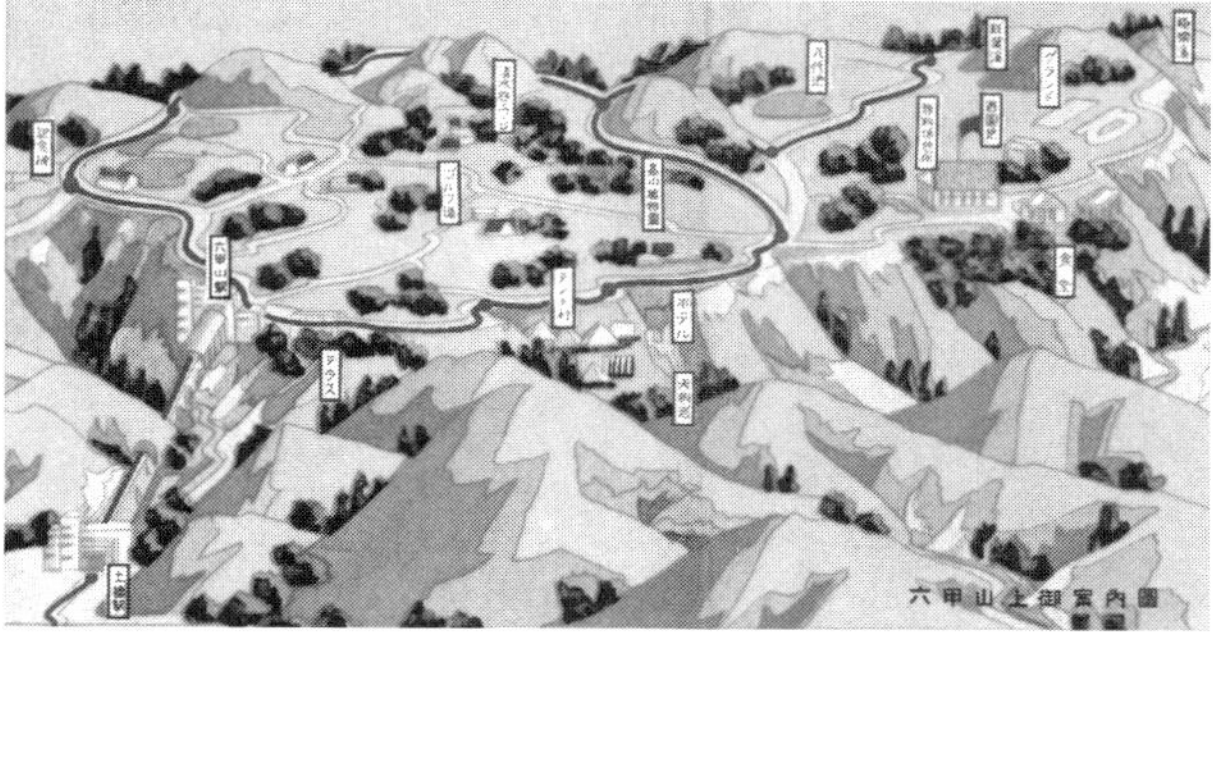

（図6）

阪急電車沿線の遊覧

◉阪急沿線の行楽◉

『大阪案内』（大阪之商品編集部、昭和11年）に掲載された「阪急沿線」の項では、宝塚線・箕面線、神戸線、それぞれの路線ごとに各駅の近傍にある名所を紹介したうえで、六甲山上に用意された各種の楽しみを紹介する。概要を紹介しよう。

梅田の始発駅を出たのち、十三で別れて、宝塚・箕面方面に向かう。服部駅は、脚気に霊験のある服部天神や美しい小渓流の天笠川が近い。住宅地にある曽根駅の近傍には、秋に境内に美しく萩の花が開く萩の寺がある。岡町には古式獅子祭で有名な原田神社がある。阪急直営の住宅地で賑わう豊中駅周辺にはグランドがあり、豊中中学、梅花女学校、大阪薬専などの学校も多い。石橋には、古歌に名高い待兼山の景勝地がある。

石橋で分岐して箕面線に入る。桜井まで来ると「四辺の風物」が一変して、翠が鮮やかになる。新田義貞と足利尊氏の戦跡である瀬川古戦場や萱野三平の旧宅、牧落の百楽荘など高級住宅地がある。終点の箕面駅に着く。「箕面山一帯八五町歩が公園地帯となつて、紅葉は日本一と言はれる」と書く。停留所から7丁ほど登ると、日本四弁天のひとつである瀧安寺がある。奥に高さ110尺の大瀑布あり、勝尾寺に至る。

石橋から宝塚方面に向かうと、清酒の名産地であり、「北摂第一の旧町」である池田がある。呉媛を祀る呉服神社、鮎狩に良い猪名川、五月山などを列記、「古来文人墨客の清遊の跡」が多いと強調する。能勢妙見に至る能勢電車や省線と連絡する能勢口、満願寺のある花屋敷、つつじの名勝である長明寺滝のある平井駅、牡丹で知られる山本駅、中山寺のある中山駅、「日本第一清荒神」の勅号を賜った名刹のある清荒神と続く。終点の宝塚については、次のように大劇場を再建する途上にあった新温泉の状況について述べている。

「宝塚は湯の町である。新温泉は宝塚少女歌劇で全国的に著名で、大浴場の外に五千人を容れる大劇場もあつたが昭和十年一月火を失して焼失。目下、再建を急がれてゐる。なほ中劇場、小劇場があり、室内遊戯場、図書館など諸設備が整ひ、今尚ほ沿線第一の歓楽境となつてゐる。さらにパラダイス、動物園、五十メートル公認プールなどがある。」

新温泉から迎賓橋を渡ると旧温泉がある。褐色の冷泉が湧き出て「真の湯治客」を迎えている。付近には料亭や旅館が軒を並べて、常に賑わっている。この地から武田尾や有馬の温泉に通じる自動車便があることも記載する。

宝塚線と比べると、神戸線沿線に関する紹介文はいたって簡潔である。各駅の近傍にある住宅地、および園田競馬場や広済寺、門戸厄神について簡単に触れるだけである。比較的、詳しく述べているのが、六甲山麓に点在する名所や遊園への連絡がある夙川、六甲駅についてである。

夙川駅を起点とする行楽地には、ラヂウム鉱泉に付随する料亭旅館がある苦楽園、甲山の翠緑に臨む甲陽公園、桜や菜の花の眺めが良い甲山の神呪寺などがある。いっぽう六甲山への登山口となるのが六甲駅である。連絡するロープウェイで一気に山頂に登ると、六甲山ホテル、食堂、郵便局、ゴルフ場、スケート場などがあり、大阪湾を一望の下に収めることができる。山上は、六甲縦走やハイキングの客で、いつも賑わっている。また六甲山頂から有馬温泉を経由して、宝塚に抜ける自動車便がある。阪急沿線を紹介するこの文章は、終点の神戸駅を経由、ケーブルで登山することができる摩耶山の紹介で結びとしている。

◉明朗な沿線◉

阪急は、宝塚や箕面など終着駅の近傍に温泉や遊園施設を経営すると同時に、神戸線の駅を経由地としてケーブルカーや乗合い自動車を運行し、六甲山上の開発を担った。昭和11年に発行された『沿線御案内』(阪神急行電鉄株式会社発行)を開いてみよう。

路線図、主要な料金表、初発・終電時間とともに、「楽しい行楽の設計」と題した行楽のモデルコースを掲載する。あわせて「明朗な沿線の住宅地」と題して、電鉄会社が各地で経営していた住宅地について触れる文章を載せている。

沿線の行楽案内に、経営地の住宅を宣伝する文章を掲載している点が興味深い。ここではまず阪急の経営地住宅が「何故よいか」と問題提起、次のように自己分析を行う。そのうえで、「何故廉いか」と電鉄会社の想いを表明する。

「何故よいか　当社沿線は山添ひの高燥地で宝塚線は大阪近郊に類少い土地の起伏と雑木

林とに富み、神戸線は北に六甲連山を負ひ、南に大阪湾を控へた全国最高級住宅地帯として定評あり、何れも気候、風景、環境共に申し分のない土地柄であります。」
「何故廉いか　阪急の土地経営は沿線の開発が目的であります。沿線が発展しさへすれば、阪急電車の御乗客が殖えます。阪急百貨店が繁昌致します。早く沿線を発展させる為には廉くて良い住宅地を提供するのが最も手近かな方法であります。」

電鉄会社は、住宅地経営と行楽地の開発は、ともに沿線の発展に不可欠な事業であると認識していたのだろう。

『沿線御案内』の表紙は、宝塚新温泉にあった劇場群を描いたイラストである。桜が咲く並木道「花のみち」を跨ぐ陸橋は、新温泉と動物園やルナパークを連絡するものだ。大劇場は先にも述べたように昭和10年に罹災したが、早急に改修がなされた。梅田駅、および百貨店が入居する阪急ビルディングを線描したスタンプを押す。「神戸行は明るい高架・速い阪急」の文字がある。(図1)

(図1)

この時期、鉄道各社は、大阪と神戸をいかに短時間で連絡するのかを競い合っていた。阪急は開業時には「綺麗で早うて、ガラアキ、眺めの素敵によい涼しい電車」を売りものに、大阪梅田駅から神戸上筒井駅間を50分で結んだ。その後も他社に先駆けてパンタグラフを導入するなど工夫を重ね、高速化を

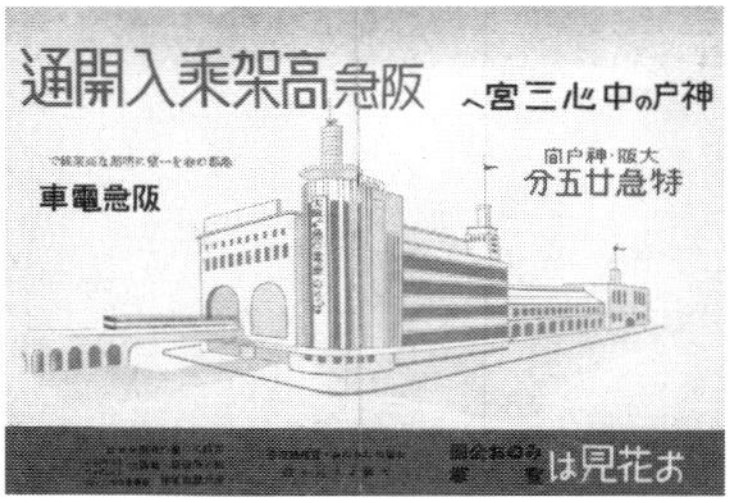

（図 2）

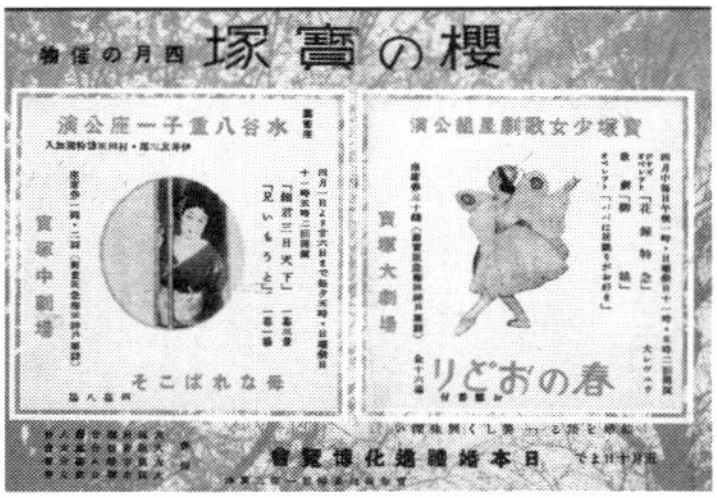

（図 3）

すすめた結果、梅田から神戸までを25分で連絡するまでに短縮する。

さらに昭和11年、梅田から十三までの複々線化工事を実施、高架線での三宮への乗り入れを果たす。総延長は伸びたが、西宮北口のみに停車する特急は従前の最短時間を維持した。三宮までの開通を宣伝するチラシでは、新たな三宮駅の外観を紹介するとともに「大阪・神戸間特急廿五分」「港都の春を一望に明朗な高架線で」と訴える。裏面では「桜の宝塚」を宣伝、大劇場で実施されていた「春のおどり」、中劇場での水谷八重子一座の公演、さらには新温泉のほか宝塚図書館など一帯の三万坪を会場に開催された「日本婚礼進化博覧会」など、宝塚新温泉の4月における催事を告知している。（図2、3）

◉楽しい行楽の設計◉

『沿線御案内』に戻ろう。案内書の表面には、一面に横長のイラストマップが掲載されている。沿線全体を描く路線図に、電鉄会社が経営する住宅地や遊園地、沿線各地にある名所や旧跡、さらには主要な学校などの場所を多数、描き込んだものだ。とりわけ電鉄会社が力を入れて開発した梅田駅と三宮駅、宝塚や六甲山上の娯楽施設群などは、具体的にイラストで描く。鉄道だけではなく、有馬温泉と宝塚、六甲を結ぶ路線など、

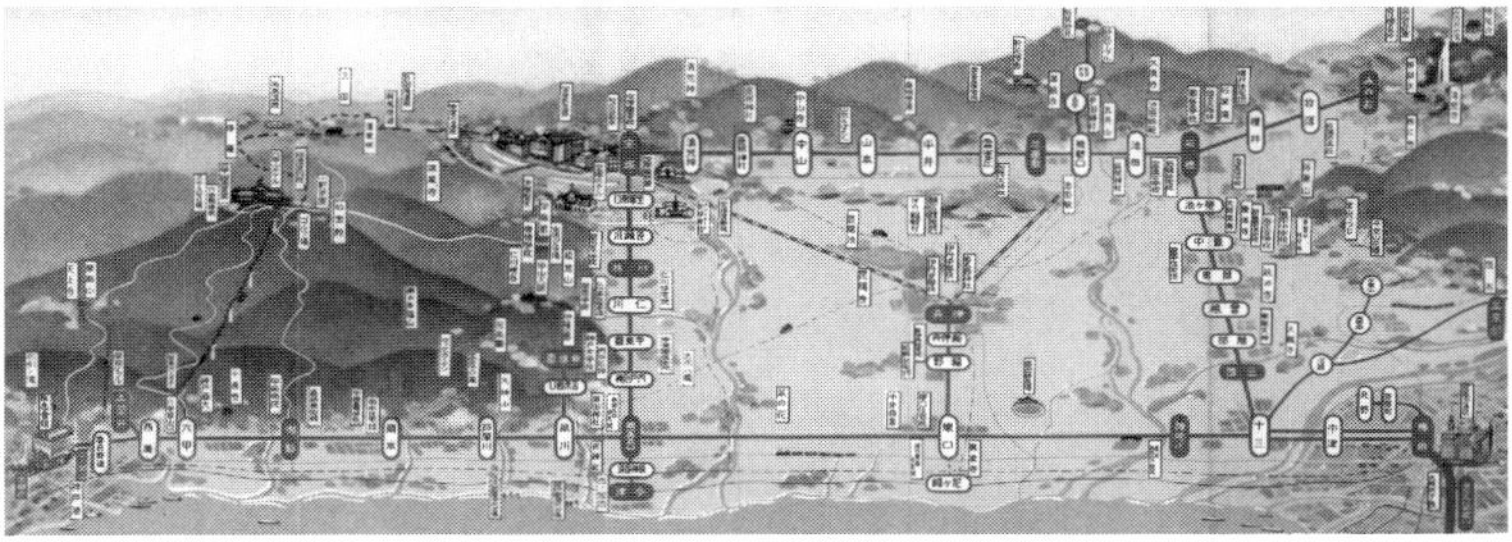

（図4）

主要な自動車のネットワークも破線で表現されている。（図4）

パンフレットには「楽しい行楽の設計」と題する案内文がある。冒頭で「四季折々の御行楽は是非阪急沿線を御選び下さい」と述べ、阪急沿線には「理想的な条件」が揃っていると、以下の4項目を掲げる。

「一、日帰り半日の行楽地に富むこと。」

「二、宝塚、みのお公園、六甲山を控へ、花に青葉に紅葉に、観劇、入湯、宴会その他、参詣、散策、ハイキング等断然内容豊富な行楽地を擁していること。」

「三、御子連れ、御家族連れの遊覧設備が整つてゐること。」

「四、大阪・神戸より近距離にあり、電車賃低廉、その他万事手軽に経費が多くかゝらぬこと。」

そのうえで、「宝塚少女歌劇・宝塚新温泉」「みのお公園」「宝塚・みのお廻遊」「六甲山」「有馬温泉・蓬莱峡の奇勝」「六甲・有馬・宝塚廻遊」「能勢妙見詣で」の7つのコースを順に紹介する。休日の1日を、各地でいかに過ごし、またどうすれば効率良く巡ることができるのか、モデルとなるプランを説明している。

各名所の特徴を簡潔に述べる文章も添えられている。宝塚に関しては、「綺麗で無邪気で上品で家族打揃つて面白く遊べる日本一の娯楽の都。歌と踊りに明け暮れる風光明媚な歌劇の都。遊覧文化の粋を集めて大劇場、温泉、ルナパーク、動物園、植物園、図書館、運動場、児童遊園と堂々数万坪の輪奐を誇る四季行楽の都です」と書く。みのお公園については「日本一の紅葉境。さくら、緑陰、山ほとどぎす。滝に、流れに、河鹿の名所。森林公園、みのおの渓は近郊一の散策地です」と称賛する。六甲山は「三千尺の秀嶺を登るロープウェイの爽快味。清澄の大気と、光と風と、飛ぶ雲と共に、大六甲の自然に遊ぶ雄大なピクニックの1日を」と記載している。

阪急が、特に力を入れた事業がハイキングである。事業部計画課内に「阪急ワンダーホーゲルの会」を設け、例会を実施した。能勢や北摂、六甲の各種をめぐる多様なルートを用意、各種のパンフレットも作成された。昭和16年に発行された『六甲北摂ハイキングニュース』8月号をみると、この時点での会員数は4万人を越えていたという。50銭の実費でバッヂを配布した。年間12回、20回以上の例会参加者、および皆勤者には奨励賞などの特典が用意された。(図5)

(図5)

阪急電車は、梅田と神戸に「サービス・ステーション」を設けていた。「本社営業百般の御案内所」をうたい、沿線での行楽、宴会、ハイキング、ピクニックを楽しみたい人々の便宜をはかった。また宝塚ホテル、六甲山ホテルなどの直営ホテルの照会、電鉄会社の事業であった電灯や電熱の供給に関する問い合わせ、住宅地の分譲や沿線の貸し家、下宿、アパートに関する無料相談も行なっていた。住宅経営と行楽に関する諸事業を組み合わせて、積極的に沿線開発を行っていた阪急電車らしいサービスである。

京阪電鉄沿線の遊覧

◉新京阪沿線の行楽◉

『大阪案内』（大阪之商品編集部、昭和11年）の「大阪から京都まで」の項では、新京阪線と京阪本線に分けて、京阪間の名所や行楽地を紹介する。

新京阪線は、天神橋（天神橋筋6丁目）から京都四条大宮に至る路線である。また淡路で千里山線、十三線、桂で嵐山線に分岐する。

『大阪案内』では、起点である天神橋筋6丁目駅から説き起こす。天六の繁華街、長柄橋、新淀川、柴島水源地を経て、淡路に至る。十三線には仇討ちで名高い崇禅寺、千里線には千里花壇、ゴルフ場、関西大学などがあると述べる。

淡路から京都方面に向かう。日本遊女の鼻祖といわれる江口君を祀った江口君堂、茨木町駅前に弘誓の松で有名な茨木別院、近くに腫物に効験ありといわれる「いぼの水」の磯良神社、ゴルフリンクなどが沿線にある。富田町には西国22番札所の総持寺がある。高槻町には、住宅経営地、大阪高等医専、工兵第四大隊、国立化学研究所、名勝地摂津耶馬渓などがあり、上牧には楠公父子の決別した趾である櫻井の駅がある。

大山崎駅の近傍には利休の茶室である妙喜庵、離宮の跡である水無瀬宮、天王山の古戦場がある。長岡天神は霧島ツツジで有名、桂には桂離宮、西山別院があり、保津川行きのバスが発着する。嵐山線沿線には、苔で名高い西芳寺、造酒の祖神である松尾大社もある。

◉御大典輸送◉

大正7年、京阪電気鉄道は、軌道条例に基づいて淀川西岸支線の建設を出願する。大正11年に地方鉄道法による許可を取得、新京阪鉄道を創設する。北大阪電気鉄道から千里線の事業を、京都電灯か嵐山から長岡天神の免許を譲受した。

新京阪線は昭和3年1月に、まず天神橋から高槻町の区間で営業を始める。延伸工事を終えて、11月1日に西院（仮駅）まで、さらに嵐山支線の運行を始めている。この年、京都は昭和天皇の即位御大礼で沸き立ち、観光ブームのさなかにあった。秋には岡崎公園と京都刑務所跡、恩賜京都博物館を会場に、大礼記念京都博覧会が開催された。新京阪線の工事も、この年次に間に合うべく進められたようだ。

京都までの開通を紹介する『新京阪ニュース　新線開通号』を紹介しよう。表紙に「京阪間最大急行」と記し、また裏面では沿線各所の行楽地を、写真とともに紹介する。その

冒頭に「京都本線開通に就いて」という文を掲げる。（図1）

「瑞雲芽出度き御大典を千萬同胞が寿ぐ秋が来ました。当社は逐年線路を延長いたしまして運輸交通に聊か微力を尽し得るのは之れ偏に皆様の御引立御後援の賜と深く感謝の意を表する次第であります」

挨拶に続けて、京都までを全通させたことで、新京阪線が「京阪間最近道」となったと強調する。従来、京都と大阪の間は、省線の汽車あるいは京阪電車で、1時間から80分を要していた。しかし新京阪線を利用すると50分内外しかかからない。時間の短縮になるとともに、線路、車両基地ともに最新式で、安全第一をモットーとしているので、「いくら高速度であつても動揺は少く乗り心地がよい」と説く。

「沿線各地は風光明媚、そして随所に史蹟の香が高い、煩瑣な都会をのがれて四季行楽の

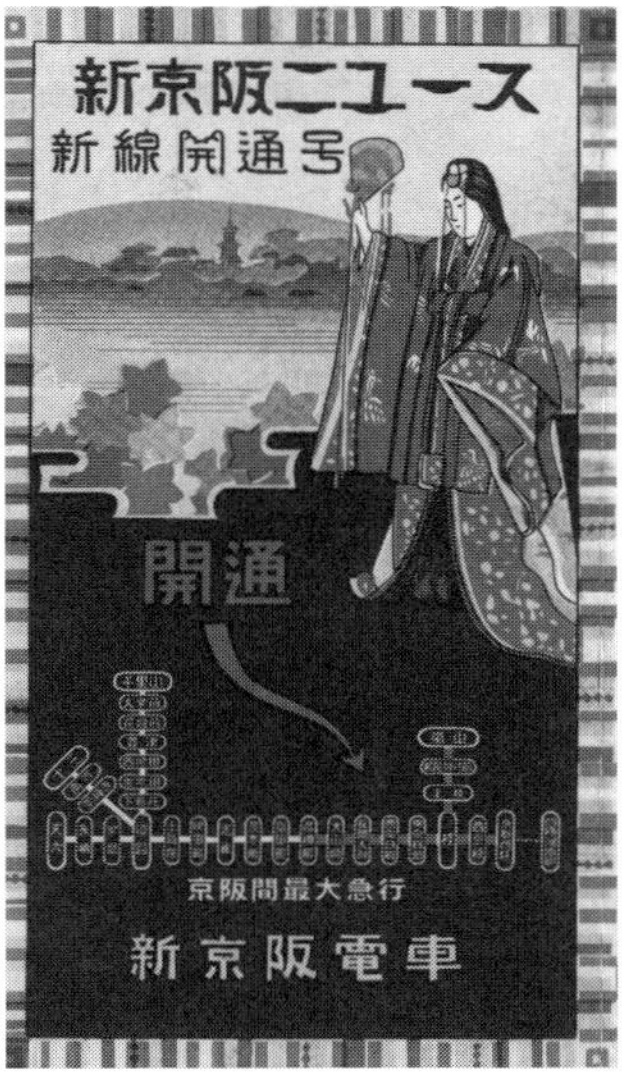

（図1）

（図2）

（図3）

（図4）

一日を御家族連れで清遊に又探勝に更に史実の址を訪へば興趣尽きる所を知らぬものがあらう…」と述べたうえで、各駅近傍にある名所旧跡について順に記述する。

加えてこのパンフレットでは、「御所と新京阪」「大礼博覧会と新京阪」と題して、即位大礼の儀礼、大嘗宮の儀が行われる御所に出向くには、新京阪線が「阪神地方よりの最短通路」であり、「御大典輸送」を完備したのは光栄とすると記す。西院駅から市電に乗れば堺町御門まで約15分、自動車を利用すれば10分で到着する。鹵簿や御所の拝観にも最も便利であると書く。また博覧会場も近い。西院駅から市電に乗れば、7分で千本丸太町の第二会場に到着することができる。

電鉄会社が配布した案内では、博覧会の賑わいを「第二会場は近代文化の粋を集め電気館、特許発明館、八幡製鉄所の特設館、機械館等、誠に吾々に取つては一大驚異である。なお児童遊園地、国際児童館あり、演芸館あり、子供の楽園であると共に大人のオアシスであらう」と書いている。ここでは第二会場を紹介する絵葉書を掲載しておきたい。（図2〜4）

新京阪電車も博覧会に参画、湯茶で接待し、映画の封切りを見せる休憩所を出店した。長さ24間、幅4間、ロマンスカーを模した外観がユニークであった。北隣に京都日々新聞が運営した児童遊園地、南隣にビクター蓄音機館があり、「御子供衆連れの御休息には最上の場所」と特記している。

◉超特急によるスピード時代◉

新京阪は新型車両を投入、さらなる高速輸送をめざす。当時、東海道本線の特急「燕」を並行区間で抜き去ったという逸話もある。性能を誇った新京阪電車は、天神橋から京都までの区間に「超特急」と称する急行列車を運行した。

ここでは「若葉を訪ねて！」と題する案内書を紹介したい。表紙に列車の写真に重ねて、「大阪↑↓京都超特急34分」という文字が踊る。内容を見ると、まだ地下鉄線による西院から京阪京都（大宮）までの延伸工事が終えていない時期のものであることから、昭和4年か5年の初夏に発行されたものと推察できる。（図5）

（図5）

「京都大阪間を38分で走破してスピード時代を作り出したわが新京阪電車は更に一躍4分を短縮して4月21日より京阪間を34分で走る事となり茲にスピード時代のとどめを刺しました。速度は最高65哩駅間平均最高56哩6分といふ我国での最高速度ですが、尚曲線その他必要な箇所は徐行して、乗り心地のよい事と安全を依然として保つてゐる事は言ふまでもありません。」

当初、「超特急」は、朝夕のラッシュ時に毎時1往復が運行され、淡路駅にのみ、途中停車をした。また行楽シーズンに限って、桂駅にも臨時に停車したようだ。

◉深緑、筍狩、躑躅◉

新京阪線は、沿線での行楽を都市住民に訴求した。晩春から初夏に発行されたパンフレットでは、沿線の魅力として「深緑」「筍狩」「躑躅」を強調する。

第六章　郊外の楽しみ

新緑の項では「天下無比の翠嵐の美！　嵐山」「河鹿なく水郷　清滝」「秘められた新緑の宝庫　高雄」「近郊楽園！　千里山」を大きく扱い、ほかに摂津耶馬渓、眞龍寺、長岡天神、西芳寺などを取り上げる。「筍狩」では長岡天神の一帯の山、すなわち天神山の行楽を特記する。御大典の際にも宮内庁から用命があったことに触れつつ、「由緒の深い長岡天神山の筍　筍狩の興味は蓋し松茸狩以上」と書く。「躑躅」では「日本一のきりしま」を誇る長岡天神とともに、「躑躅の紅白乱れ咲く」と千里山花壇を推している。そのほか山崎聖天、善峯寺、保津川沿岸、正雀の吉志部神社、摂津耶馬渓、嵐山亀山公園などを列記する。

さらに梅宮神社の杜若、磯良神社の藤、向日町苺園や正雀苺園での苺狩なども紹介する。ユニークなのは「ほとどぎす」の名所を記している点だ。洛北が生息地として有名だが、最近は次第に少なくなり、今は西山一帯でその美声を聞くことができるという。また「けしの花ざかり」とあり、芥子の花による美観があったことも次のように特記する。

「日本一の亞片の産地三島郡では黄金の色敷く菜の花に代つてプラチナ色の飽くまで白い妖美けしの花が咲く。茨木町駅で下車して福井村安威村へかけての五月の田園はどこもかしこもけしの花ざかり、田園風景中の一偉観である。」

さらに、摂津耶馬渓、天王山、総持寺とその周辺、西山めぐり、西芳寺・松尾・梅宮、ポンポン山という6つのハイキングコースも記載する。

大阪と京都という都市を最短時間で連絡する「スピード感」を強調しつつ、沿線にひろがる野山や田園でゆったりと過ごす行楽も魅力的である。新京阪電車は、この質の異なる

2つの時間概念を利用者に提供していたわけだ。

●京阪沿線の行楽●

『大阪案内』（大阪之商品編集部、昭和11年）における「大阪から京都まで」のページでは、京阪沿線の行楽地を、「萱島、寝屋川、枚方」「男山八幡、淀、中書島」「伏見、桃山、稲荷」の三項目に分けて、その概要を述べている。

「萱島、寝屋川、枚方」の項では、始発であった天満橋から説き起こしつつ、沿線の各駅を起点として訪ずれることができる北河内一帯の旧跡と新しい名所を紹介する。

萱島からは、楠正行の史跡である四条畷神社、小楠公の墓所などにバスの便がある。お染久松の物語で有名な野崎観音慈眼寺に出向くことができる。

寝屋川にある運動場前の駅で下車してアカシヤ道を東に数丁歩いたところに、京阪が経営した寝屋川グランドがある。「阪神の甲子園と共に、年中競技を以て人を集める」と書く。香里の近傍は住宅地として発展をみている。昭和9年に成田不動別院が建立された。菅原道真ゆかりの菅相塚や蹉跎天満宮、聖母女学院などもある。

枚方は、江戸時代には「淀川の水駅」であり、参観交代を行う諸侯の宿所があった。自社が経営する枚方遊園については「四季の催しで賑はひ、ことに菊人形で名高く、櫻新地には遊廓がある」と書く。橋本には、交野天満宮、遊廓があり、淀川をはさんで対岸に位置する山崎に至る渡船の連絡があると記載する。

第六章　郊外の楽しみ

「男山八幡、淀、中書島」の項でも、各駅近傍の行楽地を紹介する。八幡では、男山ケーブルに乗り換えて、官幣大社である石清水八幡宮に参詣することができる。蒙古襲来の際に亀山上皇がこの社で掃攘を祈願、また孝明天皇が攘夷の祈祷をされたなど歴代天皇の行幸が18度もあったことを特記する。社殿の黄金雨樋は淀屋辰五郎の寄進と伝承があり、厄除けの大祭や白羽の弓の授与で知られる祭礼もあると書く。

木津、宇治の二大鉄橋を渡ると淀駅に着く。淀君の居城であった淀城址がある。城中に用水を引くべく設けられた川瀬の水車は、今は名のみ残ると記す。淀競馬場では、毎年、4月、12月に競馬が行われ、全国からファンが集まる。周囲の景観について「この附近の淀川は、昔の面影を偲ぶに足る風景で、今ボートレースも行われる」と書いている。

宇治線が分岐する中書島駅の近傍では、薩摩藩の有馬新七等が幕臣の襲撃によって命を落とした寺田屋を取り上げ、庭内に殉難碑があると述べる。附近に中書島遊廓がある。

宇治線で観月橋を渡ると、巨椋池が見えてくる。「淡水魚介、水生植物の珍なるものが多い」と説明する。六地蔵駅からは、豊公の花見で知られる醍醐寺、乳薬師として信仰される日野薬師、隠元禅師の開基になり「純支那風殿堂」を持つ黄檗宗の総本山である萬福寺などが近い。宇治に関しては「藤原時代建築の粋である平等院鳳凰堂、裸祭りで名高い縣神社、浮島十三塔、宇治橋などがあり、名勝古蹟に富む」と書く。

「伏見、桃山、稲荷」の項目では、桃山御陵、桃山東陵、乃木神社、桃山城址、御香宮などを列挙する。墨染駅からは、戯曲「関の扉」に脚色された墨染桜で知られる墨染寺、袈裟御前塚、藤森神社などが近い。深草駅の近くには、深草十二御陵、第十六師団、雀のお宿などがある。伏見稲荷については、参拝者が絶える時がないと記す。七條から京都の市内に入り、三條駅で京津線と連絡、浜大津を経由して、石山、坂本に通じる。比叡登山、琵琶湖廻りなどの「連絡船車」があると述べている。

◉四季の京阪◉

京阪電車は、季節ごとに各種のパンフレットを発行、大阪の人々を自社および関連会社の沿線に誘った。『沿線案内　四季の京阪』と題する小冊子では、京阪本線、新京阪線、千里山線、さらには京津線など琵琶湖周辺にまでエリアを広げて、初詣のほか、春夏秋冬、それぞれの季節ごとに折々の行楽や催事や祭礼を紹介している。記載内容からみて、昭和16年頃に発行されたものだろう。（図7）

春の項では、梅、桃、桜、新緑、つつじなどの見所を列記するほか、淀川堤での摘み草、香里花苑のチューリップ、寝屋川での苺狩をあげている。

夏では、宇治での蛍狩りや鵜飼、八幡子供水泳場、枚方遊園の納涼園などの記載がある。

秋はハイキングの季節だが、宇治における月見や松茸狩、きさいち文化農園の芋掘りのほか、宇治くつわ池での「かすみ網」、ひらかた遊園の菊人形などを特記している。

冬は、洛北や湖西でのスキーが主な楽しみだが、京阪本線の沿線では樟葉の招提山と面取山での兎狩も記載されている。

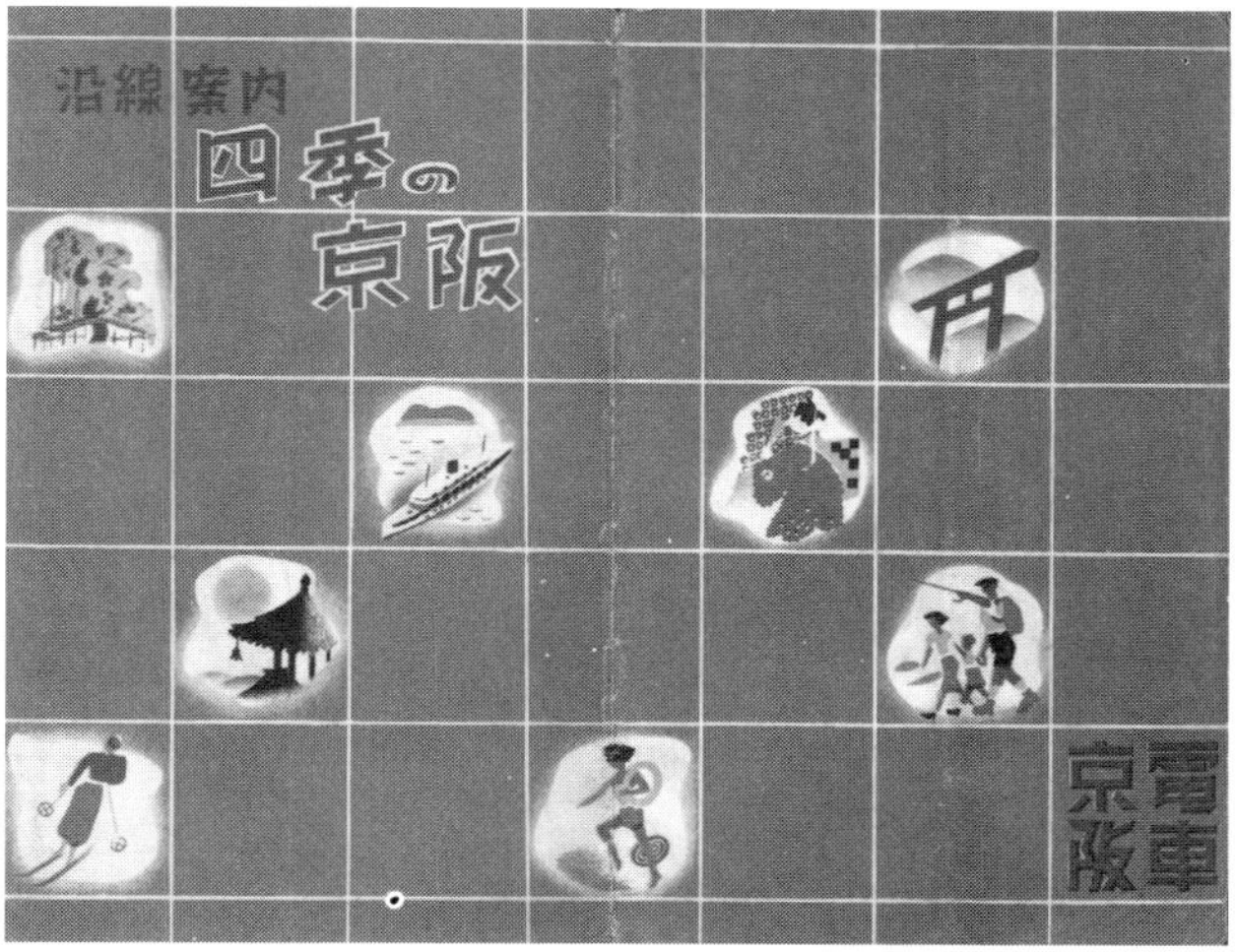

（図7）

新たに整備された観光施設も取りあげる。関目の大阪国技館は「ドーム式堂々四階建の新装は城北の一偉観、春秋に大相撲大阪大場所が開かれる」、私市駅前の文化農園は「野趣横溢の自然郷、苺狩、じゃがいも採り、いも掘等四時によい健康農園」、枚方遊園は「京阪線随一のパラダイス。春秋の目新しい催物、とりわけ菊人形は名実共に日本一である」と書いている。

この案内の最後のページには大阪市内の観光地を紹介する地図をとともに、駅を起点とするハイキングコースや宿泊が可能な寺院を記載している。また「住みよい沿線住宅地」として電鉄会社が開発した各沿線の住宅地を紹介、「理想的工場地帯　京阪沿線」と題して工場用地を求めていた人たちに向けた電灯電力課の宣伝文も掲載されている。

◉初詣と恵方◉

京阪電車は、季節ごとにいかに沿線の魅力を宣伝したのだろうか。まず昭和9年に配布された『初

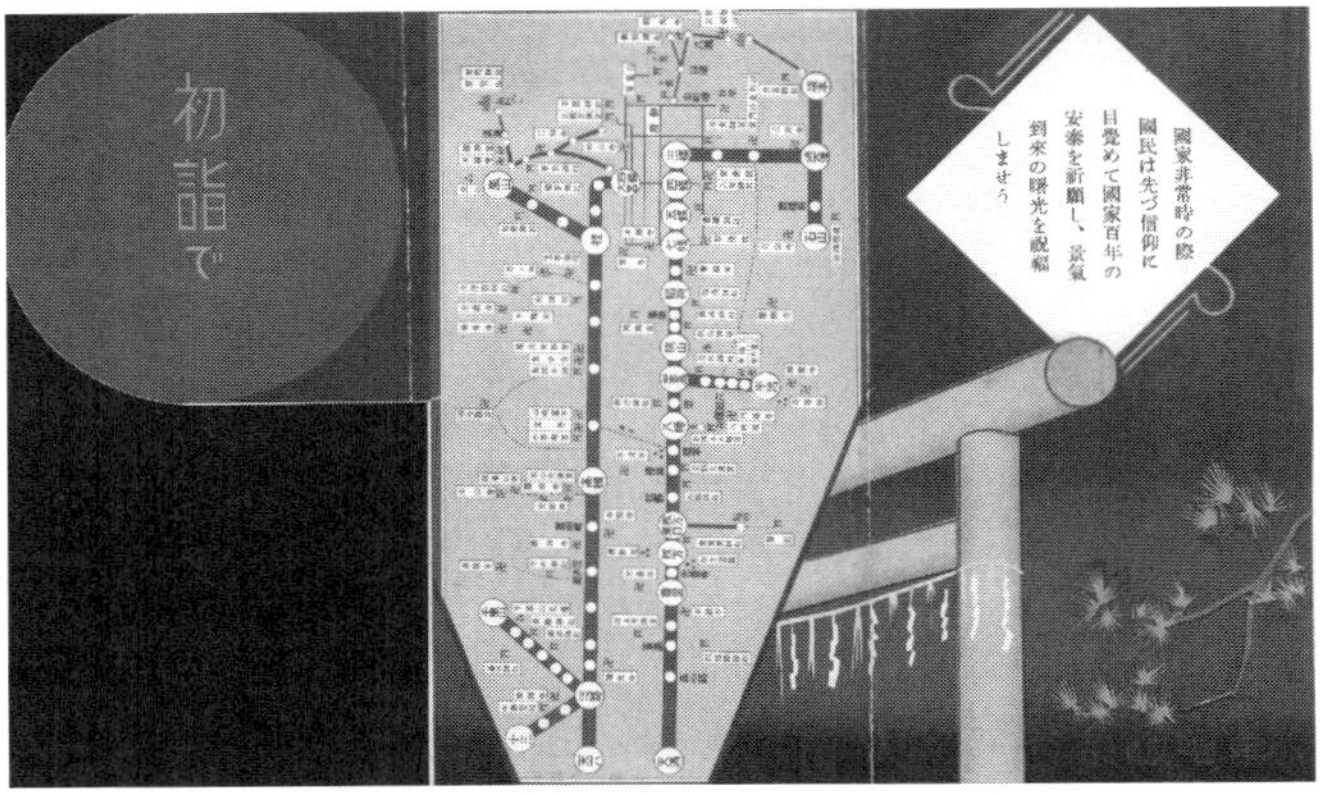

(図8)

詣で』と題する案内から、年末年始におけるプロモーションの様子を見てみよう。表紙に鳥居と日輪を描き、「国家非常時の際　国民は先ず信仰に目覚めて国家百年の安泰を祈願し、景気到来の曙光を祝福しませう」と記載する。冒頭に「初詣恵方詣」という小文を掲げ、京阪沿線が恵方であることを強調したのち、桃山御陵、石清水八幡宮、伏見稲荷神社などを紹介する。(図8)

「昭和九年の恵方は寅卯の間、東北の間で東寄りの方です。大阪から見て京阪電車の沿線全線が恵方に入ってゐます。一年の勝運を祈る人達はその年の元旦に天地の神々に祈願を立てるのでありますが殊にその祈願の成就せざるなしとして祈誓のたてられるのはその年の恵方の神々であります…」

桃山御陵に関しては「…我国民の追慕してやまぬ明治大帝の桃山御陵の遥拝は日本全国民のなす處であります。帝陵に近き京阪神の人達の桃山参陵こそは日本国民につとめ」と強調する。伏見稲荷神社については、元日の参詣者だけでも10万人を越すと述べたうえで、5日の大弓祭、12

日の御弓始などを紹介する。石清水八幡宮については、下記のように述べている。

「…我国第二の宗廟と崇められ、皇国非常時に際する時は必ず萬民の祈願が捧げられし事は私達の銘記する處です。非常時日本を護る当社は今年大阪より恵方に当りますから初詣及十五日から十九日まで行われる厄除大祭には全大阪の人達の参拝がある事と思はれてゐます。」

大晦日には男山ケーブルを終夜運行、年末から年始にかけて、京阪電車は沿線の加盟料理店とタイアップして、「料理券と往復電車賃」をセットにした「宴遊券」を販売した。都心を離れて、観光地で忘年会や新年会を楽しみたいという人たちを意識したものである。宇治の事例では、花屋敷、亀石楼、公園きくや、あい宗は、大阪往復の運賃をあわせて2円50銭、万碧楼で3円と設定されていた。

◉京阪沿線の春◉

毎年春、京阪は沿線での花見に大阪の人々を誘った。ここでは昭和9年に発行された『さくら』と題する案内を紹介しよう。京阪電車は、各地の名所を巡回する廻遊券を販売、資生堂とタイアップした春のキャンペーンを展開した。廻遊券1枚につき1枚の割合で、1等10円の商品券のほか、化粧品や石鹸などがあたる抽選券が付いている。天満橋、天六、十三の各駅で、即時に結果がわかり、その場で景品を手にすることができたようだ。(図9、10)

案内では、嵐山、嵯峨野、御室、醍醐、大原、鞍馬、宇治など、京都の洛外にある花の名所を紹介する。京阪本線沿線では、男山遊園、淀川堤、香里、淀、観月橋付近などを「花見筵をひろげるには適はしい」と推奨する。また、ひらかた遊園にあって、『弥次喜多世界笑ひの旅』と題する20場面からなる展示と「豪華レビュー　日本民謡をどり」の興行が、花見のシーズンに限った催事として挙行されていることが特記されている。

この案内が発行された昭和9年4月、京阪電車は日本で最初に連接構造を採用した流線型の最新車両「びわこ号」を投入、急行での運行を始めている。朝、7時半、8時、8時半に天満橋を出発、三条を経由、京津線に直接乗り入れて浜大津までを72分で結ぶ。浜大津港では、八景巡りや島巡りなどの遊覧船と連絡していた。案内では「大阪から大津へ一直線」と紹介している。（図11）

（図9）

（図10）

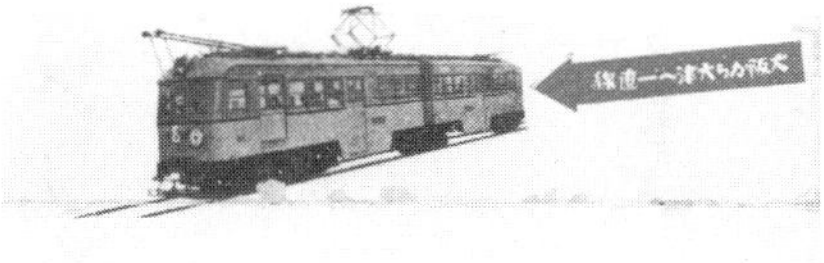

（図 11）

（図 12）

（図 13）

◉納涼と霊坊聖地◉

猛暑の夏もまた行楽の季節であった。昭和11年に配布された『夏の京阪沿線　Camping Hiking Swimming』と題するパンフレットがある。「キャンピング、スイミング」の頁では琵琶湖沿岸にあった海水浴場を強調する。対して「清涼ハイキング」と題する項では、次のように夏のハイキングの行き先選定に関して注意を喚起している。（図12、13）

「ハイキング！　むし暑いオフィスの椅子から離れてリュック背後に半ズボン白い夏帽と云つた型で一日の清歩！扨て何処が良いだらう？真夏のハイキングは行先の選定に充分の

注意をお払ひ下さい。成可く坊主山には登らない様、森林あり、渓流あり然して坊主山ありと云つた所が一番適当です。」

郊外遊園地での納涼イベントも紹介する。「納涼会！　夕暮からでもおそくない！　充分に納涼気分が味はれます」と見出しが躍る。ひらかた遊園では、7月11日から8月23日まで、毎日午後5時から夜間開場を実施、「電照大噴水」などのイルミネーションを実施、トーキー映画と諸芸大会の余興が用意された。「団扇片手に浴衣を召して気軽な気分で散歩する味は夏のみ得られる快味でせう。散歩場所の少ない都会人のために京阪沿線で納涼の催が行はれて居ます。是非一度お出かけ下さい」と、アピールしている。

また京阪電車は、沿線各地にある寺院の宿坊を「霊坊聖地宿泊所」の名前で訴求、割引乗車券と1泊2食付きの宿泊をセットにし1人80銭で販売した。(図14)

「霊坊聖地宿泊所は誰でも―老・若・男・女、また個人・団体を問はず―お楽にゆけます。しかも宿泊料は一泊二泊数付で八十銭といふ極めて低廉の費用で天下の霊山・名刹に泊まることが出来ます。…いづれも霊坊＝冷房で野鳥の珍しい声をきき、また渓谷のせせらぎを枕辺近くにするといふ鞘夏の好適地です。」

霊坊を「天然の冷房」と洒落れるあたりが面白い。

◉紅葉とスキー船特別航路◉

秋になると、沿線各地の名所は紅葉で艶やかに色づく。たとえば昭和4年に発行された

(図14)

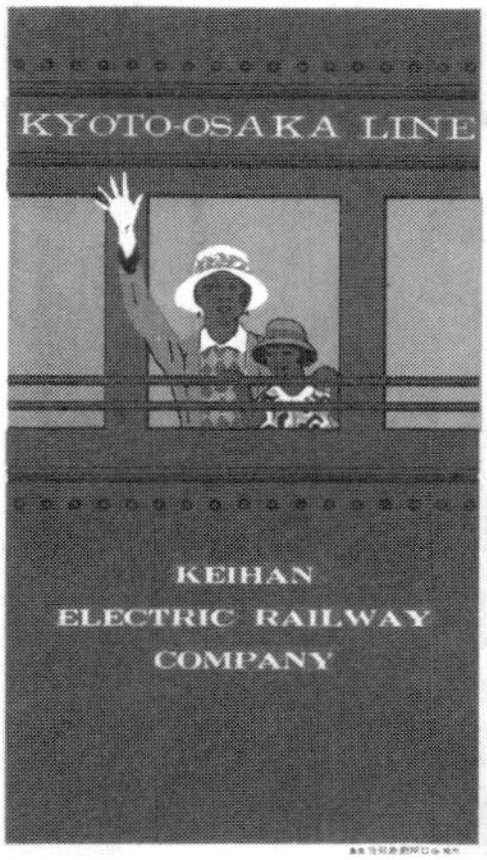

(図15)

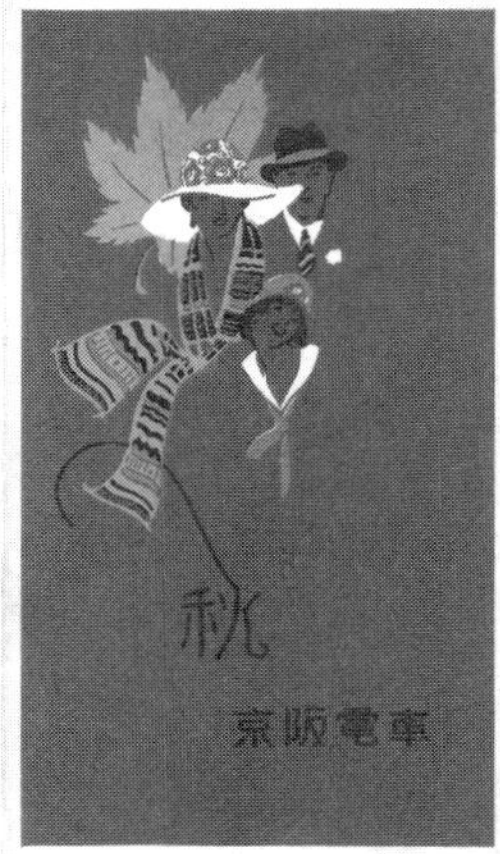

(図16)

「秋」と題する冊子は、金、赤、緑の三色を大胆に使って、洋装の夫婦と子供が電車で行楽に出向く様子をイラストで描くモダンな表紙が印象的だ。冊子の扉には「プロローグ」と題して、以下のような詩文を掲げ、方面ごとに紅葉や月見の名所を写真入りで紹介する。(図15、16、17)

「黄ろい月見草の微笑　蘆萩に宿る露の足　月下にすだく蟲の哀音　風なきに散る梧桐の一葉　あゝ凡てが憂愁の季　…恨思の秋」

「この時京洛東山一帯から近江路、さては洛南宇治の畔にかけて濃赤、淡黄色鮮やかに萬化と織りなす自然の錦繍、哀傷の中にも一抹の華やかさ、友を誘ひ愛人連れて、探らんか…　京阪沿線のあくなき秋色を！」

冬になると、京阪電車は、洛北や愛宕山、湖西の各地に設けられたスキー場を売り出した。子会社である太湖汽船とタイアップ、大阪から湖北のスキー場に出向く人たちを対象に、天満橋から浜大津までの臨時列車、および連絡する特別なスキー船を運行した。その

案内を紹介しよう。これも昭和4年に配布されたものだ。（図18）
目的地は、マキノスキー場である。午後8時に天満橋を出発、浜大津で客船に乗り換える。京阪丸、みどり丸など、太湖汽船が誇る遊覧船が臨時のスキー船に仕立てられた。午後10時に浜大津港を出て、午前1時に海津港に到着する。船は朝まで港に停泊、「スキーホテル船」として利用される。乗客は用意された寝具や毛布を借り受け、宿泊用に解放された特等室で仮眠、ゆっくりと朝食をとり、竹生島に昇る朝日を眺めたのちに、乗合い自動車で

（図17）

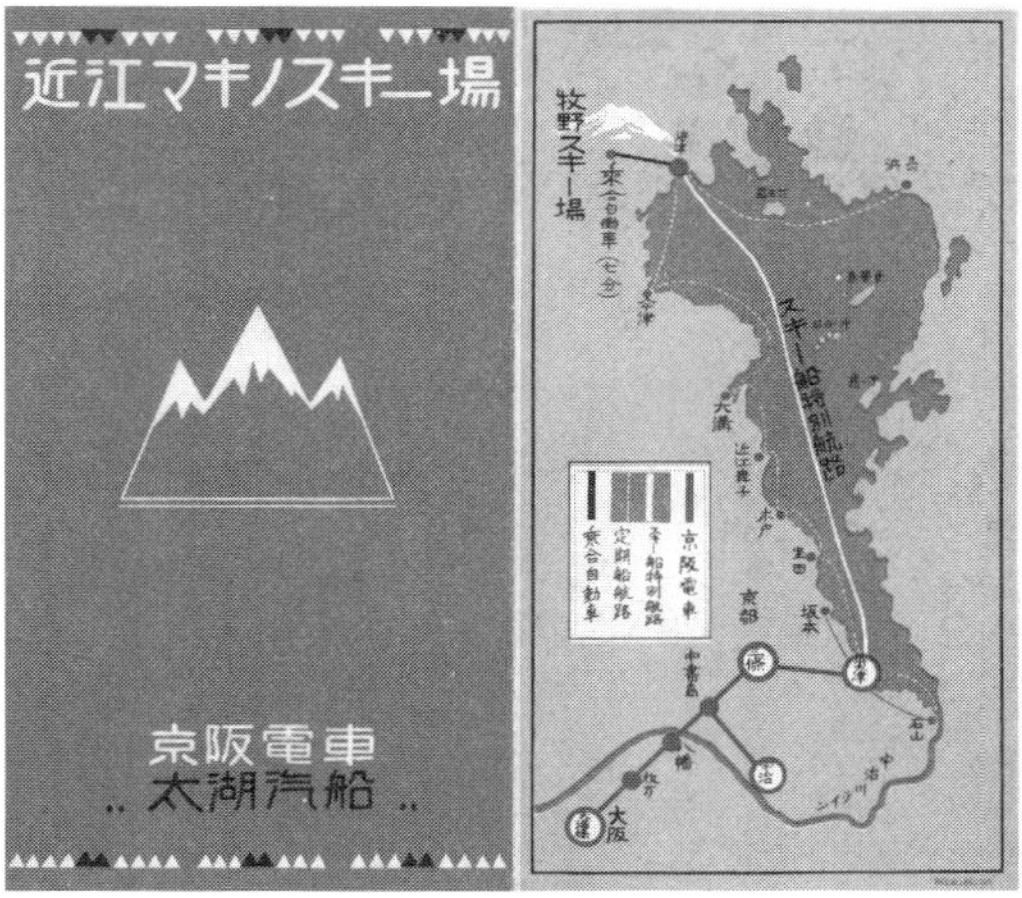

（図18）

第六章　郊外の楽しみ

牧野のスキー場に出向くことになる。午後5時に海津を特別船が出港するまで、ゆっくりと冬山でのスキーを楽しむことができた。

「冬来りなば！　雪降らば!!　灰色にくすんだ夕闇の中に夢かと映えるストリート・ライトの朧影、千切つたやうな牡丹雲が散らすともなく、撒くともなく降つてゐる。妖しくも陰鬱な都の冬の宵…この時

大阪天満橋―牧野スキー場ゆき電車の憧れのスポーツに歓喜の語り花を咲かせて発車を待つてゐる。（午後八時）

（図 19）

浜大津港―スキー・ホテル船京阪丸のスモーキング・ルームは暖房装置に陽春の気を満喫して、スキー・ワックスも解けるばかり。（午後十時出帆）
海津港―降るは降るは見事な六花が。青年団の除雪作業は忽ち一つの歩道を作った。バスは走る、牧野スキー場を目指して。」
案内では、特別列車とスキー船の旅をこのように紹介する。おそらくは仕事を終えた人たちであろう、スーツを着た男性がスキー板をかついで、天満橋の駅から「気持ちのよいローマンスカー」で湖北に出向く様子がイラストで描かれている。またスキー場の絵では、颯爽とゲレンデを下るスキーヤーたちを近景に、竹生島と港に停泊する客船を背景に描きこんでいる。（図19）

◉都心の案内所◉

京阪電車および系列の企業の沿線には、千里山、枚方、京都、嵐山、比叡山、宇治、宇治川ライン、琵琶湖など多くの名所があった。電鉄会社は、広く市民に四季折々、沿線の魅力を訴求すると同時に、季節を定めた各種の廻遊券や団体向けの割引券を用意して、大阪で暮らす人たちに行楽やスポーツにと出向くように促した。

京阪電車は心斎橋筋に「京阪案内所」を設けて、沿線を宣伝する拠点とすると同時に、各種の割引券を販売した。天満や天神橋の駅にある窓口に出向くわずらわしさを省くことが目的であった。都心のサービスステーションは、おおいに利用されたらしく、昭和8年

9月に移転と拡充がなされている。同月に発行された雑誌『けいはん』の創刊号に、その概要が紹介されている。

「…今後とも益々御乗客の御便宜を計る可く今般断然心斎橋筋の真ん中に積極的進出を計り、多大の費用を投じ新装置と設備を施した真のサービスステーションとして最もティピカルなものを新築致して愈々来る九月廿日よりベターサービスを提供せん事を期して居ります…」

「新案内所に於ては広告に必要な動力、照明、給水設備等に新考案を凝し沿線各地の御紹介広告の完全を期し弊社沿線各地へのコース御模様にも至極便利になり一度案内所迄お出下されば行先に就て予備智識を得るにも甚だ便利にして旅程組立上の御不安も一掃される事になります。」

案内所の階上には、「最新式な意匠を凝した超モダーンな喫茶店」が新設された。買い物を目的に心斎橋筋を散策、いわゆる「心ブラ」を楽しむ人たちにとって「絶好な休息所」となった。天満橋や天六が電車の出発駅であるとの同様に「サービスの出発駅」として、この案内所を利用して欲しいと書いている。

心斎橋の案内所では、松竹座、歌舞伎座、東洋劇場など、主要な劇場で行われる年末興行の前売りチケットも取り扱っていた。都心の繁華街に設けられた「ステーション」は、沿線の行楽や観光を宣伝だけではなく、電鉄会社のブランド価値を高め、その事業をひろくPRする拠点として機能していたのだろう。

大阪電気軌道沿線の遊覧

◉大軌沿線の案内◉

大阪から奈良方面は、大阪電気軌道、いわゆる大軌電車が運行している。『大阪案内』では、始発駅である上本町六丁目から奈良に至る奈良線と、布施から分岐して、八木、伊賀神戸を経由、宇治山田に向かう参急線に分けて記載する。大軌沿線の特徴としては、「数カ所に短距離の支線があって巡拝遊覧に便じてゐる」ところにあると強調する。

上本町六丁目から鶴橋、今里までが大阪市内である。「附近一帯田野であつたのも昔語りとなり、今は住宅商家軒をならべる」と述べる。

布施駅の近傍には、都留美神社や中将姫の墓と伝承される古蹟のある北蛇草阿弥陀堂がある。若江岩田のあたりは、大坂の陣の古戦場であり、木村重成が戦死した場所には「三間四方に石垣を巡らした三段重ねの立派な墓標」があり、無念塚と呼ばれている。附近にある鏡神社には、神功皇后と大雷火明神を祀る「雷の森」がある。次の花園駅にはラグビー場があり、「大競技のある際は近所に臨時停車場」が設けられるという。

辻占いで有名な瓢箪山稲荷からは、小楠公が戦死した古戦場のある四条畷や堅下葡萄園行きのバスが出ている。生駒山麓に沿って、線路は北に転じる。官幣大社枚岡神社のある枚岡は「附近唯一の小都邑で、小工業盛ん」である述べる。さらに北行すると石切に至る。

第六章　郊外の楽しみ

巨石を蹴り上げた神武天皇の伝承から、腫物一切に霊験ありと信じられ、参詣者が絶えない石切剣箭神社がある。

奈良との府県境に生駒トンネルがある。落盤事故で20名の犠牲を出すほどの難工事を経て完成をみた。大正3年の開通時には、笹子トンネルに次ぐ日本第二の長さを誇った。『大阪案内』では、次のように強調する。

「難波潟漕ぎ出て見ればかみさふる生駒高嶺に雲ぞたなびく　ここが大阪府・奈良県の分水嶺生駒山。生駒トンネルは生駒山腹を縦貫する三・三九キロメートルの大トンネルで急行で数分を要する。」

ついで生駒山上の名所と行楽地についてふれる。山頂の寶山寺は、役行者修法の霊地であり、寶山和尚の建立になる。海抜642mの山上からは「近畿十一ヶ国」を一望できる。飛行塔、航空標識、料亭などの設備があり、夏はテント村が設けられる。

生駒から富雄川の鉄橋を渡ると富雄に着く。近傍には、行基の開基になる長久寺、神武東征の際、金の鵄が弓にとまったとされる霊地である鳶山がある。次が、あやめ池である。10万坪の遊園地を経営、大池にボートやウオーターシュートを浮かべ、池をめぐるように子供遊技場、浴場、食堂などがある。

次の西大寺では、郡山から八木を経て吉野に至る支線と、巨椋池を経由して京都に至る奈良電車が連絡している。『大阪案内』では続けて、奈良、郡山、天理、橿原神宮、吉野などの名所を順に紹介するが、ここでは省略したい。

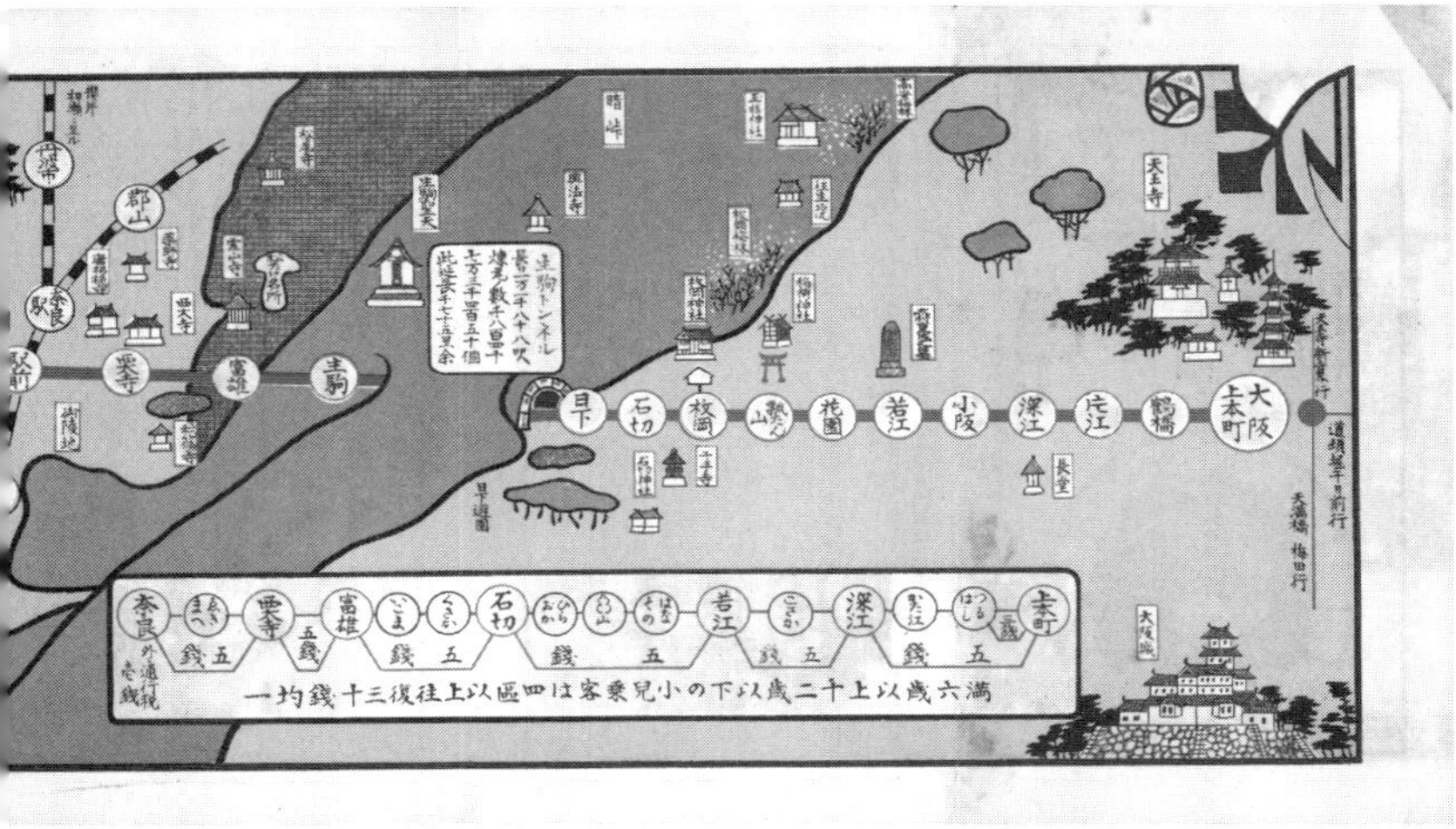

参急線の項では、大阪府下では信貴山と堅下についてのみ記述がある。信貴山は「生駒聖天と並んで大阪の二大人気の神様で、ことに株式、興行、花街関係の信仰が厚い」と書き、堅下は「近畿第一の広い葡萄園」と紹介する。

●奈良盆地の鉄道ネットワーク●

大軌電車が発行した沿線案内を見ておきたい。『大軌電車御案内』と題する案内は、表紙に春日大社と燈籠、奈良公園の鹿など、沿線の風物を描く。その下に大きく、生駒トンネルを表現する。大阪と奈良とを、新たなトンネルが結んだことを強調しているわけだ。（図1、2）

今里駅の名前がなく片江駅と記されていること、大正7年に開通した生駒への鋼索線など支線の記載もないことから、大正3年の開業から間もない時期に発行されたものと推定できる。説明文では次のように記す。

第六章　郊外の楽しみ

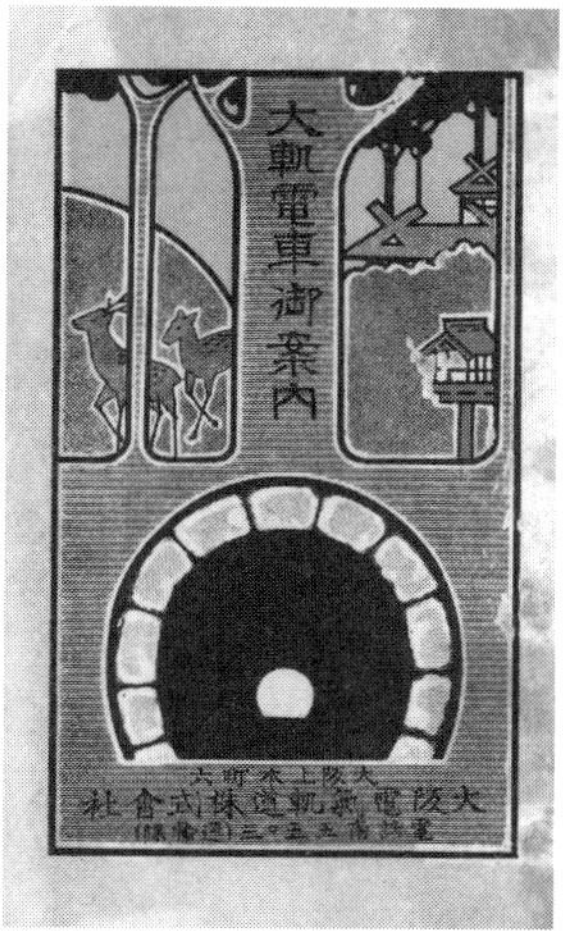

（図1）

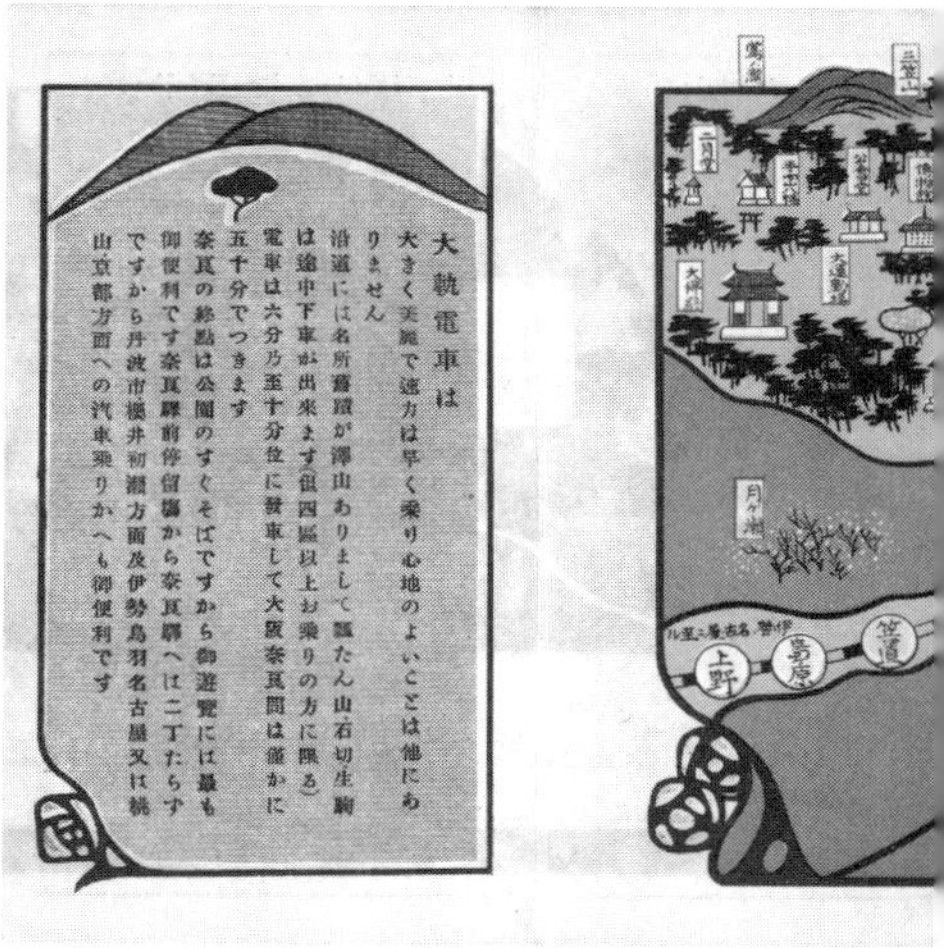

（図2）

「大軌電車は、大きく美麗で速力は早く乗り心地のよいことは他にありません。沿道には名所旧跡が沢山ありまして瓢たん山・石切・生駒は途中下車が出来ます。電車は六分乃至十分位に発車して大阪奈良間は僅かに五十分でつきます。」

大軌電車は、大阪と奈良を最短で連絡した。しかしトンネル掘削に費やした多額の工事費用の返済のため、電鉄会社の経営は危うくなる。真偽のほどは定かではないが、生駒聖天の賽銭を借り受けて、当座の経費に充てたという話が流布した。また生駒に参詣する人の多寡が天候次第ということから、「大阪電気軌道」ではなく「大阪天気軌道」だと社名が揶揄されることもあったという。

もっとも経費削減と利用客の増加によって、大正5年には債務整理を終え、沿線開発に転じる。畝傍線、八木線、信貴線などを敷設、天理軽便鉄道や吉野鉄道を買収したほか、信貴電鉄や奈良電気鉄道などの子会社を設立する。各路線を相互に連絡することで、奈良盆地内に鉄路網を構築してゆく。さらに昭和になると、あやめ池遊園、生駒山上遊園地、花園ラグビー場、今里新地など、沿線に行楽地を開発する。

◉大和路から伊勢路へ◉

大和路の行楽を主とした大軌電車は、さらには名古屋方面との連絡も視野に入れつつ、伊勢にまで鉄路を伸ばす。昭和に入って間もなく子会社である参急電鉄を設立、昭和7年には上本町から宇治山田間を2時間1分で結ぶ直通特急を走らせた。従前のように、関西本線および参宮線を経由して汽車で出向くよりも、圧倒的に短時間で伊勢路に入ることができる。これによって、大阪から日帰りでの伊勢参りが可能となった。

『朗春譜』と題した沿線案内を紹介しよう。春の行楽に誘うガイドブックである。「大軌参急　沿線の春」と題する文章が巻頭を飾る。(図3)

「皆様！　いよいよ春が参りました。野に山に、吾等の春を謳歌しませう。春といへば花、花といへば大軌参急沿線！では、これから大和伊勢路の春の名所へ御案内しませう！」

奈良、吉野、生駒聖天、信貴山など、沿線の花の名所を順に記載する。長谷寺と室生寺は「牡丹と弘仁芸術を探る」、湯の山温泉と養老の瀧は「花咲くいで湯！　花散る瀑布！」、伊勢神宮と宮川堤の桜は「神都の春」、志摩半島は「南国情緒濃ゆかな志摩めぐり」などと、コピーにも工夫がある。あやめ池の遊園地に関しては「子供の楽園」と題して、以下のように特記する。

「御覧下さい、この面白い種々様々な、お子様方の娯楽設備を！桜に包れた十万餘坪の大池を中心に、明朗快活な設備の整つてゐることは、正に東洋一！　南園の直営温泉は大浴場を中心に餘興場、遊戯場、家族湯、特別室食堂等完備し正に春はあやめ池からと云へやう。」案内では、多武峰から岡寺、壺阪山から高取経由で六田方面、天理から長谷寺、赤目から香落渓、信貴生駒縦走など、花を訪ねるハイキングコースと、日曜祝日に限って販売された割引チケットを宣伝している。

『朗春譜』の巻末には、生駒経営地、生駒山上住宅地、額田住宅地、山本住宅地、高安山麓住宅地など、電鉄会社が販売した郊外住宅地を宣伝するページがある。生駒経営地は「生

（図3）

駒駅前の優良地、旅館、旅亭の絶好地。低金利時代！土地、建物のお求めの好機は今！」、生駒山上別荘地は「その便利！その安易！正に日本一の別荘地、大阪より僅か四〇分　物資豊富　電燈、水道完備」と強調する。

いっぽう高安山麓住宅地に関しては「大阪の巽、土地高燥、空気清澄、交通至便」と記す。一帯は丘陵地であり、「東は高安山の翠緑を仰ぎ、西は河内平野の大景を一望におさめる事が出来ます。四季とりどりに移り行くその眺望は近郊に比類なき處であります」と説く。また始発駅である信貴山口駅が住宅地の中心にあることから、「毎日お楽に通勤が出来ます」と訴える。

建売住宅は「嶄新の設計！確実の施工！」とうたう。即金で支払う人、あるいは1年以内に家屋を建てる約定を結ぶ土地の購入者には、「相当の割引」をすると明記する。また1年以内に住居を建築した場合は、大阪から信貴山口までの1ヶ年の定期券を進呈する旨の記載もある。

大軌電車と系列会社による鉄路のネットワークは面的に拡大した。その結果、沿線の行楽対象地も、歴史のある名所や社寺仏閣、皇室ゆかりの御陵や神宮、温泉、吉野熊野国立公園などの景勝地、さらには遊園地などの近代的な遊興の場と多彩になった。また土地開発事業も、大阪に通勤する人を意識した郊外住宅地だけではなく、旅館や料亭街、山上の別荘地、あやめ池南園や今里などの新地など、多岐に及んだことが指摘できる。

（図４）

（図５）

◉快速快適な聖地参拝◉

総動員体制下にあっては、一般的な旅行は、総じて「不急不要」として制限を受けた。ただ伊勢神宮、橿原神宮と神武天皇陵、明治天皇の桃山御陵などへの参拝が推奨されたこともあり、大軌沿線は活況を呈する。（図４、５）

とりわけ皇紀２６００年の奉祝式典が挙行された昭和15年、橿原神宮の年間参拝者は１０００万人を数えたという。ほかの神宮や聖地への訪問者も増え、大軌と参急電鉄は臨時列車を増発した。

電鉄会社は「紀元２６００年記念　特殊乗車券」を企画した。他の鉄道事業者と連携して、大阪・神戸・和歌山など各私鉄の駅から、奈良、京都、橿原神宮、伊勢神宮を巡拝する「電鉄各社共通乗車券」を販売した。さらには鉄道省との提携によって、京阪神および名古屋から両神宮に出向く区間、汽車も電車も随意に乗ることができる「省社共通乗車券」を用意した。

当時、配布された案内では「聖地御参拝は快速快適の大軌参急電鉄で」などと呼びかける。大軌電車の事業展開によって、大阪を起点としつつ、奈良の各所にある社寺、あるいは伊勢神宮、橿原神宮などに到る参拝方法の近代化が促されることになった。

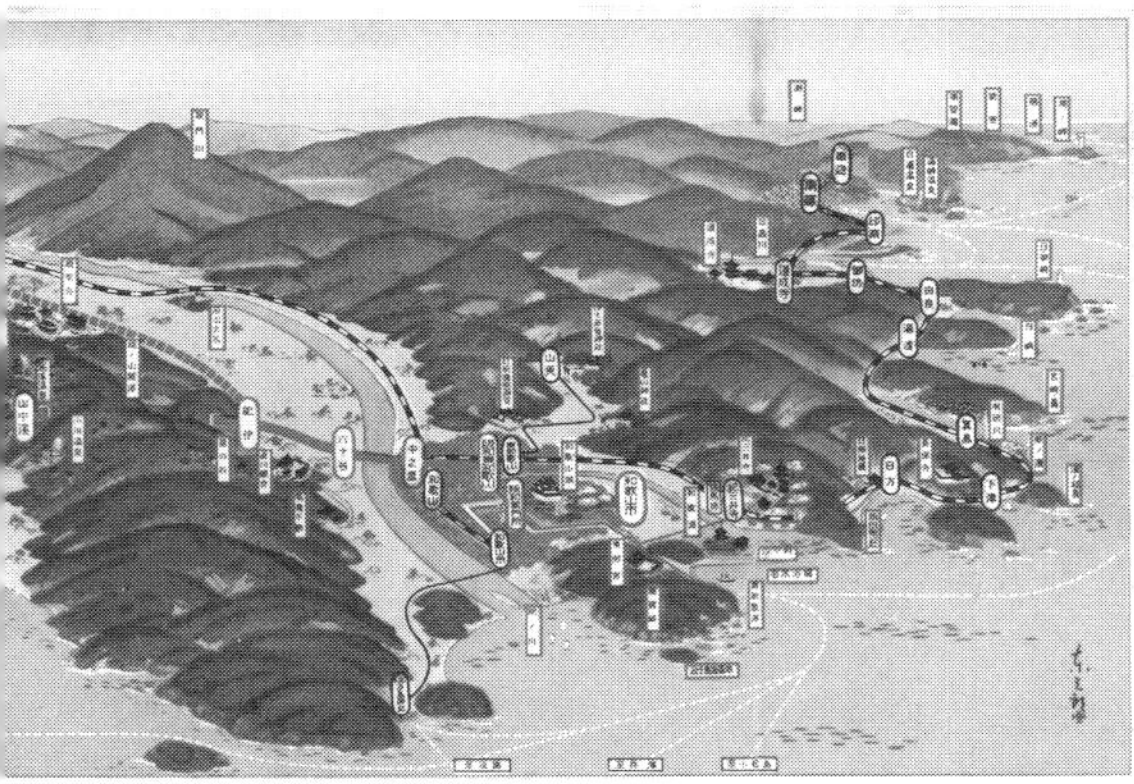

(図1)

阪和電気鉄道沿線の遊覧

◉阪和沿線の風光◉

『大阪案内』（大阪之商品編集部、昭和11年）では、和歌山や高野山方面の観光地情報を、阪和沿線、大鐵沿線、南海沿線に分けて記載する。

阪和電気鉄道は、阿倍野橋の阪和天王寺駅から阪和東和歌山駅に通じる路線であり、南海電車と並行して山手を走ると説明する。また和歌山線を経由して白浜口までを連絡、白浜温泉や湯崎温泉への遊客を運ぶ「黒潮列車」を運行していることも述べる。そのうえで、「近郊の駅々」「水間観音、日根神社」「砂川、山中渓、和歌山」の項目ごとに、沿線各所の風光を論じる。

天王寺を出発して南へ、最初に紹介する名

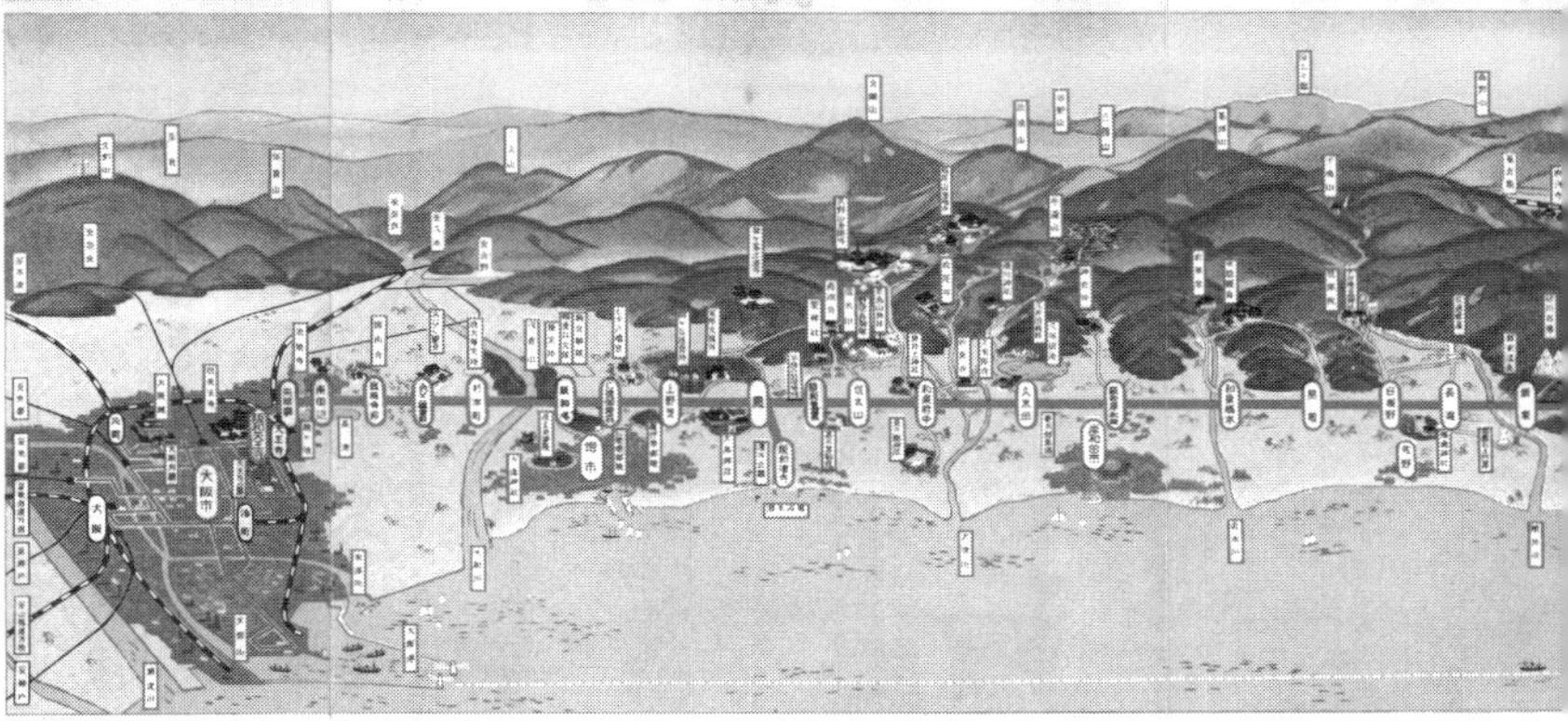

（図2）

所が我孫子観音である。行基の作とされる厄除けの観音像で知られ、節分の際に賑わう。堺の市街地の東方に阪和堺駅があり、浅香山、堺刑務所、百舌鳥八幡、仁徳天皇の大仙陵などが近くにある。鳳から浜寺に至る支線があり、浜寺では夏季に海水浴場が開かれる。阪和葛葉駅には「葛葉別れ」で著名な葛葉稲荷があり、信太山には野砲連隊がある。

和泉橋下で水間電車と連絡、龍の滝やお夏清十郎の墓所のある水間観音に至る。日根野からバスで和泉五社のひとつである日根神社に向かうこともできる。また役小角の開基にかかる古刹犬鳴山には、忠犬の伝承がある。さらに南に進むと、白砂が奇岩怪渓の景色を生み出した砂川奇勝、金熊寺の梅渓などの景勝地が点在、山中渓駅と六十谷駅の間には新たに整備されたハイキングコースがあると紹介する。

◉「超特急」と「黒潮列車」◉

阪和電鉄が発行したパンフレットをみてみよう。昭和5年に発行した「沿線御案内」では鳥瞰図で沿線各所の風光を示しつつ、次のように記す。(図1、2)

「大大阪と和歌山とを、最短の距離と時間とで結び付ける阪和電鉄は従来餘り交通に恵まれなかつた和泉の山の手を縦断し、紀泉の國境を越え、南下して和歌山市に至り南紀州の省線、紀勢西線と連絡して居る。沿線一帯は眺望絶佳、良住宅地に富み、名所旧蹟、四時の御遊覧に好適の場所枚挙に遑ありません。全線六十二粁餘(三十九哩)諸般の施設、特に最新式のハイスピード電車は、気持のよいサービスと相俟つて、必ず皆様の御満足を戴くことゝと信じます。」

電鉄会社は、大阪から和歌山までの路線を並行する南海との競合を意識しつつ、開業当初から列車のスピードを売り物とした。阪和天王寺から阪和東和歌山までを急行によって60分で連絡した。翌年には、特急の導入によって乗車時間を48分にまで短縮、さらには45分間で結ぶ「超特急」をダイヤに組み入れる。昭和8年の時刻表では「日本一快速」「新設超特急」と訴求しつつ、東和歌山までの最短時間を意味する「45分」の文字を表紙にデザインしている。（図3）

いっぽうで阪和電鉄は、東和歌山駅の以遠にある紀州各地の名勝、とりわけ白浜や湯崎の温泉地を売り出すことを意識した。鉄道省からの要請もあり、昭和8年、週末に限って東和歌山駅から省線に乗り入れる「黒潮号」の運行を始める。阪和線内は電車が、紀勢西

（図3）

線内では蒸気機関車が客車を牽引した。列車の名称は公募によって選定された。週末を利用した1泊2日の温泉旅行が想定された。また日曜朝の「日曜列車」に乗車すると、日帰りも可能となる。当初は紀伊田辺までの運行であったが、のちに白浜や湯崎の温泉に近い白浜口駅まで路線が延長される。また元日から正月5日まで、臨時の「黒潮列車」を運行していた時期もある。

阪和電鉄は、「白浜湯崎温泉宿泊遊覧券」を販売した。あるパンフレットでは、白浜湯崎を「京阪神より一番近い避寒地、黒潮洗ふ暖国紀州沿岸の美しい風光に包まれ、美しい温泉が豊富に湧出す冬知らずの楽園である」と讃美している。自社沿線だけではなく、和歌山県下の広域に点在する名所を詳しく紹介する案内書や地図なども発行した。

◉浜寺海水浴場と紀泉アルプス◉

阪和電鉄は、沿線各所で行楽地の開発に力を入れた。季節ごとに沿線での行楽への誘客をはかるべく、各種の割引乗車券を用意した。年末から年始には、あびこ観音や大鳥神社、水間観音などでの初詣客の利便に配慮した「社寺巡拝割引」、さらには3泊などの行程で温泉巡りを兼ねて熊野に誘う「熊野巡り割引」などの乗車券を用意した。(図4)

春には山中渓・金熊寺・大井堰を対象とする「観梅廻遊券」、南部梅林に誘う「南部梅林遊覧券」、林昌寺・根来寺を訪れる花見客を対象とした「観桜廻遊切符」を販売、そのほか「苺狩入園券付割引乗車券」「チウリップ狩入園券付割引乗車券」などの優待切符も用意された。

夏期に訴求したのが浜寺での海水浴である。鳳から分岐する東羽衣支線を経由して浜寺に到るノンストップの臨時急行を増発するとともに、往復割引のサービスも行なった。海水浴期間中は集客を目的に「クロンボ大会」のほか、映画上映会、仕掛花火、運動会、福引、武道泳法演技大会などの催事が実施された。

秋の行楽シーズンになると、阪和天王寺から山中渓駅までをノンストップで結ぶ「ハイキング列車」などの優等列車を運行した。お菊山、雨山城址、久米田池、葛城縦谷など各種のコースが用意された。牛滝山や犬鳴山は「仙境」としてアピールした。また「阪和野外趣味の會」の会員を募集、新しいハイキングコースの紹介や、会員に限定した植物や昆虫採集の集い、講演会などの催しを企画した。（図5、6）

（図4）

特に重視されたのが、山中渓駅を起点に六十谷駅に到る尾根筋を結ぶ「紀泉アルプス」のハイキングルートである。大パノラマ台や小パノラマ台など大阪湾を見晴らす展望所や休憩所を配置、ピクニックベンチやテーブル、婦人専用の便所なども設備された。夕刻に烏が集うことで知られた烏ヶ丘には、ランドマークとしてトーテンポールを建立して、「関西唯一」とうたった。案内には「ハイキングの理想的コース」と題して、「近畿行楽の処女地として紹介された『紀泉アルプス』は今や道標の設備、雑草の除去等完成された理想的ハイキングコースとなりました。…海抜三百米乃至五百米にて大して高くはありませんが眺望雄大にして絶佳、思はず快哉を叫びたくなります…」とある。(図7、8)

汎愛尋常小学校校長の武本謙吉は、「紀泉アルプス」を推薦する文章を寄せている。「日帰りでも出かけたいとは、恐らく激甚な都会生活者の誰もが熱望するところであらう。我が大阪近郊には名勝、霊山甚だ多く何れも皆地理学的に所謂休養地として尊重すべきであるが多くは享楽本位に俗化されて、眞に自然に接し、心身を洗ひ、或は体を鍛錬する地の少ないのが遺憾…」と述べたうえで、「人跡稀な清浄な天地を！而も交通至便な所に！」と強調する。

武本は、小パノラマ台から続く尾根道は「一寸アメリカのグランドキャニオンに似た處」もあると評し、また大パノラマ台から眺めた紀ノ川流域は、スイスからシンプロントンネルを抜けて俯瞰できるイタリアのロンバルディア平原を髣髴とさせると、海外の勝景に比較する。「聊か小規模ではあるが、紀泉アルプスと銘打っても、あながち牽強付会でも無い

（図6）

（図5）

（図7）

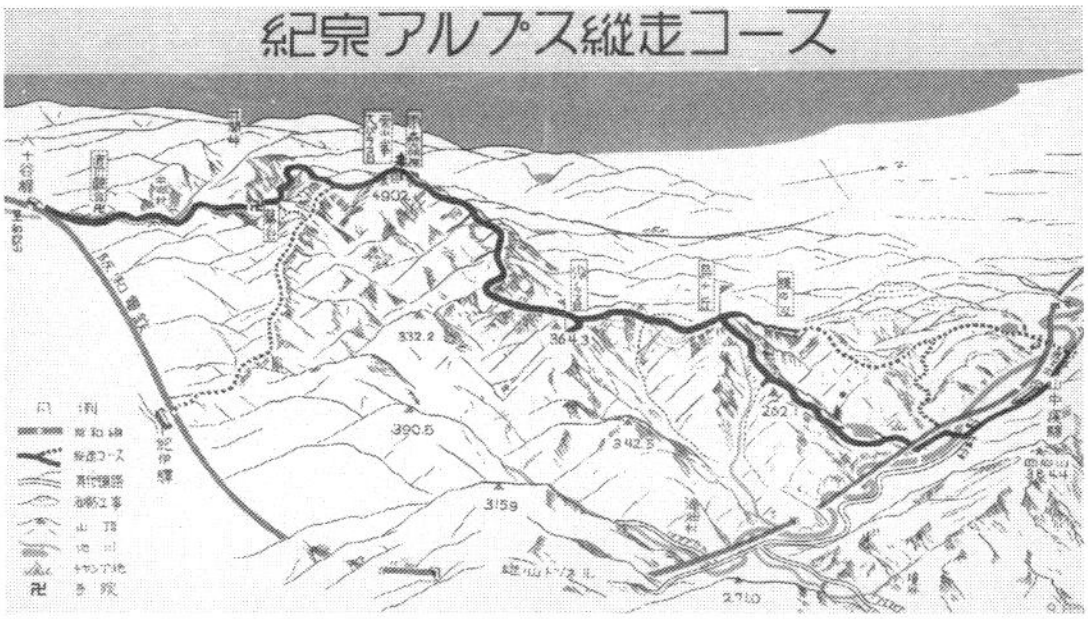

（図8）

と信じた」と評価している点が面白い。

◉砂川奇勝と児童遊園◉

阪和電鉄が、独自に新たな遊園の開発を試みたのが砂川一帯である。とりわけ注目されたのが「砂川奇勝」である。２００万年前に海底であった堆積層が隆起したのち、雨水で浸食されてかたちづくられたものだ。白い岩肌や崖が一面に広がり、砂が川のように見える独特の風景を産み出している。周辺には化石露出地である畦の谷なども点在した。

阪和電鉄は昭和7年に信達駅を阪和砂川駅と改称、周辺の観光開発に着手する。まず近傍の山々に到るハイキングルートを設定するとともに、百合ヶ池畔に砂川テント村を開設する。ハンモックをはじめとするキャンプ用具、ブランコ、ボートといった遊具を提供するとともに、売店や風呂屋を営業した。昭和8年には「砂川テント村往復割引切符」の発売も始められた。

ついで昭和10年10月には「砂川児童遊園」が開園する。小トラック・沈床花壇・遊戯場・水遊び場・スワンボート・菖蒲池・渓曝壁泉・展望台などを先行して整備、花壇・グラウンド・大休憩所・大衆食堂・子供自動車・子供汽車・表忠塔・モンキーハウス・貸しボートなどの設備が整えられた。

阪和電鉄は「天恵の楽園」「お子達の楽園」といったコピーで、この遊園を本格的にアピールした。児童遊園が開業した際に発行されたパンフレットには次のように記載する。

「砂川駅を中心とし附近一帯四十万数万坪の地は松林、雑木林、砂丘、池沼等交錯して地勢変化に富みさながら一大天然公園の観を呈してゐます。梅、桜、つつじ、萩などの花見をはじめ、松茸狩、蜜柑狩、兎狩、ハイキング、ピクニックなど四時行楽に適し、又この一帯の勝地を取入れる大遊園地工事も着々進行してその一部である児童遊園は既に出来上りました。」

和泉砂川駅には急行が停車するようにダイヤも改められ、春と秋の行楽期には割引乗車券が発売された。（図9、10）

（図9）

（図 10）

大阪鐵道沿線の遊覧

◉大鐵沿線の行楽地◉

『大阪案内』（大阪之商品編集部、昭和11年）では、南大阪の行楽地を、阪和沿線、大鐵沿線、南海沿線に分けている。

阿倍野橋を起点とする大鐵電車、すなわち大阪鐵道に関しては、まず途中駅で分岐する長野線や吉野線などの支線にふれたあと、藤井寺・道明寺、富田林・瀧谷不動・赤坂城址などの方面ごとに魅力を順に記している。

西国三十三ヶ所の五番の札所である藤井寺は、行基の創建にかかり千手観音を祀る。また一帯が楠木正行の古戦場であること、附近に仲哀天皇および応神天皇の御陵、「近代設備」である藤井寺球場などがある旨を付記する。さらに桃の名所である羽曳野のハイキングコース、菅原道真が伯母覚寿尼のために刻ませた木造をご神体とする道明寺天満宮、境内にある名木である常成梅、土師氏の菩提寺である道明寺についても簡潔に記載する。

次いで、富田林に関しては「南河内第一の町」と紹介、富田林御堂と呼ばれる興正院別院があると書く。瀧谷不動駅で下車すると、弘法大師の建立である瀧谷不動尊明王寺に参詣することができる。眼疾者は寺域の清泉で、眼を洗って祈願をこめる風習がある。駅の東南には、楠木正成の居城であった赤坂城址があり、近傍に正成ゆかりの建水分神社、南木大明神などがある。とりわけ、没後600年目にあたる昭和10年5月に行われた楠公記念祭では、この地域が、おおいに賑わいをみたことを特記している。さらにこのエリアには、遊園の設備を整へ、多くの遊山客を迎えている汐の宮温泉がある。

最後に古市駅で連絡する吉野線の沿線には、家族連れのピクニックで利用されている玉手山遊園地、上ノ太子駅付近の太子廟などの名所旧跡があると記している。

◉「詩趣甚大」な沿線◉

大阪鐵道は、明治31年、柏原駅と道明寺、さらには富田林方面を結んで開業した河陽鉄道を発祥とする鉄道事業者である。翌年に業務と債務を新会社である河南鉄道に譲渡、長野までの延伸工事を推進する。大正8年、電化による大阪市内への乗り入れを目指して社名を大阪鉄道と改称、大正12年に大阪天王寺（大阪阿部野橋駅）までを開業する。藤井寺や古市などの住宅地を沿線で開発、通勤客を運ぶ郊外電車という性格をも持つようになる。

その沿線には、風光明媚であるとともに、さまざまな名勝が散在していた。中川倫は大正12年に著した『新大阪大観』（新大阪大観刊行所）において、大鐵沿線の特徴を次のように述べる。

「…大阪市より直ちに往年武陵桃源たりし南河内郡に入り豊饒なる名勝古蹟に交渉を啓く、大阪鐵道とは他電鉄線に比し亦甚だ多いのである。先ず史蹟に於て枚挙に遑あらざるものあり春は花、夏は金剛葛城二山を尤もとする丘陵に濃緑を掬すべく、秋は一帯の平原に亘る平和なる風景を浴する事が出来やう、而も冬季に入りては地形上暖温稀れに見る所にして千餘年の文化を語る史蹟に白雪を帯びたる霊姿は蓋し心ある者をして嘆称せしめる。之れを一言にして断ずれば即ち詩趣甚大なのである…」（句読点は、筆者が補足）

「詩趣甚大」という評価が印象的だ。それほどまでに、この沿線には歴史的な風致や情緒が豊かであるということなのだろう。

大阪鐵道は、昭和４年に吉野までの直通運転を始めている。吉野山という花の名所を沿線に取り込んだことで、同社は行楽客の誘致にいっそう力を入れた。その様子を、鉄道事業者が発行した案内や地図の類から読み取ってみよう。

『沿線御案内』と題したパンフレットは、点在する名所や古社寺、遊園地などの行楽施設

（図１）

(図2)

を地図と文章で紹介するものだ。ハイキング割引、登山割引、楠公遺跡巡りなど、各種の廻遊券を販売していたことが判る。付図では「金剛葛城登山案内」「楠公遺蹟巡り」「吉野山案内」に加えて、さらにバスで吉野川の上流、大峰山などに至る「吉野群山案内」を、別枠に特記して強調する。(図1)

とりわけ春には、多くの花見客が大鐵沿線に繰り出したようだ。あるパンフレットでは「春爛漫花の豪華版」とうたい、また別の案内では「春は花　いざ見にごんせ」と、京都の花見をうたった端唄を引用しつつ沿線の花の見事さを訴求する。吉野山、御所堤、天野山・観心寺、長野などの桜、はびき野の大桃林、當麻寺と石光寺の牡丹、玉手遊園の紫つつじなどを宣伝する。

吉野山に関しては、千本桜を見た俳人安原貞室の作とされる「これはこれはとばかり春の吉野山」の句を引用しつつ、「到る處桜花に埋まる爛漫たる豪華さ。吉野朝の悲しき史蹟が一入の纏綿たる

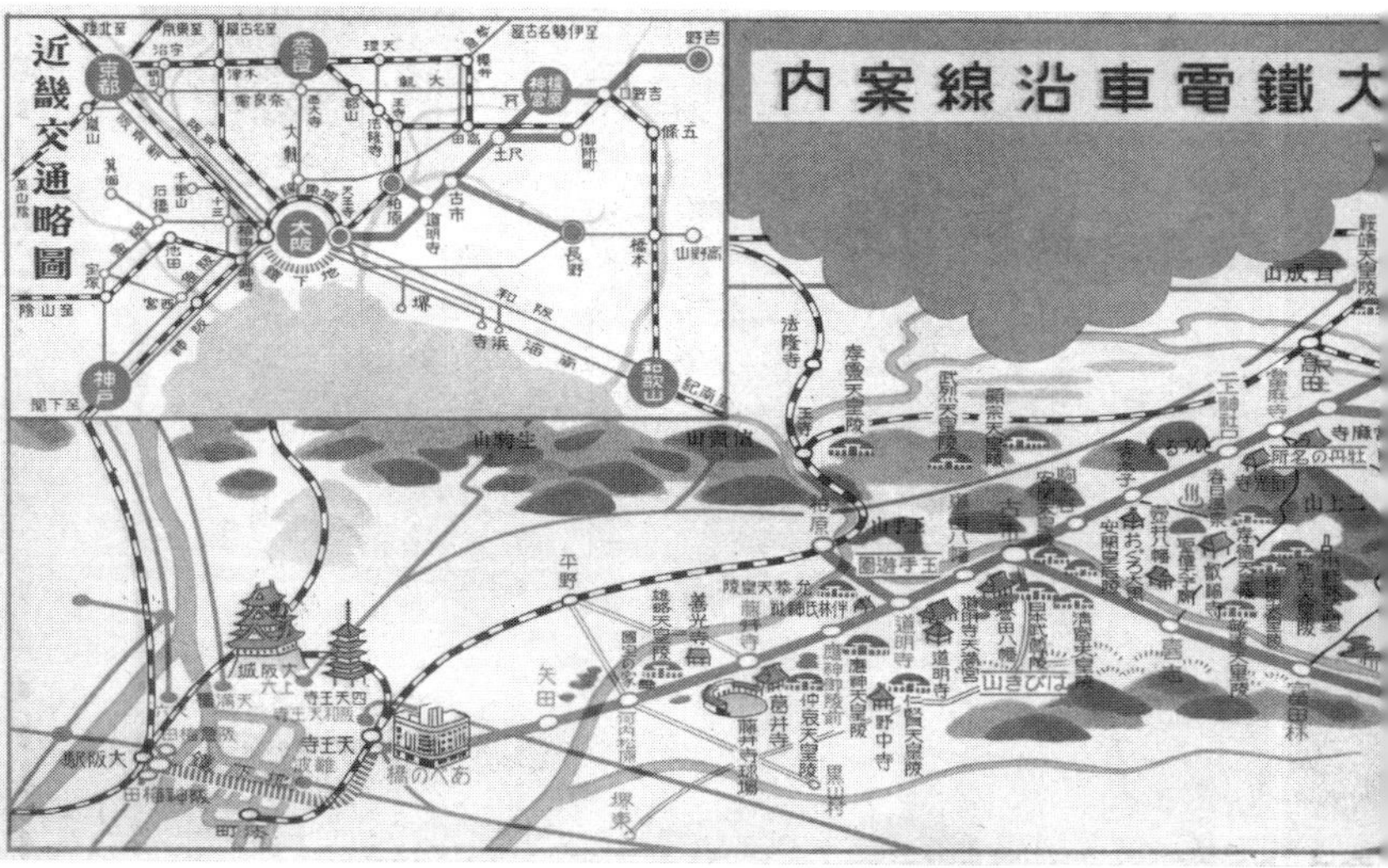

情緒を織りなす」と記す。御所堤の夜桜の風情は、「御所の堤を飾る桜花絢爛わけてほんのり青空のぼんぼりにてらしだされた夜桜の眺めは春の最上のプロムナード」、あるいは「花の不夜城の如き華麗そのものである春宵一刻正に値千金」などと紹介する。さらに長野遊園の桜については、「石川の渓流にのぞんで花に埋る　花にきて花にこがれる夕哉」と絶賛している。

大鐵電車は、橿原神宮で大軌線、長野で高野線、柏原・高田・御所・吉野口では省線というように、主要な駅で各社の路線と接続していた。沿線の案内などでも、他社線との連絡をわかりやすく示す工夫がなされている。(図2)

◉聖蹟や聖地へのハイキングと登山◉

大鐵電車は、各駅を起点とするハイキングルートを設定した。同時に、二上山・葛城山・金剛山など身近な山々のほか、大峰山・大台ケ原などへの本格的な登山に同好の士を誘った。

ハイキングを宣伝するべく、各種のパンフレットを発行した。そこでは「休日には野外へ！」へと訴えつつ、「ゆたかな山々の霊気　まろやかな夢を秘めて碧空に流れる白い雲輝く陽光を浴びすがすがしい大気を胸一杯吸ふて自然の山野を跋渉する程楽しいものはない」と強調する。（図3）

高鷲玉手山コース、管生神社平尾越コース、嶽山汐の宮コース、河内飛鳥玉手山コース、武神五社コース、二上岩屋コース、平石峠・葉室山コース、葛城山麓弘川寺コース、下赤坂城址楠妣庵コース、寺ケ池天野山コース、国宝の家・乃木寺コース、はびき山コース、橿原神宮及附近聖地巡り、屯鶴峰・寺山コース、御所橿原神宮附近皇陵巡拝など、家族向け、一般向けのルートが提案されている。加えて、河内国境水越峠コースや上河内・葛城渓コースのように、20㎞を越える健脚向けのコースも想定された。いずれも風光の良いルートだが、山や丘を散策するだけではなく、皇陵や史蹟、古社寺を巡るように設定されている点が、他社には見いだせない特徴である。

次に登山の案内を見てみよう。金剛山・葛城山・二上山の登山を訴求するパンフレットは、『河内アルプス』と題している。奈良と大阪の県境にある山地を、世界的な名所にたとえているわけだ。案内では、各駅から登山路に至る道筋を絵図で紹介している。特に金剛山への登頂に関しては、一部の区間を乗合自動車を利用する場合も含めて、四つのルートをモデルとして示している。大阪より「僅に数時間にて達す」と近さを強調しつつ、日帰りの「好

旅程」で、「登山沿道史蹟多く登攀に愉快な一日を過すことが出来る」と強調している。（図4）

『登山案内』と題したパンフレットは、河内アルプスに加えて、大峰山の縦走や大台ケ原、さらには瀞八丁に抜けるルートなども紹介する。そこに「山へ」と題する文章がある。

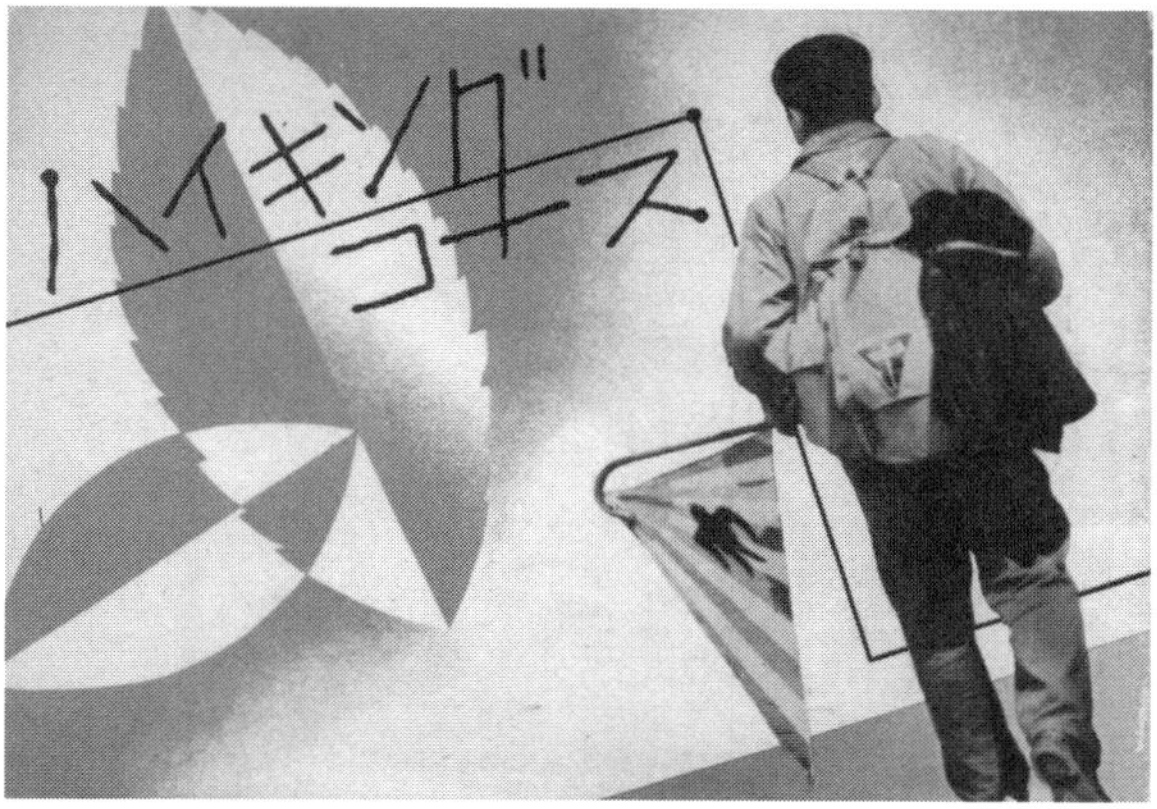

（図3）

（図4）

(図5)

(図6)

(図7)

「…大和、河内をめぐる山々こそ吾国創業の古よりその光輝ある歴史の活舞台であり、古代文化思想の淵源の地であります。今日に於てはその豪壮なる渓谷美と森林美とによつて近代アルピニズムの対象として多くの山岳家をひきつけて止みません。若しそれ日本主義思想の源を尋ねるならば、山伏道の聖地であり、日本登山史上の第一頁に山伏と共に登場する神秘に充ちた金剛、葛城、吉野の峯こそ、それだと言はねばなりません。…」

古来、修験の山伏が往来した道で、近代的なスポーツである登山を行なう意義をこのように強調している。重層化する歴史性や聖地性に、体力の向上や鍛錬、あるいは健康の維持といった近代的な目的を重ねあわせつつ、誘客を呼びかけている点が面白い。

◉皇陵巡拝と大楠公遺跡めぐり◉

大鐵沿線にあって、特徴的な回遊ルートが、皇陵巡拝と楠木正成の事績にちなむ周遊ルートである。大鐵電車は「皇陵巡拝」に関する各種の案内を発行した。藤井寺・

第六章　郊外の楽しみ

道明寺・古市附近、喜志・上ノ太子方面、二上山方面、長野方面、畝傍方面、飛鳥方面、御所・壺阪方面、吉野附近などに区分して、沿線に点在する皇陵群を紹介、地図にルートを記載している。(図5、6、7)

楠木正成にゆかりの古蹟や名所を廻るルートも、大鐵沿線の売り物であった。日帰りのコースでは、富田林か瀧谷不動の駅を起点に乗り継ぎつつ、寄手塚、下赤坂城址、楠公誕生地、建水分神社、上赤坂城址、千早城址、観心寺、後村上天皇陵、楠妣庵、天野山金剛寺を順に周遊する。また汐ノ宮温泉で一泊したあと、吉野に向かう1泊2日のコースも設定されていた。案内では、天皇家に忠誠を誓い、戦った正成三代の史蹟をめぐる意義を、次のように強調する。(図8、9)

「当社の沿線河南の地に聳ゆる霊峰金剛山の山麓一帯の地は、建武の昔、大楠公が大義を唱へて孤軍奮闘百万賊軍の心胆を寒からしめ、因つてもつて諸国勤皇の士を振起せしめ遂に皇家中興の御偉業を輔翼達成し参らせ、又三代に亘り此地を根據として南朝に忠誠を尽くした貴き史蹟であります。爾来春風秋雨六百余星霜、河内の山河は依然旧態を存し、坐ろに楠家一門の忠誠を追憶せしむるに充分であります。…今や国事多難の時、日本精神振興の為、此の意義深き楠公遺蹟歴訪を切に御勧め申上げます。」

昭和10年代には、皇国史観を背景として、皇陵巡拝や大楠公遺跡めぐりに多くの人が出向いたようだ。

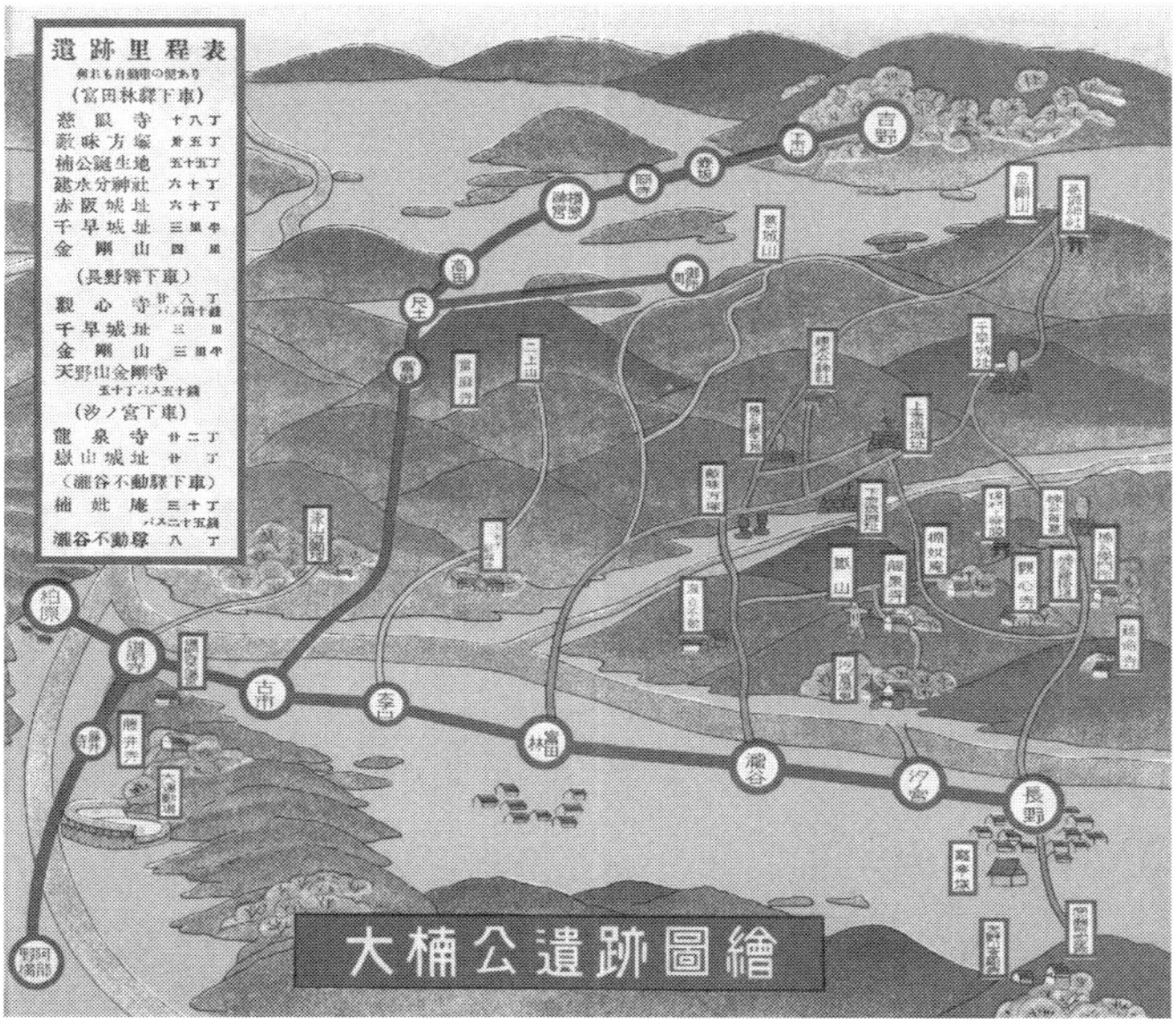
遺跡里程表
何れも自動車の便あり
（富田林驛下車）
慈眼寺 十八丁
敵味方塚 廿五丁
楠公誕生地 五十五丁
建水分神社 六十丁
赤阪城址 六十丁
千早城址 三里半
金剛山 四里
（長野驛下車）
觀心寺 廿八丁 バス四十錢
千早城址 三里
金剛山 三里半
天野山金剛寺 五十丁バス五十錢
（汐ノ宮下車）
龍泉寺 廿二丁
嶽山城址 廿丁
（瀧谷不動驛下車）
楠妣庵 三十丁 バス二十五錢
瀧谷不動尊 八丁
吉野
柏原
富田林
瀧谷
汐ノ宮
長野
大楠公遺跡圖繪
（図 9）

楠公遺蹟御案内
あべの橋
大鐵電車
（図 8）

南海鉄道沿線の遊覧

◉南海本線の行楽地◉

『大阪案内』（大阪之商品編集部、昭和11年）では、南海沿線を「南海の五線」、すなわち、南海本線・南海高野線、汐見橋線、恵美須町線、上町線、天王寺線に分けてとらえる。

ここでは難波を始発駅とする本線の行楽地に関して述べておきたい。萩の茶屋は「女給の群居地」として名高いと記す。午前2時に難波を発する最終電車は女給で満員となることから、「女給電車」の名がある。岸の里駅で下車すると、豊公が利休の師である紹鴎の茶を賞した天下茶屋、紹鴎と縁のある天神の森、天下茶屋の仇討ちの跡、北畠顕家や親房の霊を祀る阿倍野神社がある。

住吉公園駅で下車すると、住吉大社がある。社の前には、名物である住吉踊人形、伝説人形、蒸芋、蛤などを販売する店が並んでいる。松林の公園である住吉公園の端に、有名な高灯籠がある。西に、スポーツ施設に特徴のある住之江公園がある。駅の南に位置する安立町の笠松は、日本最大の老松だが、「今は世人に忘れられて獨り淋しく枝を拡げている」と書く。また付近の浜口町には住吉新地の花街がある。

次は堺である。龍神遊廓について述べたあと、海水浴場や潮湯、堺市立水族館、公会堂、物産陳列所、日本航空飛行会社の格納庫など大浜の施設群を列記する。そのほか西本願寺別院、堺事件でフランス人を殺した咎で屠腹した土佐藩士ゆかりの妙國寺や宝珠院、開口神社、一休和尚と地獄太夫の伝説で知られる乳守遊廓など名所が多いと指摘する。

浜寺については、特に項目を割く。公園内に千両松、羽衣松などの名木が多いこと、明治時代に伐採されることになった際、大久保利通がそれを惜しんで中止させたことにちなむ「惜松碑」を説明、昭和９年の風水害の被害が甚大であったことを追記する。浜寺海岸には、大阪毎日新聞、大阪時事新報、週間朝日、阪和電鉄、村営の海水浴場が並び、夏季には「テントの町」が出現すると書く。浜寺の近傍には大鳥神社があり、葛葉には信太の森、葛葉稲荷がある。春木駅には競馬場がある。

ついで泉州の各地について、順に述べてゆく。まず岸和田は、旧岡部藩の城下で紀州路の要所である。岸城神社の祭礼で地車がでて賑わうこと、久米田寺や久米田池、紅葉の名所である牛滝山に通じるバスがでる。

貝塚で下車すると、顕如上人が中興した願泉寺や貝塚遊廓があり、水間鉄道で水間観音に通じる。佐野は木綿の産地であり、蟻通神社、塙団右衛門が戦死した史跡がある。樽井は海水浴や魚釣りで名高く、金熊寺や砂川奇勝に至るバスが運行している。

尾崎には西本願寺の別院である尾崎御坊があり、山手に小川温泉がある。法輪寺は秀次の落胤である菊女が殉死した場所で、お菊寺の通称がある。淡輪には海に臨む遊園地があり、躑躅の名所である。海岸は魚釣りで知られ、淡路の洲本港とのあいだを連絡する汽船がある。深日浦の海水浴、谷川や小島住吉の魚釣りなどに至るバス路線がある。

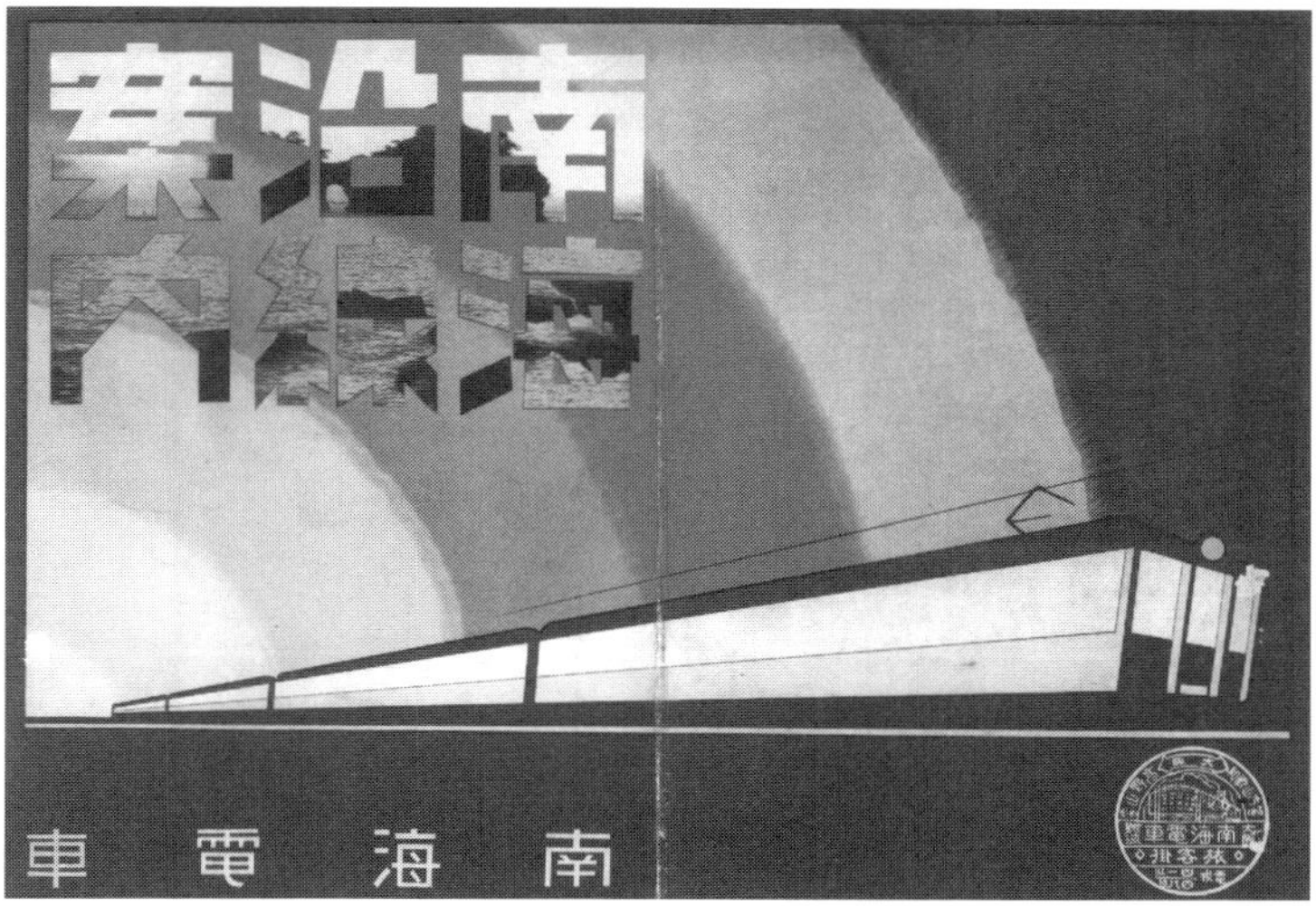

（図1）

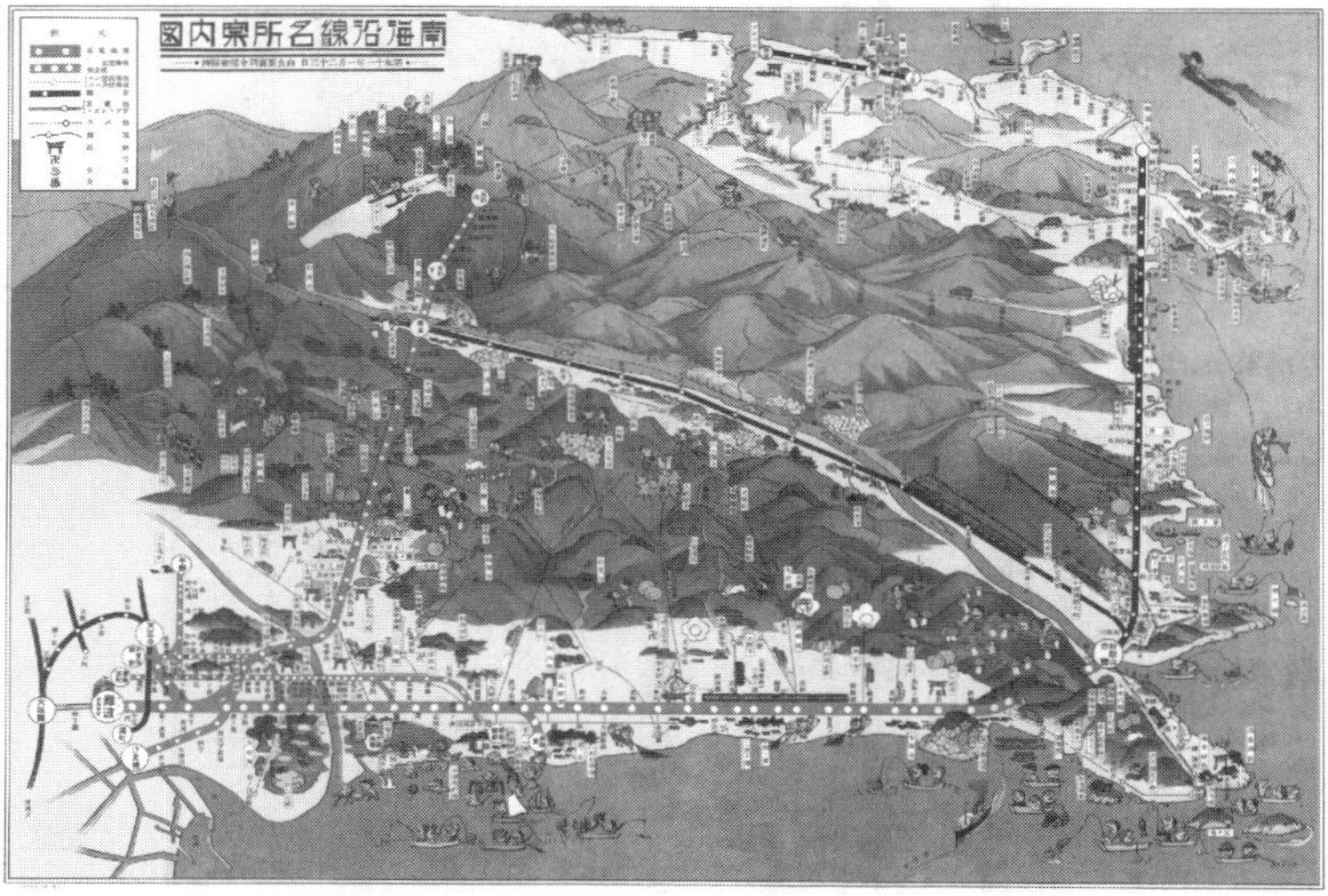

（図2）

終点は和歌山市駅である。市内には和歌浦や新和歌浦、紀三井寺などの名所が多い。加太電車で加太方面に向かうと、淡島神社の参詣、深山重砲兵連隊要塞などの見学や島巡り、魚釣りなどを楽しむことができる。和歌山市駅では省線とも連絡、道成寺や白浜湯崎などに至る黒潮列車に乗り換えることが可能である。

◉初詣でと初旅◉

昭和11年に発行された『南海沿線案内』は、沿線の各所で開かれる行楽やイベント、年中行事の類を、月ごとに記載する案内である。表紙には、高速で走る車両の姿をイラストで示す。幾重もの光輪から抜け出し、夜を明るみに転じさせているような印象を受ける。(図1)

案内を開くと、名所案内図と題する鳥瞰図がある。楽しげに過ごす人々の姿が描きこまれている。その範囲に注目したい。南海各線の沿線だけではなく、龍神温泉から熊野、椿温泉、串本、新宮など紀伊半島の全域が含まれている。広域を沿線として捕まえる鉄道会社の経営戦略を見てとることができる。(図2)

南海は、四季折々に行楽の案内を発行した。年末年始には「初詣　温泉　初旅　宴会」などと題するパンフレットを流布した。住吉大社、方違神社、百舌鳥八幡、あびこ観音、阿倍野神社、大鳥神社、水間観音、淡島神社、和歌山三社、和歌浦五社など、沿線には初詣でで賑わう社が多くあった。参拝者を対象に、大晦日には難波と浜寺間、汐見橋と北野田間などで終夜運転を実施した。元旦にも電車の増発が行われた。(図3)

住吉神社の参詣者を対象として、「福小判福引券」の付いた特別乗車券も販売された。一等の当選者には純金、二等の人には純銀の小判、三等はバニシングクリームが、大社内の絵馬堂で贈られた。そのほか全員に金色小判が授与された。

案内には、1月2日から5日にかけて堺大浜のグラウンドで、「正月の大野球戦」と題して、和歌山中学や市岡中学、明石中学、浪華商業、堺中学などが参加する対抗戦が行われたことを記載する。正月の「初旅」としては、紀州の各温泉はもとより、南部の大梅林、楠公遺蹟めぐり、熊野詣でなどを推薦する。加えて「御陵めぐり」と題して、堺市内や河内長野の天皇陵を巡拝するルートを示している。

（図3）

（図4）

（図5）

（図6）

◉春から秋へ◉

春には金熊寺や大井闢などの梅林、新緑の春にはハイキングや行楽の案内が発行された。（図4、5）

南海沿線では、淡輪の躑躅も有名であった。第三回となる「淡輪つつじ祭」の広告が掲載されたパンフレットもある。園内では、キャバレー赤玉、銀座会館、サロン春の女給が総動員された。ビクターの流行歌手の舞台、赤玉交響楽団の特別演奏、赤玉女給の桜おどりなどの余興があった。午前中、淡輪駅で降車した先着五千人に景品引換券が贈呈された。1等はビクター蓄音機とレコード3枚、2等は双眼鏡、3等はプラトン万年筆の景品があり、全員にクラブ練歯磨が配られた。（図6）

春から夏にかけて、海水浴や魚釣り、網引きへ誘うべく、電鉄会社は各種の割引券や優待券を販売した。「日本一の魚釣り場所！」と訴求、次のように強調する。（図7）

「南海沿線は紀淡海峡をひかへ外は紀州より内は泉南、堺大浜海岸迄沿岸至る所　沢山の魚が集り又種類も多く魚釣の場所として理想的の場所であります。何時にても船の用

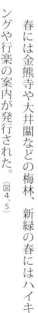

（図7）

（図8）

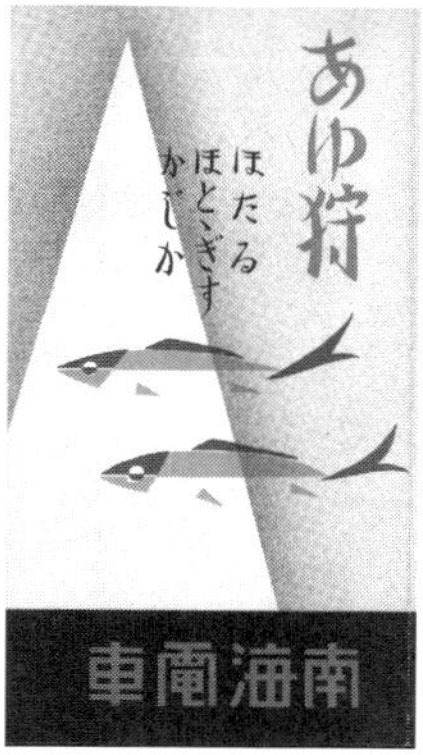

（図9）

意がありどんな素人の方でも御婦人御子達様にも楽につれます。殊に白砂青松の海岸は景色よく遊園地、料理屋、旅館の設備よく一日の行楽には適当してゐます。」

夏から初秋にかけては、紀ノ川沿いでの、鮎狩り、蛍狩り、かじか、ホトトギスなどの行楽が盛んであった。秋には運動会やピクニック、紅葉狩りなどが訴求された。（図8、9）

◉兎狩りと狩猟◉

冬の行楽として、兎狩りや狩猟を推奨する案内も配布された。兎狩りは、本線では、水間、箱作、天満園、谷川、南面利など、高野線では、長野、三日市町、千早口で楽しむことができた。12月1日から3月15日までと期間を限り、指定案内人の指導のもとに楽しむことができた。猟師は1人2円50銭、勢子は1人1円20銭で雇うことができ、貸杖、昼食、さつま汁などの手配が可能であった。（図10）

「兎狩！　冬のスポーツの第一に数へねばならぬものは兎狩でせう。寒さを物ともせず鳶色に変つた木々の間を縫うて落葉を踏み淡雪を蹴つて獲物を追ひつめる時若き血潮の

（図10）

高鳴るを覚ゆるでせう。山野を揺がす様な威声を掲げて突進する戦場の有様、獲物を提げて凱歌を奏する若き戦士の得意さは他の遊びでは想像出来ますまい。然も兎狩がたいした費用も要せず至極大衆的である点に於て毎年学校、会社、工場等の御団体に非常な好評を博して居ります。」

兎狩りの魅力をこのように記す。ついで沿線各地で行われていた狩猟を訴求する。

「冬のスポーツの中で最も男性的なものは狩猟でせう。青空に飛び立つ雉、山鳥の姿は全く画の様です。獲物の多い南海沿線は近畿第一の猟場であります。山は深く禁猟区も控へゲームの種類と数の多いことは景色の良い遊覧地の至る所にある事と相俟つて好個のウインタースポーツ場となつてゐます。」

浜寺公園では鴫や兎、内畑や横山では雉や山鳥、忠岡の大津川沿い、助松や久米田、岸和田の池では鴨やバンなどの獲物がある。犬鳴山では、深日の海岸でも各種の鳥獣をねらうことができる。電鉄会社に依頼すれば、地元に詳しい案内人を紹介してくれるサービスももあった。

◉大浜汐湯と水族館◉

堺を代表す行楽地が大浜である。ここでは中核となった汐湯と水族館のパンフレットを紹介したい。昭和12年の春に発行されたものと推察される。表紙には、水族館前に立つ大浜公園のシンボルである龍神の噴水塔を中央に、そのまわりを泳ぐ魚群を描く。(図1、2)

大浜汐湯に関しては、「お子様達の楽園　家族づれのパラダイス」と題して、「大浜海岸下車、大阪湾一帯茅渟の海を見晴し北は築港、六甲山を望み、淡路島を眼前にする景勝の地に在つて近代式の建築とモダン設備による南大阪唯一の大娯楽場となつてゐる」と説明する。入場料は大人15銭、小人10銭、幼児5銭、午後7時以降はサービスタイムと銘打ち、大人も小人も一人7銭と制定されていた。回数券や団体割引なども用意された。

本館の汐湯のほか、別棟の家族湯がある。本館には娯楽場、演劇場、余興場などもあった。娯楽場の遊具として、象乗、ベッティハウス、動物狩、達磨落し、風神雷神、シューティ

(図1)

ング、自動乗馬機、トーキー、手廻活動写真、両手握力計、五色握力計、驢馬嘶き、虎の尾引き、腕力計、力量計、打力計、腕角力、稲荷占い、干支占い、生年別占い、お子様達に喜ばれる乗馬機、ハイキング機、香水噴霧機、サイクルメーター自動按摩機、魚釣、ロボット、麻雀などを列記する。そのほか囲碁将棋室、卓球ホール、読書室、食堂、喫茶室、売店、電気治療室、救護室などの諸室があり、休憩室に湯茶の用意があった。

屋外に子供遊戯場があり、自動車、ローラースケート、鬼泣かせ、たぬき泣かせなどのアトラクションのほか、猿・猪・山羊・緬羊を収める動物舎、鶴・鴨・おしどりなどを飼う水禽舎があった。「御家族づれ一日の御行楽に御満足を得るでせう」と書いている。

堺水族館は「新装成れる東洋第一」と題して、4月1日開館とうたう。明治36年に創設された「吾国最初の完備せる」水族館であったが、昭和10年3月に全焼した。復興に着手、20万円を費やして、「近代式の壮麗なる本館別館が完成致しました」と改築の経緯を記す。入場料は大人10銭、小人5銭、5才以下は無料であった。

館内の展示に関しては、「最新科学の粋を蒐め世界屈指の大水槽をはじめ、大小百数十の魚槽には南紀海岸、瀬戸内海、日本海、その他、珍魚、奇貝を入れ、さながら海底の神秘を公開した様でありますと」と書く。園内には本館や別館のほか、龍神の女神をかたどった噴水塔、参考館、あしかの池、猿の池、りすの門、鳩舎、らくだ檻、水禽舎、南洋生まれの鰐、琉球産の大亀、屋外ステージ、運動場、子供の遊戯場などが配置された。

水族館の周囲には「小松の丘」があり、見晴らしや散策に良いと強調する。「庭には吉野

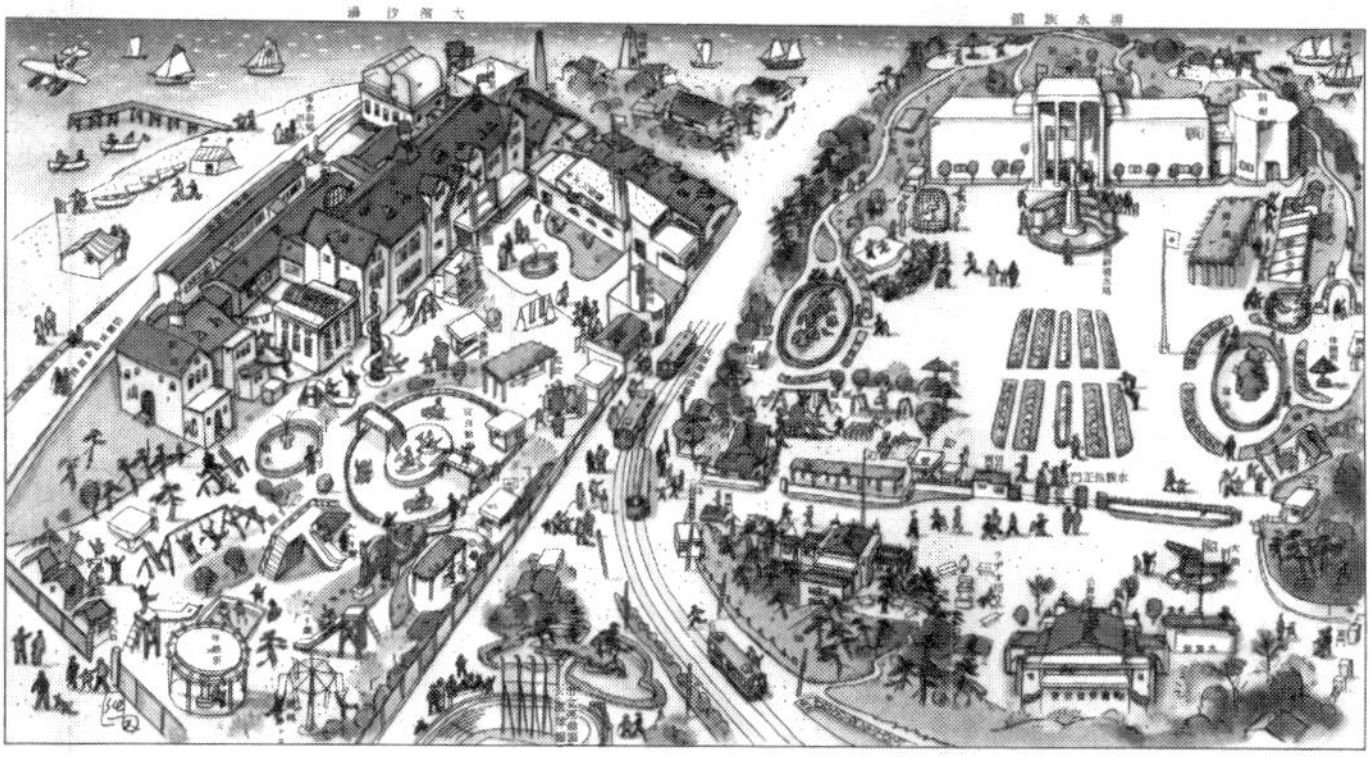

（図2）

桜数千本、山吹、つつじ、萩、色とりどりの草花等を植込み、四季の遊覧に一段の興をそへてゐるが、殊に陽春の頃にはお花見客で賑ふでせう」と環境の良さを訴求する。

パンフレットには「水族館小唄」「水族館音頭」の歌詞も掲載する。前者は「春だ　四月だ　四月の花と　咲いて開いた　咲いて開いた　水族館　スイスイスイノスイ」、後者は「堺サア　堺水族館　東洋のモナコ　海の女神も　玉を出す　ランラ　タランラ　玉くらべ」と唄う。堺をモナコにたとえて歌い込んでいるあたりが面白い。

◉高野線沿線の見所◉

『大阪案内』では、高野線沿線にある名所旧跡も順に紹介している。

高野線は、難波駅および汐見橋駅、双方を起点として長野を経由、極楽橋から高野山に至る路線である。長野の駅前に長野遊園があり、付近に「楠公遺跡」である楠妣庵、河合寺、楠氏の菩提寺である観心寺がある。観心寺には、建立のなかばで正成が出陣した二重塔、後村上天皇陵、正成の首塚があり、宝庫には南朝の遺品が多く収められている。紅葉の名所である延命寺など、他にも見るべきところが多い。

長野からは自動車の利用で、女人高野である天野山に通じる。桜の名所として知られている。寺域は2万坪、山門、食堂、多宝塔など見るべき建物も多いと記す。後村上天皇の行在所があり、また南北両朝の史蹟がある。

三日市町駅の近傍に錦渓温泉がある。千早口駅から、千早や金剛山に入ることができる。秋は栗ひろいや松茸狩り、冬は兎狩りなどの人出がある。清水地蔵寺は、ほとどぎすの名所として知られ、「風流人の杖をひくものが多い」と強調する。駅の東方2里に、金剛山の登山口である千早村があり、千早城址、楠公を祀る千早神社などがある。

鉄路はさらに南へ。學文路には石堂丸の母である千里の墓がある。九度山は、真田幸村の隠栖地として知られ、慈尊院には弘法大師母堂の墓がある。また高野山旧道には、明治7年に村上兄弟が仇討ちをした明治仇討の跡がある。弘法大師開基の真言宗大本山である高野山へは、極楽橋駅から女人堂までのケーブルが通じている。

「山頂には百三十余の僧坊甍を連ね、諸国から参詣の人々の宿坊に提供してゐる」と記す。一山の宗務を司る金剛峰寺には、秀次自刃の部屋があり、門前に六時鐘、金堂、三鈷松、大門、萱苅堂、燈籠堂、御廟橋、御廟など、拝するべきものが多いと書く。奥の院にある諸大名の墓所は、他に類のないものと記している。

（図 3）

（図 4）

（図 5）

◉大楠公遺跡◉

昭和10年、沿線の各地にある楠木正成にゆかりの名所旧跡で「大楠公６００年祭」が開催された。大鐵の項でも紹介したが、南海電鉄もこのイベントに全面的に協力、各種の案内パンフレットを配布して動員に協力した。

「楠公遺蹟めぐり」と題する案内では、「菊水の誉、千載の後までもその忠烈を謳はるゝ大楠公の遺蹟！河内平野の彼方に聳ゆる霊峯金剛山！そこかしこに散在する楠氏六百年の遺蹟をたずぬる時、必ずや若人の血は躍る事でせう」と訴求する。（図3）

難波から長野・三日市町・千早口・天見・紀見峠、各駅までの往復割引券が用意された。1円均一でどの駅でも下車、乗車が可能であった。絵葉書がサービスとしてついていた。また長野・三日市町までの料理付きの割引切符、また阪神電鉄と提携した神戸発の連絡往復割引券なども販売した。他社線やバスなどを利用すると広域の周遊が可能であった。

◉天下の霊場高野山◉

南海は、高野山を「大阪から半日でお詣り出来る天下霊場」と称した。案内では「弘法大師により鎮国安眠の法城密教流布の根本道場として開かれた海内無双の霊場である」と強調、「約廿七萬坪の霊地には一千百有余年間、法燈連綿として絶ゆることなく、此世ながらの極楽浄土を現はしてゐる。数百の伽藍堂塔に集る全国数百萬の信者は勿論、幽邃荘厳なる山上の風光を探る人は四時めどをたゝず日本精神文化の淵叢として永久にその光輝を放つてゐる」と、その聖地性を説く。（図4、5）

鉄道会社は、高野山を霊場としてだけではなく、四季折々の行楽地としても訴求した。あるパンフレットでは、西行法師の「花までも心ありけん高野山、浮世の春をのがれてぞ咲く」という句を紹介しつつ、高野山の春は「花の国、夢の国」であると表現する。夏は、山上の各所がキャンプに適しており、また山内の全宿坊が林間学舎の宿泊施設として都会の学童に開放されると述べたうえで、「高野の夏は暑さ知らずです。都会の酷熱と塵埃の溶鉱爐より逃れて、海抜三千尺霊仙の清涼を心ゆく計り呼吸して下さい」と書く。秋については「霊峯高野の紅葉は大阪附近より一ヶ月早い、全山燃ゆるが如き真紅の状を呈し壮観の極みです」と述べる。

さらに冬に関しては、高野山スキー場を宣伝している。原始林のあいだに開かれた4万坪の「理想的スキー場」には、三つのゲレンデがあり、初心者、婦人、子供も楽に滑ることができると説く。いっぽう熟練者にとっても、「大森林を背景として大陸的山岳を縫う面白きコース」が多い。さらにこのスキー場の特徴として、大阪から最も近く、最も便利であり、日帰りも楽にできると書く。他のパンフレットでは、大阪ら約2時間半で到着できると強調している。（図6）

高野山の山上へは、南海のケーブル線だけではなく、高野山参詣自動車が運行する乗合バスを利用して登ることもできた。自動車会社は、ビュイック号、ナッシュ号などの高級車を30台ほど保有、専用道路を運行することで南海の高野下駅から極楽橋までを20分で連絡、1時間に300人以上を輸送することができた。パンフレットでは「其間車窓に開くる眺望実に絶佳にして、春は路傍数百本の桜花爛漫さながら花のトンネルを行くが如く、夏は滴る緑葉に、秋は紅葉車窓に散り、冬は満月銀世界を呈す。四季とりどりの風情は筆舌に尽す事が出来ません」と書いている。

山深い霊場が、近代的な交通手段の発達によって、身近な行楽地に変貌したわけだ。（図7）

（図6）

（図7）

あとがき

各地の観光振興策の立案に関わって、四半世紀が立つ。

大阪では「観光立都」宣言を起草し、大阪観光局の立ち上げに尽力した。京都市の観光振興策を検討する委員会では、継続して座長役をつとめさせていただいている。そのほか各地で設立されたＤＭＯの事業に関しても、アドバイスを重ねてきた。

私は、90年代から「集客都市」をキーワードに、各地方の中核となる都市にあって「都市型観光」を盛んにすること、とりわけインバウンド観光客の誘致策を強化することの重要性を強調してきた。あわせて広義の観光産業、私の表現でいえば「集客産業」を振興し、地域の基幹産業とすることが不可欠だと主張してきた。

そのように考えた背景には、ふたつの社会の潮流があった。ひとつには世界各国で人口が増加、経済的に成長した国々から海外旅行が盛んになる傾向が予測されていたことだ。戦後、わが国でも高度経済成長を果たすなかで、おおよそ半世紀前に海外への渡航が自由化された。その後、誰もが気軽に海外旅行ができる時代を迎えた。同様の現象が、韓国や台湾、中国、そして東南アジアの各国で起こるであろうことは、容易に想像することができた。

もうひとつの状況は、わが国の人口減少である。90年代後半にはすでに、専門家のあいだでは将来的な人口減少が懸念され、国土計画を立案する場にあって、その対応策が議論されていた。私は、人口減少分を埋め合わす主体が、交流人口であり、その要となる方策が海外からの旅行者を増やすことであると主張した。

このような確信のもと、21世紀に入ってまもなく、日本経済新聞社から『集客都市』と題する書籍を上梓した。国際観光の振興策への提案とともに、交流人口を呼びこむ都市政策の必要性を問うたものだ。昨今のインバウンド観光客の急増を予見した先駆的な仕事だと自負しているが、当時は十分に話題になったとは言い難い。

◉

当時、提言した施策のひとつが、公立大学における観光に関する高等研究の必要性である。みずから発した提言をかたちにするべく、大阪府立大学に観光産業戦略研究所を立ち上げ、所長として、官民の連携を得て多くの研究プロジェクトを走らせてきた。その成果を、京都市の観光振興策の立案や、大阪における都市魅力向上に関する事業提案などに結実させてきたかたちである。

もっとも現場にあって、新たな事業提案を考え戦略を練るなかで、これまでの観光政策、とりわけ各都市における施策の評価が十分ではないことに限界を覚えていた。いったい私たちは、何に立脚して、観光振興をはかり、観光都市をかたちづくろうとしているのか。

昭和初期にわが国における国際観光振興が本格化した。その後、東京にあって、オリンピックと万国博覧会の誘致に成功するが、同時開催が実現する一歩手間で中止の憂き目をみた。その後、戦争を挟みながら、復興から高度経済成長を果たすなか、東京オリンピックから大阪万博にかけて、国内観光とともに国際観光が再度、脚光をあびる。

そして近年、世界的な旅行客の急増を背景に、観光立国の政府方針のもと、２０２０年の東京五輪を節目とするインバウンド観光客を迎える施策が展開されるようになった。そこには、時代は異なるが、時代を超えて通底する考え方があるはずだ。

そのような想いもあって、日本の各都市、各地域における観光事業や観光施策の変遷をまとめていこうと考えた。対象とする時代としては、まず大正から太平洋戦争に突入する昭和初期までを抑えたいと思った。

本書は一連の研究のうち、大正から昭和初期における大阪における観光政策、観光文化について論じたものだ。先に芸術新聞社から上梓した『瀬戸内海モダニズム周遊』『大京都モダニズム遊覧』とあわせて、三部作をなすものである。

もっとも、そもそも3冊で完結する仕事ではない。今後、大東京編、福岡・博多・九州編、大名古屋編などをかたちにしたいと思い、資料収集などの準備に入っている。連載の場など提供していただけるメディアがあれば、ご一報いただきたい。

またいずれ時期をみて、レジャーブーム、海外旅行の自由化を背景とした戦後編にも着手したいと考えている。地域ごと、都市ごとの観光文化と観光事業に関する考察をていねいに重ねることで、住民の立場を相対化する新たな地域研究のあり方が浮かび上がるものと確信している。

◉

最後に、世の優れた習慣である謝辞を。

本書は、一般社団法人大阪府建築士事務所協会の機関誌『まちなみ』に連載させていただいた原稿を元に再編集したものである。同誌の連載からは、『ツーリズムの都市デザイン』、『広告のなかの名建築　関西編』（いずれも鹿島出版会刊）に続く、3冊目の本となる。佐野吉彦名誉会長、戸田和孝会長をはじめ協会の関係者各位、特に歴代の編集担当の皆様に、心からのお礼を申し上げたい。

いっぽう単行本化にあたっては芸術新聞社の相澤社長、編輯にあっては株式会社ギャラリーステーションの本多隆彦さんのお世話になった。雑駁な連載が、一定のまとまりをとることになったのも、ひとえにお二方の力添えがあったからだ。ありがとうございました。

2018年10月　京都洛西の二窓席にて　著者記す

略歴

橋爪紳也（はしづめしんや）

大阪府立大学研究推進機構特別教授、大阪府立大学観光産業戦略研究所所長。大阪市立大学都市研究プラザ特任教授、浙江大学城市学院旅遊法治発展研究センター首席顧問。

昭和35年大阪市生まれ。京都大学工学部建築学科卒業、同大学院工学研究科修士課程、大阪大学大学院工学研究科博士課程修了。建築史・都市文化論専攻。工学博士。

大阪府特別顧問、大阪市特別顧問、イベント学会副会長、ＩＲゲーミング学会副会長、大阪観光局評議員、大阪商工会議所都市活性化委員会副委員長、大阪商工会議所ツーリズム振興委員会副委員長、彦根商工会議所顧問、大阪府市文化振興会議会長、京都観光振興計画２０２０マネジメント会議座長などを兼職。

『倶楽部と日本人』『明治の迷宮都市』『日本の遊園地』『集客都市』『モダン都市の誕生』『飛行機と想像力』『にっぽん電化史』『大大阪モダン建築』『瀬戸内海モダニズム周遊』『大京都モダニズム観光』『大大阪の時代を歩く』『１９７０年大阪万博の時代を歩く』ほか著書は80冊以上。

大阪活力グランプリ特別賞、日本観光研究学会賞、日本建築学会賞、日本都市計画学会石川賞など受賞。

大大阪《だいおおさか》モダニズム遊覧《ゆうらん》

2018年12月1日　初版第1版発行

著者 ―――――――― 橋爪紳也

発行者 ――――――― 相澤正夫
発行所 ――――――― 株式会社 芸術新聞社
〒101-0052
東京都千代田区神田小川町2-3-12　神田小川町ビル7階
電話　03-5280-9081（販売）
　　　03-5280-9087（編集）
ファックス 03-5280-9088
URL　http://www.gei-shin.co.jp

印刷・製本 ―――――― シナノ印刷株式会社
ブックデザイン ――― 株式会社ギャラリーステーション

Printed in Japan
ISBN 978-4-87586-556-8　C0030